정렬시전집

지역작가총서 18

정 렬
시전집

최명표 엮음

신아출판사

정 렬

결혼 직후(1958)

신태인종고에서 사모님, 장남 정득, 막내 미여와 함께

제2시집 『바람들의 세상』 출판기념회(1976)

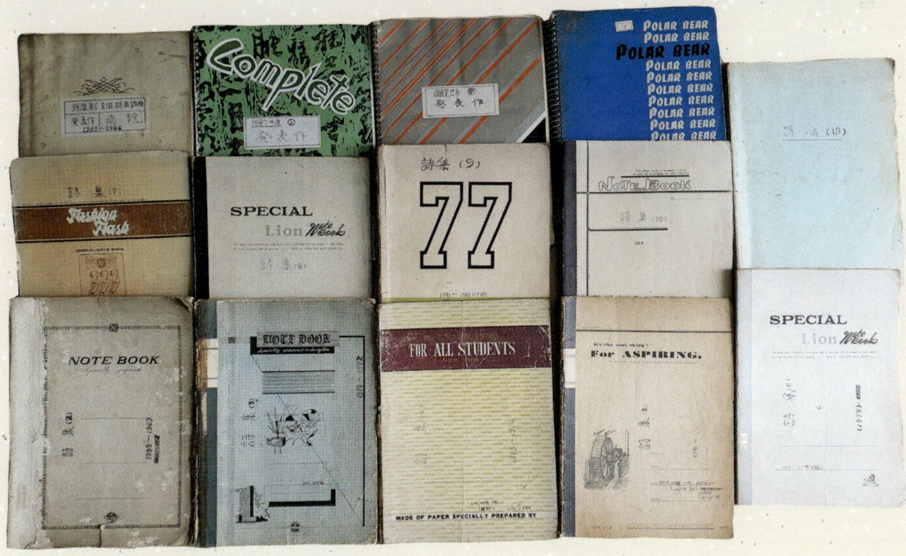

시작노트

자택에서(1987. 5)

자택에서(1987. 2)

주봉구 첫 시집『머슴새』출판기념회(1981. 9)

주봉구 첫시집『머슴새』출판기념회 후 가람시비 앞에서(소한진, 박재삼, 주봉구)

전북문화상 시상식(1985. 12)

표현문학상 시상식(1986. 12)

신태인고등학교에서(1986. 11)

어느 문학행사에서(주봉구, 박순호, 1987. 11)

군산항에서(1988. 4)

군산항에서(이복웅, 이병훈, 정양, 1988. 4)

자택에서(1990. 2. 24)

자택에서(이복웅, 이병훈, 정양, 1990. 2. 24)

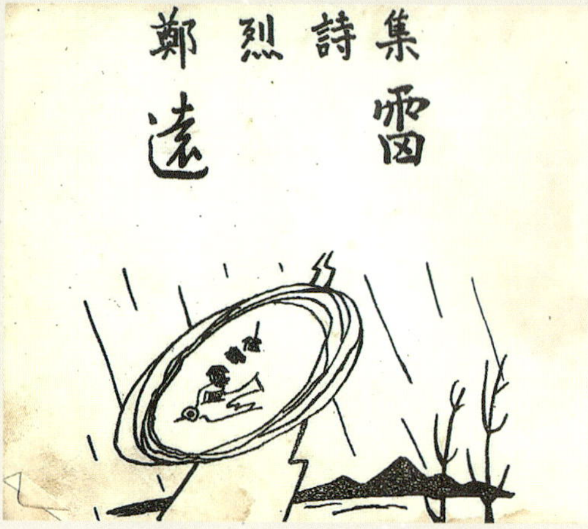

제1시집 『원뢰』 속표지 (1961. 11)

제2시집 『바람들의 세상』 (1976. 4)

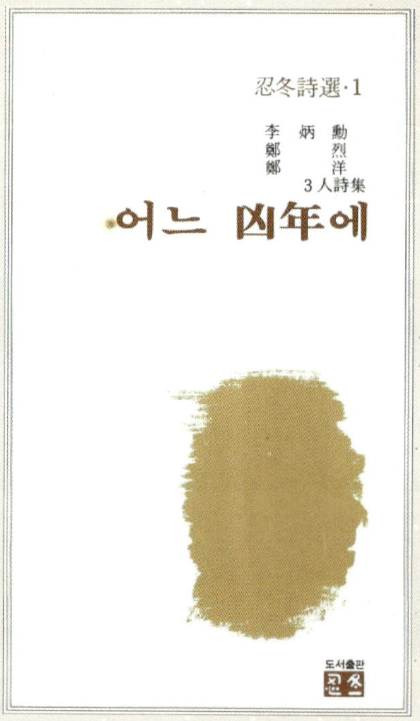

3인 시집 『어느 흉년에』 (1982. 4)

시선집 『할말은 끝내 이 땅에 묻어두고』 (1985. 8)

정 렬 시비(김제시 문화체육공원)

지역작가총서 18

정렬시전집

최명표 엮음

신아출판사

『정렬시전집』을 펴내며

시는 시인의 생을 숙주로 살아가는 요물이다. 한 삶이 잉태되어 생장하고 형해화되는 순간까지, 시는 그의 육신을 갉아먹고 생명을 이어받아 세세년년 질긴 목숨을 부지해 왔다. 그 덕분에 시는 어엿한 사회적 제도로 승인받았고, 시인들은 영육을 희생당하면서도 기꺼이 시 쓰기에 투신하게 되었다. 시의 무시무시한 생명력은 저승으로 떠난 시인을 이승에 소환하여 시사적 법정에 세우기를 멈추지 않는다. 그 통에 가뭇없이 사라진 시인이 제자리를 찾고, 단내로 독자를 현혹시킨 시인이 뒷자리로 물러나기도 한다. 이런 심판의 자리에 서서 객관적 평가를 받아야 할 시인 중에 정렬이 있다.

정렬은 정읍 출신의 시인이다. 그는 태어나서 한 번도 정읍을 벗어나지 않았다. 그의 고향에서 일어난 동학농민전쟁의 상흔은 남북 간에 벌인 전쟁의 핏자국들과 함께 아직도 뫼와 벌판에 흥건하다. 그곳에서 태어난 죄로 정렬은 역사의 격랑을 시의 서정과 얼버무려야 할 팔자를 부여받았다. 그의 시 속에 「정읍사」와 「상춘곡」의 서정성, 갑오년 농민 봉기의 민주성, 남북전쟁의 역사성이 정립(鼎立)하게 된 배경이다. 이 점이 그를 정읍의 대표시인으로 자리매김하도록 추동한다.

정렬의 시가 좋아서 전집을 내고자 욕심을 냈다. 하지만 천품이 건성이라서 하는 일마다 성글고 전집을 편할 만한 역량도 갖지 못하여 하는 일마다 더뎠다. 그런 탓에 그의 생가를 찾아보고 관련 자료를 수집하고 입력하는 뒤안으로 흘러가는 날이 늘어갔다. 편자가 게으름을 피우는 동안에도 유족들은 정렬의 소장도서를 자유롭게 열람하도록 허락해주고, 시작노트와 사진 등을 기꺼이 내어주었다. 그들은 시인 아버지를 두었다는 자긍심과 그리움과 존경심으로 발간에 따른 경비를 선뜻 부담하였다. 또 시인의 제자로 시업을 잇고 있는 주봉구 시인이 가교를 자임했다. 신아출판사는 정렬의 시에 대한 관심이 제고되기를 바라는 일념으로 출판을 맡아주었다. 편자는 그들의 성원에 엮는 정성을 더했을 뿐이다. 이 전집의 출간으로 정렬의 시를 사랑하는 이들이 늘어나기를 간망한다.

2021년 시월, 단풍의 달에
엮은이

일러두기

※『정렬시전집』은 시인이 살아서 낸 시집에 수록한 작품과 사후에 찾아낸 시와 산문 그리고 유족이 소장한 '시작 노트'에서 발표되지 못한 작품을 찾아 실었다. 그러나 '전집'에 걸맞게 죄다 싣지 못하고, 일부 작품은 못 찾아 미수록하였다.

※ 작품은 원문대로 싣는 것을 원칙으로 하였다. 다만, 맞춤법이나 띄어쓰기의 오류를 수정하고, 동일 제목의 작품은 번호를 매겨 구분하였다. 시인이 재발표하거나 제목을 고친 작품의 내용은 뒤의 목록에 밝혔다.

※ 제1부 '원뢰와 바람들의 세상'은 제1시집『遠雷』, 제2시집『바람들의 世上』, 3인공동시집『어느 凶年에』에 수록된 작품을 합친 것이다.

※ 제2부 '할 말은 끝내 이 땅에 묻어두고'는 시선집『할 말은 끝내 이 땅에 묻어두고』의 편제를 따라 묶었다. 시선집은 그 전에 발표한 작품들과 중복을 피할 수 없는 성질을 갖고 있으나, 시인의 수정한 바를 존중하고자 이전의 시집에 실린 작품을 물리고 시선집엣치를 수록하여 중복을 피했다.

※ 제3부는 시인의 '시작 노트'에서 채 발표되지 못한 유작시와 시집에 묶이지 못한 발표작을 찾아서 모았다.

※ 제4부의 '산문'에는 시인이 시집에 붙인 머리말과 사후에 찾아낸 발표작을 실었다.

※ '부록'에는 해설, 작품의 서지, 연보, 작품 목록, 연구 목록을 묶었다.

차 례

제1부 원뢰와 바람들의 세상

제2부 할 말은 끝내 이 땅에 묻어두고

제3부 미수록시, 유고시

제4부 산문

부 록

제1부 원리와 바람들의 세상

해바라기 · 1

五月 아침 모란처럼
살뜰히 한 번 피어나지 못하고

대낮에도
해바라기 머리 숙인 나의 가슴.

靑春이 눈물로
고스란히 흘러갈지라도

매양 오뇌로 닦아가는
오롯한 나의 位置는

來日
天心을 우러러

고요히 고요히 돌아가는
해바라기 地域이어니

오늘은 꽃 없는 황토백이에서
墓地를 돌아도 좋다.

鄕愁

꽃 한 포기
피어나지 않는 罪心地帶.

이브의 풍속을 즐겨 배우다가
저물어가는 黃昏 앞에 마주 선
少女야.

여기는 별 하나 돋아나지 않는
지극히 어두워 가는 이브들의 하늘이구나.

차라리 하나 더
善惡果를 따먹고 받을
罰人 없는 우리에게는

少女야
이브를 닮은 少女야.

푸른 산과 들에
罪없이 살아가는
짐승들이 그리웁지 않으오.

우물

싯퍼런 싯퍼런 속을
꽃이 피어 온다.

꽃잎마다
네 마음이 고인다.

그 속을……
花脈 줄기 줄기
네 피가 지금 역력히 번져 나가는
한 잎팔 꽃잎이 되어 움직일 수 없는
내 얼굴에

斷頭臺에 서서
絞首의 時間을 조용히 기다리는
무서운 罪人의 지난 歲月이 와 멎는다.

싯퍼런 싯퍼런 속을
꽃잎마다
네 목숨으로 피는 꽃잎마다에서
가슴 절절이 우는
종소리, 종소리, 종소리.

나는 생겨 나
처음 祈禱의 눈을 감는다.

……순아.

寂夜

1

달 속에서
鍾이 운다.

나는
짐승같이
풀밭에 平和롭게 앉아 있다.

그리고

머언 上流에서 떠밀려온 돌멩이같이
이미 식어버린
人間의 體溫을 짚어 본다.

2

鍾소리 속에서
또 하나 鍾이 맥맥이 울어 온다.

하나
둘……

꽃과
별
사이

일순을 영원으로
鍾소리는 무한한 길을 열고 온다.

아
이럴 때마다 洞窟같이 비어오는 가슴
가득히 또 넘쳐오고 있는
뜨겁고도 싸늘한 것들을

나는
무엇이라고 이름져야 할 것인가.

3

내 영혼을
지금 屍布같이 덮어 흐르는 것이 있다.

수없이 겹쳐 층을 이룬 죽엄의 靜寂.

그것을
秒두고 솟구쳐버릴
이글이글 타오르는 怒한 火焰을

山들은
왜 累萬年 忍辱의 가슴으로
조용히 누르고만 있는 것일까.

지금쯤 왼통 피투성이 되어 있을
火山의 얼굴을 생각하며

나는
풀밭에 쓰러져 髑髏같이 눈을 감는다.

4

눈 뜰 수조차 없고
한밤중처럼
지척을 가눌 수 없이 눈보라 치는

대낮.

나는 지친 肉身을 이끌고
마을로 가는 길목에 서서

친구들의 이름을 하나도
記憶할 수 없었다.

이웃들의 얼굴을
모두 다 잊어버렸다.

이제
목숨이
저마다 貝殼으로 숨어드는 時刻.

神의 이름으로
끝내 누를 수 없는
진실로 크나큰 人間의 외로움에 젖어

눈뜰 수조차 없고
한밤중같이
天地를 가눌 수 없는 눈보라 치는 속에서

나는
처음
내 얼굴이 한사코 한사코 보고 싶었다.

麒麟

푸른 山脈을 天馬같이 달리던 네가, 그날 荷物列車에 실려 간 簡易驛에서, 나는 입술을 깨물며 까지 漆한 그믐밤 별을 보며, 네가 쉬어갔을 미덥던 그 바위같이, 끝끝내 한마디 말이 없었고, 하늬바람 한 올 일지 않는 한낮 두메마을에, 銀河보다 많은 꽃들이 지고 있었다.

그날, 나는 돌아갈 꽃잎만은 歲月이 없어도, 실로 무서울 것 없는 나는, 그 목에서 철철 흘리울 모란보다 진한 네 피를 차라리 내가 다 마시고 싶었다.

빛

1

배암은
어두움이 싫어 房에서 일어섰다.

玄關으로 이어 간 廊下가
에덴에서 골고다로 가는 길같이
멀다고 생각했다.

밖에는
天地가
꽃들로 출렁이고 있었다.

배암은
부신 꽃그늘에 취하여
까뭏게 쓰러지고 말았다.

2

바람은 어데나 있는 것이다.

꽃들은 모조리 멀어져서
배암은
꽃덤 속에 묻혀가고 있었다.

배암은
얼마를 안으로 안으로 들어갔는가

영혼은 肉體보다 한층 더 어둡다고
그만 꽃덤을 차고 일어섰다.

3

꽃덤 밖에는
온 天地가
꽃보다 더 밝은 햇빛으로 출렁이고 있었다.

배암은
처음,
징그러운 제 몸뚱어리를 보았다.

……순간……

배암은
저의 가장 안에서
噴火山이 터지는 우람한 소리가
들려왔다고 까마득하게 늣길 때……

어데선지
빛은 그늘보다도 죽엄보다도 더 어두운 것이라고 和答하는
제 가라앉은 목소리를,
배암은
분명히 듣고 있었다.

꽃병

눈깔이 뽑힌 소라같이
꽃병은 텅 비인 가슴으로

조용히 떠받고 있는 한 그루 꽃덤에서
파도소리 같은 아우성을 듣는다.
피비린내를 맡는다.

이미
일체의 花液이 끊어진
꽃병은 不毛地.

한 部隊가
全滅하여 가고 있는
강파른 순간을, 그 많은 절망의 눈짓을……

나는
언제까지 되풀이하며 살아야 하는가.

殺伐을 계집같이 좋아하는
한 사나이의 뒷울안 하늘에서
꺾어 내린 한 그루 꽃덤을……

꽃병은
荊冠같이 머리 우에 이고

수없이 실로 수없이 쓰러져 간
젊은 兵士들의 屍體가 쌓여오는 壕를

꽃병은
지금 꺼져 가는 가슴으로
소중이 안고 있는 것이다

목숨의 立像

똑 바로 내 얼굴을 보라.

목숨의 律法을 가진 나와
몇 편이나마 詩를 이바지한 네가

이 같이
洞窟 속에 있고
짐승의 무리가
사뭇 家畜처럼
너의 대낮을 노리는
이 또한 기막힌 現實을

나밖에는
또 아무도 너를 證人할 時間을
갖지 못했다.

지금은 이렇게
꽃과 별이, 너와 내가, 이웃과 이웃들이
틈을 두고
저마다 어찌할 수 없이 외로워도
絶望할 수 없는……

너와 나는 永遠한
同義語.

무게와 부피로
스스로의 균형을 모은

크나큰 바위와라.

그리고

빛깔과 香을 품어
完美한 목숨을 꾸며가는
한 송이 꽃같이

너는 어디서나
나의 몸집을 끊임없이 이루어 가고

나는 언제나 너의 意志만을 밝히는
우람한 빛의 눈초리.

똑 바로 내 얼굴을 보라.

戀歌

누르면 누를수록 솟구치는 것이
어두움 속에서 더욱 더 밝아오는 것이
별빛같이 아득히 멀고도 발 앞에 핀 꽃이

쫓으면 쫓을수록 달아나는
돌아서면 바로 뒤쫓아 오는
즐거워서 견딜 수 없는
서러워서 견딜 수 없는
머슴애와 가시내는
언제는…….

빨강
파랑
하얀
까만
또, 또, 지금
저 벌판에 수없이 피어나는 꽃들이

하나가 되고
한빛이 되고
한맘이 되고
한 누리를 이루는
참말이지 기막힌 이 크나큰 한 송이 꽃이

쭉지가 돋아
우람한 쭉지가 돋아
훨훨 날아오른 새로 눈부신 새로,

살구꽃이 핀 마을에서
노래 하다가……
눈 나리는 墓地에서
울음 울다가……
어두운 내 가슴속에 머리통을 처박고
죽어가다가…….

거울

어느 밤부터인가
나는 거울 앞에 서 있었다.

숱한 가슴들이 떠밀다가
끝끝내 가슴팍이 무너져 간
壁.

그 피범벅이 된 壁을 背景으로
어찌할 수 없는 스스로의 體重에 짓눌려
움직일 수 없는 石像같이

나는
풀길 없는 부푼 思想으로 가득 차고 있었다.

나와 거울 사이
피보다 진한 가슴들은
얼마나 크나큰 江물을 이루어
永遠한 어두움으로 흘러간 것일까.

어느 아침
실바람 한 올 일지 않는 거울 속에서
뚝뚝 지는 꽃을 보다가
흔들리는 나무를 보다가
나와 무연한 이들로부터
끝내는 울고 있는 나를 보다가,

실로 뜻밖에
성낸 바다같이 뒤틀려오는 거울 앞에서
나는……
한 천길 가라앉은 暗礁에 붙어
제 모습을 잃지 않고 자라 가는
오직 하나의 적은 소라의 생각밖에
울고 있는 나도 記憶할 수 없었다.

뻐꾸기 소리

1

꼭
한 가지
맘가짐으로

이냥
문밖에
세워 두고

꼭
한 가지
몸가짐으로

저냥
울안에 누워
날 부르는
너의 목소리.

2

꽃잎 같은 것이
눈물 같은 것이
수없이 실로 수없이

나의 안으로 보라쳐 갔다고

소스라쳐 일어설 때

아아, 그것은
우리들이 너무나도 어려서

시궁창을
꼭 지금같이
뛰넘을 수 없었던
그날 그 시궁창을,

네가 가버린
봄
아침,

너의 꽃밭에서
나의 창가로

무지개처럼 와 드리운
한 가지 개나리 가지에

소리 없이 피었다가
뚝뚝 이울어 간

아아
그것은
그날 그 노란 개나리꽃들.

해바라기 · 2

대낮
대낮의 가슴에서
나의 얼굴이
무너져 가버린 황토백이에서

보내던 눈길을 잃고
눈이 까마게 먼 어머니가
굳어가는 가슴을 발돋움 발돋움하고

비인 하늘에
손을 흔들다가 四肢가 모자라진 자리.

아, 이제
돌아올 수 없는 少年을 기다려
끝끝내 돌아가지 않는 가슴이

나의 얼굴처럼
조금씩 변두리가 무너져 가는
지금은

밤
밤의 洞窟 속에서

어머니가
그 가슴속 진한 피로
지지 불태워 밝히는

새벽녘의
등잔불.

落魄記

이
어두움 속에서

지금 수없이 층져
나리는 빛무리가

무한한 時空의
담벽을 뚫고

天地間 어데서나
아침으로 아침으로
모이어 오듯

별로도 이루 다 헤일 수 없는
저어 피어 얼린 꽃들은

허허론 이 벌판에서
일제히 아침을 향하여

밤이나
낮이나

꼭 한 모습으로 저렇게
소리 없이 웃고 있는 것이다.

꽃목이 내려앉는 마지막 순간까지
마음을 가려서 웃고 있는 것이다.

그러나

아……
나는 나는
끝내 꽃으로 가서
맺을 수가 없었다.

新羅 花甁

대잎파리 하나 흔들림 없는
千年 前 하늘이 모습 저 安着한
時間의 가장 자리에서
지금 꽃들이 자꾸만 지고 있었다.

처음 날,
神과 人間과 짐승들이 이웃한
맨 처음 날,

삭막한 이 벌판에서
天心을 가누워 해와 같이
크나큰 꽃을 피워 올린 가슴들……

그 가슴속 진한 피가
지는 꽃잎마다 젖어 있었다.

나를 두고
언제 이 마을에 징역살이 같은
처절한 싸움이라도 치룬 것인가.

아니면
天心을 솟구쳐 오른 파랑새의 무리들이
구름 밖 바람벽에
머리통을 처박고 다 죽어 간 것인가.

대잎파리 하나 흔들림 없는
新羅 千年의 完美한 가슴속에서

지금
내 가슴팍 살데미가
자꾸만 꽃잎처럼 떨어져 가고 있었다.

裸木圖

가지를 떠난
모란꽃이 저만치서 뒹굴고
깨어진 花瓶조각들이
싯퍼런 비수같이 흩어진
살벌한 背景 속에서

화살에 맞은 사슴처럼
한 女人이
온 몸에 심한 물결을 이루며
무너진 壁에서 울먹이고 있었다.

그리고,

이 사건과는, 머언
平和로운 꽃처럼
아기는 피범벅인 畵幅 속에서
소리 없이 웃고 있었다.

나는
어느 비인 空間에다 나를
숨 막히게 벌어진 狀況과 무연한 색으로 짓이길 것인가.
畵筆을 던지고
어두운 층계를 내려가다가
分明히 보았다.

얼마쯤 서로가들 떨어져 있는가는 알 수 없으나
눈 쌓인 벌판에서

모진 바람 속에 휘갈려 울부짖는
세 그루 나무를.

遠雷

1

비에 갇힌
하루

낯선 山莊은
가지 뜨는 꽃송이로
종일 피보라 치고

산이
벌판이
하늘이 돌아앉은
추녀 끝
조롱 안에 울고 있는
새.

새는
죽지 잃은 새는
아득한 水平에 떠 있는
죽엄의
섬.

그것은 아
뭍을 향하여
발돋움 발돋움하고
손을 흔들다가

사지가 모지라진
피어린 가슴이 아닌가.

2

대낮에도
마주 선 너를 볼 수 없고
지척을 가눌 수 없는 어둠이 나리는
죽엄은, 아
얼마나 캄캄한 밤이냐.

사철 꽃이 피고 사랑이 가고
눈보라치는
가슴은, 아아
얼마나 더 캄캄한 밤이냐.

불을 밝히자
꽃이, 청춘이, 일월이
모진 장마 속에 썩어 문드러진
서른 해의 무덤 앞에
痛覺의 불을 밝히자.

죽엄보다 가슴보다
더 어둡고 진한
증오의 불을 밝히자.

3

한 순간.

永遠이
오고 간
텅
비인 벌판에

서른 해가
눈 뜨고
塔이 무너지는 소리……

그것은, 아
胸壁을 차고
쏟아지는 피멍울 진
소낙비를 벗어 나,

隕石처럼
부신 꽃씨를 물고
새까만 하늘을 갈고 오는
한 마리의 純金빛
새.

꽃씨

四月에는
꽃씨를 하나 묻고 싶다.
최루탄을 뚫고 피어 날 꽃씨를……

꽃밭보다는
네가 쉬고 있는
가파른 황토백이 더 좋을 것이다.

황토백이보다는
그날 네 얼굴처럼
싸늘히 굳어 간 바위가 차라리 더욱 좋을 것이다.

밖에는
흐드러진 꽃덤을 타고
또 다시 숨 막히는 밤이 나리는데……

꽃씨 속에서
꽃이 시들어 간
우리들의 四月은

天地가 열린 부신 아침녘이나
아니면
發花하는 新羅의 한낮으로

눈깔이 뽑힌
어두운 네 가슴속에
묻고 싶다.

四月에는
꽃씨를 하나 묻고 싶다.
죽엄을 뚫고 피어날 꽃씨를……
(4.19 1주 기념일에)

石佛의 노래

앞에
숨을 거두었나이다.
滅함이라고 마음하지 마십시오.
몇 千年을 당신의 뜻으로
부신 하늘의 푸르름에 싸여
머리칼 하나 흐림 없이
미움을 안으로 안으로 웃어 눌러도
끝내,
피가 돌지 않는, 나를
뉘우침 하나 없는, 城밖의
돌로 내려앉게 하여 주십시오.
숨 막히는 이 밝음을 벗어나
울음인가
분노인가
나의 가득 차고 넘치는
아득한 始原의 가슴으로.

바람들의 世上

하루 종일
또 바람이 붑니다.

바람 자기를 기다리다가
少年도 가고 靑春도 가고
또 기다리다가
한밤중 그만 잠이 들었습니다.

깊은 꿈속에서도
역시
生時보다 더 세찬 바람이 붑니다.

내가 사는 마을 대숲들은
천길 뒤집힌 바닷바람이 되고,
四方을 둘러싼 山들은
성낸 커다란 짐승처럼
殺氣 서린 털끝들을 곤두세우며
울부짖고 일어서는 불바람이 되고
꽃도 나무도 새도 구름도 바람이 되고
바람으로 오고 바람으로 가는 歲月
天地가 왼통 바람벽 바람으로 가득 찬,

마을은
하나 둘 燈불이 꺼지고
하나 둘 門들이 잠기고
모든 길이 묻히고 끝나고
人家도 마을도

바람들이 모여 사는
바람들의 世上

이승에서
바람으로 사라져 간
크고 작은 所重한 내 日常들과
멀고 가까운 내 살붙이들은
미친 바람 속에 뒤범벅이 되어,

더러는 꽃보라로 지다가
더러는 먹구름 천둥으로 울다가
더러는 落葉으로 짓밟히다가

지금은
바람 속 진눈개비로 날리는
텅 비인 하늘 이 벌판에서
또
한 十年쯤 더 서서
바람 자기를 기다리다가
실눈을 뜨면,

世上은
역시
꿈속보다 더 세찬 바람이 붑니다.

紅蓮庵에서

靑鳥가 아니어도
靑鳥의 둥지 속
푸른 바다에 솟아 오른
蓮꽃이 아니어도
蓮꽃 속
九天을 다스리는
觀音이 아니어도

여보게,

즈믄 해
한 분만이라도
우리네 하늘을 날고 있는
한 마리 靑鳥를
또 보는 이가
우리와 함께
우리네 日常을
살다가 가면
좋겠네.

바람 소리

대낮에도
바람소리를 듣는 것은
내게는 괴로운 일이다.

다정한 사람과
주고받는 조용한 속삭임 사이
바람소리를 듣는 것은
더욱 가슴 아픈 일이다.

한밤중
나 혼자
바람소리를 듣고 있으면

스스로의 肉身을 불태우고
텅 비인 가슴속 깊은 어둠 속에서
靈魂이 일렁이는 속울음 같은,

나이가 들수록
바람소리가 무섭다.

네 肉聲은

한 개의 꽃씨를 묻듯
네 친구들이
너를 下棺하고 있을 때,
너의 肉聲은
內出血보다 진한 花液으로
내 毛細血管을 타고 왔지.

꺾인 꽃목에서
네 體溫이 식어가는 빈 책상에서
早退를 거절당한 어두운 敎務室에서
終禮 때, 부른 출석부 속을 빠져

마지막 뇌수를 갈고 간
달구지의 쇠바퀴 밑을 지나……

그날 病院마다
모두 門이 잠긴 것도
모두 흐린 날씨 탓이지.

한 개의 꽃씨를 묻듯
네 친구들이
너를 下棺하고 있을 때,

반쯤은 바람으로
반쯤은 울음으로

네 肉聲은
네 靈魂을 타고 있었지.

裸木의 노래

지금은……,

나의 피어린 기인 遍歷에서
내 목숨보다 소중한 열매들을
당신의 뜻대로 全部 돌려주고
부끄러운 알몸으로 돌아왔습니다.

아, 이제 나 또한
나의 뜻대로 멀미나는 歲月을
당신의 門밖에 까름이 벗고

오래 텅 비어 둔
내 피멍진 가슴을,
나의 하늘로 우러러 살고 싶습니다.
벌거벗은 肉身으로 내 속울음 울며
눈보라치는 이 雪原에서.

아침

비바람에 휘갈리다가
성낸 비바람으로 풀리다가
천 길 뒤집힌 파도로 일어선
미루나무 숲.

그 맨 높은
가지 끝에 남은
마지막 한 잎
뜬 나뭇잎에 매달려
파닥거리는
내 피붙이여
내 山河여.

잎새 위
얼어붙은 氷壁 속
하늘에서
불씨 문 채
凍死한 새가
한 마리 살아 날고,

그 불씨의
불 탄 꿈속에서
나는
타다 남은 불뼈를 가려
來日 열고 나갈
아침을 짠다.

불이 꺼질 때

몇 날 밤
내 房의 어둠을 밝히던
燈불.

한 방울 남은 石油를 마저 빨아올릴 때,
내 房은
핀에 꽂힌 나비처럼 파닥거린다.
파도를 몰고 온 성낸 바다같이
왼통 살아 뒤틀린다.

한밤중
마른 제 심지를 마지막 불태우고
室內가 깊은 어둠에 빨려
壁에 걸린
내 日常의 소중한 家具들이
이승의 記憶에서
하나 하나 사라지고
마지막 내 房이
칠흑 같은 어둠으로 解體될 때,

나는 천길 깊은
저승의 시궁창 속에서
왼통 귀가 되어 기웃거리다가
왼통 눈이 되어 껌벅거리다가
한 개비 커다란 성냥불로 타다가
이승의 어둠을 마지막 불태우다가.

暗礁韻

더러는
몇 번쯤
푸른 하늘을 본다지만,
탁한
歲月 속
自由로운 魚族보다는,
한 百年쯤
뒤진 時間 속에서,
한 千길쯤
더 가라앉아
한平生
하늘을
볼 수 없다 하지만……
여보게.
나 닮은, 작은
소라라도 하나 치는 것이
마음 아닌가
하늘 아닌가.

全州 太平洞

—億이와 容來 兄에게

太平洞은
꽃씨를 묻고
꽃 한 송이 보지 못한
바람 탄 꽃밭이다.

밤이면 밤마다
돌다리에 모여
課外工夫처럼 사랑을 自習하던
容來도
億이도
都市計劃에 밀려난 돌다리처럼
이제 옛날로 옛날로 묻혀 갔지만……

順이가 候鳥되어
시들한 나의 꽃밭에서
눈부신 꽃나무로 옮아 간
그날 밤
나는 太平洞 시궁창에서
가시 돋친 한 그루 詩의 苗木을 줍고

玉이를 부르다가
玉이 오빠한테 生捕되었다가 와서도
신이 나서 낄 낄 낄 웃던 容來는
오늘도 太平洞 안 女學校 教室에서
낄 낄 낄 專用 웃음을
나비떼처럼 날리며
玉이보다 큰

女學生들의 엄한 訓長이 되었지.
그리고,
바다로 돌아 간
億이를 돌다가 지친
키가 후리후리한 해바라기 누이는
지금 어느 사내의 얼굴을 고요히 돌며
우리들의 사랑을 소리 없이 웃고 있을까.

우리는 太平洞에서
조롱 속 새를 잃고
술을 女子를 배우고
이젠 太平洞 술맛이 배어
容來와 만나면
太平洞 술집을 더듬으며 술을 마시고
마시고 취해 들린
無許可 旅人宿 같은 골방에서
몇 밤을 푸욱 골아 떨어졌다가
깨어 보면
어린 것들의 양말을 깁고 있는
아내의 이마엔 몇 개의 잔금이 더 불고,

바깥 世上은
十年이 가고
또 十年이 오고 있는데……

太平洞
太平洞은

오늘밤도 꿈 많은 少年들이
가슴속 純金빛 꽃씨를 묻고 있을까.

血楓 內藏

내가 존경하는
老 畵伯은
빛의 廢墟.
당신은
그 畵伯의 피로 짓이겨진
진한 畵幅보다
얼마나 더 나를 絶望케 하는가.
몇 겹을
始原한 핏물로 빨갛게
빨갛게 타는,
生動하는
당신의 가슴속에
나도
새로 돋는
한 방울
恨없는
핏망울로 배고 싶어라.

眞身舍利塔

꽃이다. 塔은
千年의 벼랑에 흐림 없이
꼭 한 모습으로 피어 있는 꽃이다.

新羅 대낮의 밝은 슬기를 가려
올올히 갈고 닦아 피워 올린
오묘한 神韻이 감도는 한 송이의……

塔을 바라보면
千年 前 천길 가라앉은 고요 속에
한 개의 모래알로 내가 묻힌다.

눈을 감으면
千年 前 빛향으로 우람한 꽃 속에
내가 누워 있다.

念佛 끊어진 法堂
수라의 고함이 일고
法師가 舍利의 뜻을 거역한
어두운 歲月은
발아래 이는 구름을 모아 가리우고,

그날 그 新羅의 푸른 하늘에
더욱 더 발돋움하고
머언 西域의 부신 하늘에
조용히 눈길을 보내는……

塔은
우거진 雜草 속에서
千年 前 구름 핀 맑은 이슬을 머금은
生成하는 꽃이다.

제2부 할 말은 끝내 이 땅에 묻어두고

진눈깨비

잎새 하나 없는
즐비한 가로수를 보고 가면
6 · 25사변 때,
제가 꼰 새끼줄에 제 손들 묶여
진눈깨비 설치는 저문 들길을
묶인 손 들고 읍내로 끌려가던
마을사람들 생각이 난다.
나이가 들수록 더 생각이 난다.

더러는 살아서 돌아오고
몇은 30년이 되어도
병신들 병신들같이
제 고향도 모르는가
돌아오지 않는다.

진눈깨비 설치는 날
즐비한 가로수를 보고 가면
꺾일 듯 휘날리는 가지 끝마다
돌아오지 않는 사람들의
마지막 피진 육성들이 걸려 있다.

몰매

나는 요즈음
짧은 잠 깊은 꿈속에
살기등등한 제자들한테
한밤중 몰매를 맞는다.

깊은 혼수 속 실눈을 뜨면
피퉁이 내 얼굴에
제자들은 도깨비탈을 씌우며
웃고들 있다.

이마엔 무서운 종이뿔 한 개
축 늘어빠진 헝겊 혓바닥,
내 몰골에 소스라쳐 눈 감으면
탈을 벗기며
제자들은 울고들 있다.

나는 요즈음
깊은 잠 깊은 꿈속에
제자들 몰매를 맞으며
아픈, 더 아픈 몰매를 맞고 싶다.

탈에게

탈아
눈만 살아 있는 탈아

입은 아꼈다가
어느 흉년
벼슬 빌어먹을래,
이 깊은 골짜기 속
너럭바위 위에
다시는 집안소리 못하게
너럭바위로 눌러 놓고

네 두 귀는
이 높은 절벽 위
나뭇가지 옹이에 꿰어
다시는 세상소리 못 듣게
소금 절인 바닷바람으로
꿰어 놓고,

탈아
눈만 살아 있는 탈아
옛날 영험한 탈같이
한 천리 밖 귓속말도 듣고,
한 백년 뒤 참말도 하고.

선운사 매미

식구들을 데리고
한여름 선운사에 갔더니
선운사도 속세같이
왼통 울음바다더라.

동백숲엔
동백꽃 한 송이 없고
동백가지마다
육자배기는 다 시들고
양가락만 한물이어서
선운사 땡더위만
한 짐씩 짊어지고
도솔암으로 올라갈 적에,

　애구 그만 울면 좋겠네
　애구 그만 울면 좋겠네

막내년은 제 다리 아프면
매미가 안쓰러 짜증냈지만
매미는 제 철이라 제 흥에 울고
아빠는 선운사 울지 못한 매미
제 철도 속울음 울고 산단다.

껍질

애들이 과일껍질을
벗겨 먹는다.

선생님도 아버지도 어머니도
농약 중독성이 무섭다고 했다.

어른들도 덩달아
껍질을 벗기고 있다.

껍질을 벗기면
너무나도 문드러진
  부끄러운
  부끄러운
어른들의 속살.

故鄕

1

내가 눈 뜨기도 전,
뒷산 비석거리 머슴새는
나를 동아줄로 묶어 놓고
고향 십리 밖을
떠나지 못하게 한다.

실눈을 뜨면
창밖 나무숲에서
온갖 새들이 부리로 뽑는
명주실보다 더 가는
은실 금실로 내 사지를
아침마다 묶어 놓아
비가 새어도
내 방을 떠나지 못한다.

2

가난한 친구들은
쇠오랏줄보다 더 무서운
代 묵은 색갈이로 발목 묶여
한밤중 샛길로 샛길로
하나 둘 고향을 떠났다.
비인 둥지 속에서
지어미의 빈 젖만 빨며 자란 새끼들도

날개만 돋히면 철새들처럼
장마철 지겨운 공사판 같은
고향에 콧똥을 깔리며
도시로 도시로 훨훨 날아가고
텅 비인 둥지 찾아서
친구들은 병골이 되어
빈주먹으로 돌아온다.

3

대낮에도
바람들이 모여서 머리를 풀고 우는
호박 구덩이 속
우렁껍질 같은 고향
애들은 다아 다 떠나고
4代의 핏줄이 끊길지도 모를
뜨락에 혼자 서서
한 평생 마음 속 詩語 하나
이승에서 끝내 찾지 못하고
빈 칸으로 고향에 남겨 둔 채
빨갛게 빨갛게 타는 노을 앞에 서서
하얀 갈꽃머리를 날리며
동구 밖을 서성거리는
한 시인의 뒷모습이 얼핏얼핏 보인다.

서울 참새

한 10년 만에
서울 아침 산책을 한다.

내 사지에
싱싱한 풋과일처럼
매달린 애들
이 세상에 오직 하나 뿐인
외삼촌이라 이렇게도 좋은가
시골 삼촌은 갈 곳이 없단다
그저 뚝섬 쪽으로 가고만 싶구나.

한 마리 참새가
내 시야로 날아온다.
하늘을 날며 살아도
시궁창 속 먹이 때문에
굴뚝새 다 된 참새
내 혈육같이 반갑구나.
굴뚝이
다 된 서울.

몇 대 살던 고향을
비인 둥지같이 버리고
서울로 서울로 떠나 온
굴뚝새 다 되었다는
친구가 보고 싶구나

동행

남남끼리 남남끼리
그저 동행일 뿐
어쩌다가 어쩌다가
같은 삼등열차
같은 찻간, 같은 의자에
부부같이 나란히 앉아
통로에 서 있는 사람들을 보다가
추운 삼동, 체온으로 서로 의지하며
자는 둥 마는 둥 졸다가 보면
많은 역들은 꿈속에 흘러가고
기나긴 겨울밤도
마침내 새벽이 되어
성냥불 같은
빈 인사말 한 마디
그 여인과 남겨두고
어느 간이역에서 내가 내리듯
영원한 세월 속,
사람의 한평생은
운 좋으면 꽃 핀 하루쯤
더러는 비오는 한 나절,
아니면,
가을날 한 두어 시간
운 나쁘면 한 10분이나 3분쯤이어서
발 시린 냉방 아랫목에서
서로 몸을 녹이다가 보면
아내의 언 이마
한 번 짚어 주지 못한 채

떠날지도 모를 우리 내외도
끝내는 남남인 동행일 뿐.

방학

방학동안 살 우리를 짠다.
대못 박고 꺽쇠 치고
가장 튼튼하게 가장 완벽하게 짠다.
밖에서는 누가 또 철책을 친다.

우리 안에 들어앉아
밤낮 길어나는 부리를 갈아 내면서
더 살기등등한 이빨을 꿈꾼다.
독 서린 발톱을 깎아 내면서
시퍼런 시퍼런 비수를 꿈꾼다.
용쓰는 갈기를 뽑아내면서
갈기보다 긴 콧수염을 꿈꾼다.

우리 밖에서
애들이 불안한 눈길을 보낸다.
애들이 불안한 웃음을 보낸다.
애들이 더 불안한 환성을 보낸다.
애들은 얼마 동안 오한 같은 침묵을 보낸다.

사방에서
우리 안으로 날아오는 애들의 손가락총
애들의 굳어가는 성난 주먹들
아아, 일제히 쏘아내는 애들의 돌팔매들
처참하게 일그러진 어른들의
빈말 빈말 빈말의 진리들

나는 방학 동안 읽을 책 속의 빈말을 불태워버린다
호주머니마다 빈말의 씨앗들로 가득 찬
부끄러운 양복을 벗어버린다.
불륜의 피가 얼룩진
내의를 갈기갈기 찢는다.

실오라기 한 올 감기지 않는 알몸으로
피진 비지땀을 뻘뻘 흘리며
부끄러운 부끄러운 탈을 벗는다
아버지의 탈
어른의 탈
빈말의 탈.

할 말

달팽아 달팽아 집 없는 달팽아
눈 없는 우렁이도 대수리도 말조개도
물 속 깊이 숨어서 대문 걸고 속문 걸고
혀 빼어 장롱 속에 감추고
귀를 막고 사는데,
달팽아 달팽아 눈 있는 달팽아
집도 발도 없는 너는,
왜 풀 한 포기 없는 한길에 나와
짓밟히는 전신을 귀로 쫑깃거리며
피 흘리는 전신을 눈으로 껌벅거리며
세상사 끝까지 다, 다아 보고
할 말은 끝내 이 땅에 묻어두고,
살아남은 귀먹고 눈먼 것들을 위하여
성난 구둣발에 스스로 짓이겨져
할 말로 할 말로 달게 죽은 달팽아.

곡소리

한밤중 공동묘지에서 마을로 곡소리가 들려온다.
아무 병 없이 대이어 죽어간 자들을 조상하다가
이제 삼대가 죽어가고,
산 사람들은 성한 피 한 방울 없고,
산 사람들은 성한 눈물 한 방울 없고,

한밤중 곡소리 끊긴 상가를 향하여
성난 눈물을 흘리며
성한 핏덩이를 토하며
사방에서 울고 오는, 저어 저

곡소리, 곡소리, 곡소리

남은 식구들을 위하여
남은 조객들을 위하여
뜨락에 갓 핀
매화 몇 송이를 위하여,

관 속에서 울먹이는
아아
사자들의

삐비꽃

낯선 길을 가다도
논두렁 하얗게 하얗게 피어버린
삐비꽃을 보면 참말로 아깝구나
서른 해가 지난 시방도 참말로 참말로 아깝구나.

일본놈 소학교 시절
멀건 호밀죽을
대수저로 휘저어 반 대접 먹고
점심은 찬물로 떼우고
기진한 십리 길 돌아올 때

돌부리에
열 발톱 항상 피멍이 들고
동절에 찍혀 피가 나면
송진이나 흙가루 곱게 비벼
명약으로 바르면서도,

논두렁이란 논두렁을
밭언덕이란 밭언덕을
산자락이란 산자락을
해 지도록 헤매며
삐비란 삐비는 다 뽑아 먹었다.
대낮에도 무서운 애장골 먹삐비까지.

새로 돋아나면 돋아나는 대로
한 개도 남김없이 다 뽑아 먹었다.
안남미보다 작은 삐비알까지.

그런 날은
쑥꾹새 소리까지 배가 고프고
눈물보단 진한 빗방울이
어스름 속 이마 위에 몇 방울 지고
마을에는 하나 둘 등불이 켜졌다.

내년

마지막 하루까지 쫓겨
백여 리가 넘는 험한 벼랑길
덜덜거리는 종버스에 실려 간다.
마지막 제야까지
내 목숨은
저 핸들의 것이다.

차창밖엔 칠흑의 어둠뿐이다.
천지를 가눌 수 없는 그 어둠 속에
내 산하는 알몸으로 누워 있고
이 벼랑길은
그 산하의 전신을 짓누비고 있다.

십 리 밖에서도
백 리 밖에서도
천 리 밖에서도
쫓기는 사람들이
올해의 어둠 속에서 풀려나
마지막 실려 가면,

이 벼랑길은
또 살기서린 포승줄로 일어서서
첫 새벽,
맨 처음 오는 내일의 사지를 얽어 묶고
내년을 또 서서히 동여맬 것이다.

병신

마을은
왼통 탈투성이.

한두 개는 못난 것들
한 대여섯 개쯤 가져야
세상을 잘 살아 간다.

제 철까지
어느 병신이 기다려,
조석으로 탈바꿈하며
한밤중이면
또 탈을 꿈꾼다.

식구들도 모르는,
더러는 저도 모르는
무서운 탈의
무서운 탈.

탈 하나 없는 성한 사람
동구 밖에 떠밀려
병신으로 살아간다.

구걸 · 1

알몸뎅이를 누더기로 감싼
저어 사나이는
목발을 절며
무엇을 구걸하러
이 상가에 오는 것일까.

방안에선
쾅쾅 관뚜껑 못 박는 소리.
저승의 건널목에선
마지막 상면을 안고
목멘 상주들의 피진 호곡소리,
차일 속에선
거덜 난 파장같이
조객들이 서성거리고
밖에는
진눈깨비 진눈깨비만 몰아치는데,

한 대접 냉 건 막걸리와
뜨끈뜨끈한 국물을 다 마신
저어 사나이는
이제 무엇을 구걸할 것인가.

사자가 먹다 남긴 식은 밥을
사자가 입고 있는 수의를
사자가 남긴 재산의 한 주먹을,
아아

사자가 가진 성한 다리를
사자가 살다 남은 성한 세월을,

아니면,
저 상주들 가슴속에 남는
한 방울 뜨거운 이승의 눈물을
아아 구걸하고 있는 것일까.

알몸뚱이를 누더기로 감싼
저어 사나이는
목발을 절며
무엇을 구걸하고
이 상가에서 떠나는 것일까.

생일 아침

눈보라에 풀꺾인 꽃들
알몸으로 파랗게 떨고 있는데
또 밤새 못비같이
쏟아지는 비인 콜라깡과
창자 터진 라면봉지들이
한통속이 되어
내 부끄러운 생일 아침도
하수구 흙탕물에 떠내려간다.
의붓새끼같이 갈갈이 찢긴
일곱 식구 얼굴들도
흙투성이 되어 뒤우뚱거리며
내려간다.
삭월셋방 마루에 엉거주춤 서서
안경을 닦으며 맞는
쉰하나 생일 아침
거덜 난 한 가장이
불어가는 흙탕물 속에서
쓰러지며 허우적거리며
흙투성이 되어
다시 일어서고 있다.

갯쭉나무

행간마다
피진 신음소리,
특호 활자에는
지금 선혈이 흐른다.

정오 아나운서 목소리는
흙탕물에 떠내려가는
텅 비인 농약병.

하늘은
어머니 진한 눈물로
젖어 있다.

뜨락
갯쭉나무 낮은 가지 끝
전라도 참새 한 마리,

작은 제 가슴팍
성한 피 쥐어짜며
나를 울고 있다.

새가 날아간 뒤
갯쭉나무 가지가
성한 제 수액을 쥐어짜며

나를 울고 있다.

파장

진눈깨비 설치는
세밑 퇴근길.

젊은 여인이 끌고 가는
손수레 안에는
왼종일 벌거벗은 알몸으로
꽁꽁 언 사과들이
서로 살갗들을 비벼대고 있다.

한 구석에는
그 귀했던 제주도 귤들도
풀이 죽어 실려 간다.

아침에 밝은 미소를
과일수레 가득 덤으로 얹혀
끌고 가던 그 여인이
지금 벙어리가 되어서 간다.

상한 과일들은
쿨룩쿨룩 지아비 기침을 하고
수레 안은
왼통 어린 것들 눈물로 젖어 있다.

내 어릴 적
어머니 속울음 몇 덩어리도
젊은 여인의 과일수레 안에
떨며 실려 가고 있다.

뚝배기 속에

한여름
대청마루에 비닐돗자리를 깔고
원색투성이 스레트지붕들을 바라보며
병후 보약으로 구탕을 먹고 있는데
고속도로에 허리가 잘린 덕재산 쑥국새는
지금도 쌀티 하나 없는 순쑥죽인가
쑥꾹 쑥꾹 한나절 애지게 울고,
불볕 속 불바람에 묻혀오는
정토산 송화가루 냄새.
해방이 되고
독립이 되고
수출 선진국이 되어도
마을 딸들은 서울 공장으로 물물이 몰려가고
젊은 놈들은 날개가 돋으면
철새들처럼 모두 도시로 떠나버린다.
마을엔 젊은 아낙네들만
비인 둥지에 어린 새끼들을 치며
조상의 대를 이어
남정네 대신 억센 논밭일 다 하고,
집집마다 철제대문에는
주먹보다 큰 자물통이 채워진
텅 비인 마을에 병신 혼자 남아
비지땀을 흘리며 명약으로
보신탕을 먹고 있는데,
등잔불 심지를 돋워도 돋워도
어둡기만 한 내 등을 향하여
석 달 몸져누운 아버지

꽁보리 저녁상을 들고 오셔
그만 대성통곡하시던……
저승에서도 20년 저쪽
선혈이 낭자한 어머니의 육성과
꺼질 듯한 아버지의 한숨소리
지금 보신탕 뚝배기 속에
부글부글 끓고 있는 것은 무엇일까.

옷감

내가 두 눈을 잃고
진창 어둠투성이 되어
이승의 대낮
한길을 더듬더듬 기어 온 날.

안팎 호주머니를 뒤져봐도 빚부스러기뿐
어둠에 잘 길들여진 양복을 벗어버리고
부끄러운 부끄러운 넥타이를 풀고
피투성이 내의를 벗어 던지고
실오라기 한 올 감기지 않은 알몸으로
짐승처럼 울고 있는 한밤중

어머니는
내 꿈속으로 오셔 베를 짜신다.
온 밤을 찰캉찰캉 내 옷감을 짜신다
가난했던 옛날 초가집 안방에서

아흔이 다 되셔
열두 새, 열 새는 그만 두시고
이젠 한 일곱 새나, 엿새짜리
손자놈들은 흘겨도 안 볼
굵은 북덕베를 짜신다.

손수 씨 뿌려 가꾸신 목화
손수 활로 타셔서
손수 비벼 잰 실고치들을
물레로 윙윙 실 뽑으시고

꿀 같은 봄밤을 참고 참으시며
백옥 같은 꾸리를 감고 감아서.

한평생
당신의 올과 씨로
지금 한 엿 새짜리 굵은 베를 짜신다.
반백이 다 된 이승의 아들을 못 잊어
쉬흔을 바라는 이 땅의 아들을 못 잊어

한평생 풀지 못한
눈물로 흘려버린 당신의 고운 꿈을
올올이 올올이 풀러 짜 넣으시더니,
가난한 옛 초가지붕 위
박꽃도 몇 송이 짜 넣으시고
중천에 보름달을 덩그렇게 짜 넣으시더니
예외로
예외로
어머니는 당신이 들고 오신
수박등불을
내 옷감에 또 짜 넣으신다.

겨울 벌판

허망하여라
몸 푼 여인
텅 빈 가슴 속에
쌓이는 눈

모든 길은 묻히고
짓이겨져 얼어터진 채
사지가 조금씩 굳어가는
벌거벗은 여인아

인가는 아직 멀고
뿌리까지 휘젓고
난도질하는
미친 눈보라

쓸쓸하여라
헛몸 푼 여인
빈 가슴 속에 고이는
진눈깨비 눈물.

石窟庵에서

손으로 하여
얼마나 무서운 罪를 저지른
한 사나이가
한平生 풀지 못한 깊은 오뇌를
나의 全身에 삭이고 간 것일까.

싯퍼렇게 날선 정을 나누어
헝클어진 가슴속 제 허물을
하나 하나 다듬어 내릴 때,

뒤틀리는 나의 全身에 이는
부신 빛무리는
肉身에서 풀리는
사나이의 魂靈이 아닌가.

사나이의 큰 뜻을 안으로 안으로
즈믄 해 다스려도
새벽마다 東海를 차고 오른
아침 해같이,

단 한 번
숨 막히는 이 石蓮臺를
차고 날지 못하는
나의 안에서

꽃잎보다 더 밝은 千年을
살아가는 이는
대체 누구인가.

農老의 가을

쓸 것은 지푸라기 하나까지 다 주었다.
살아 있는 것들은
마을로 다아 다 돌아갔다.

마지막 푸른 강물도 끊기고
모래까지 드러난 강심에는
대가리 잘린 채
얼어터진 하얀 뱃대기를 드러낸
조선무우 한 개.

짓이겨질 대로 짓이겨진 채
헐벗길 대로 헐벗긴 채
깊은 삼동에
이제 불모지로 버려진 벌판.

그 벌판 건너
읍내 방앗간에서
알곡은 색갈이로 전부 날리고,
쭉정이 쌀 반 가마
왕맵저만 한 수레 싣고

털털털 돌아가는
農老의 텅 빈 마음 속,
황량한 벌판에는
살아남은 벌새 한 마리
성낸 돌팔매로

눈보라 치는 허공에
부릅뜨고 떠 있다.

겨울 서울

수원을 넘으면 미열이 오르고
한강을 건널 땐
전신에 으스스 한기가 지나간다.
서울역 광장에 서면
오한에 구토증 환자가 된다.
약 먹고 주사를 맞아도 소용없다.
병명은 더욱 알 수가 없다.
머무는 며칠, 병은 더욱 더 깊어간다.
내 처방대로
가까운 뚝섬 쪽으로 빠져나간다.
허나 흙 한 주먹 없고
콘크리트보다 더 견고한 금값 땅
말라비틀어진 강심을 흐르는
한 줄기 먹탕물 뿐이다.
되돌아 남산을 본다.
제 얼굴 가진 바위 하나 없고
제 자리에 선 소나무 한 그루 없다.
사계절
편식으로 온 세상을 포식한 대감이
제 식성대로 칼질한 앞뜰 동산 같다.
우거진 수목들은
제초제 먹은 잡초같이 시들고
하늘을 솟구친 녹슨 첨탑 위에
꽃씨를 물고 온
벌새 한 마리
낙엽으로 떠 있다.

待春賦

길 잃은 들바람들도
한밤중이면 갈대숲에 모여
얼어터진 살갗들을 껴안으며
고향이 그리워 울부짖고,

얼음 속 꽁꽁 갇힌 강물도
새벽이면 인가들이 그리워
얼어붙은 갯벌을 핥으며
동구 밖까지 기어오다 쓰러져
피울음 우는데

바우야 바우야
진눈깨비 쌓이는 산하
눈깔이 얼어 튀고
사지가 잘려 나간 삼동
천 길 빙벽 위에
발돋움 발돋움하고 서서
벌거벗은 전신으로
혼자 있구나.
사지 잘린 가슴으로
혼자 있구나.

한밤중

사람 만들려고
도시로 보냈더니
큰놈은
돈 주고 병만 사왔는가
술만 마시면
반벙어리 성한 병신 되어
애비도 알 수 없는
애미도 알 수 없는
한밤중 속울음 울고,

고혈압으로
1년 내 흐렸다가 맑았다가
변덕 심한 안방에서
사남매들은
하루에도
아홉 번 죽었다가
서부 사내들의 잡귀에 신들려
실성한 반미치광이들 다 되어
눈보라치는 황야에서
한밤중 돌아오지 않는다.

주먹

주먹이 빈
가을이면
한밤중 깨는 병이
다시 되진다

날이 샐 때까지
죽은 듯 누워서
귀뚜라미 소리만 듣는다.

지루해 외등을 켜면
부엌이나 현관이나
귀뚜라미 풍년.

어떤 놈은
내 헌 구두 속에서 운다.

투성이 타령

옛날엔
핫바지 저고리에 헌 삿갓 쓰고도
새를 잘 보던 조선 허수아비
이젠 양복에 운동모자 쓰고도
정말로 정말로 허수아비 다 되었구나.

올해 새떼는
멍석떼투성이라
덮치는 논배미마다
들판은
왼통 쭉정이투성이구나
왼통 쭉정이투성이구나.

고향도 이젠
이목구비 성한 것
하나 없고
마을은
뒷머리투성이구나
뒷머리투성이구나

얼굴

한쪽 눈깔을 잃고 수자리에서 돌아온 한 사나이가 거울 앞에 앉아 수염을 깎는다.

이미 지열이 식은 지구보다 더 많은 균열을 품은 얼굴.

그 중심에서 산맥이 무너지는 소리가 일른다. 바닷물이 지글지글 끓어오른다. 선혈이 흐른다. 살구꽃이 핀 마을들이 탄다. 불꽃 속에 사나이의 눈깔이 튀어 오른다.

언제부터인가 거울 뒤에서 한 소년이 울고 있다.

사나이는 지그시 입술을 깨물고 남은 한쪽 눈을 마주 감는다.

뒤집힌 바다.
하늘을 물어 흔들다가 천 길 가라앉은 수심같이 한없이 맑은 거울 속에 지금 전쟁이 살다 간 폐허가 누워 있다.

세월

마흔이 넘으면
세월이 눈에 보인다.

바래고 때 절은
옷자락도 더러 보인다.

그 한 자락 구겨진
잔주름 속에

지금 진눈깨비가 내리고
피멍진 산하가 떨고 간다.

모가지 없는
내 뒷모습도 언뜻 보인다.

한 순간 보였다가
다시는 보이지 않는다.

한 개비 성냥불로

당신을
돌아선 나는
폐허.

대낮
어둠 속 헤매는 나를
다시 비치게 하옵소서.

우물가에서
목이 타고
꽃덤 속에서
봄을 기다림은
얼마나 가혹한 형벌입니까.

날개 없는 큰놈에겐
하늘껏
끝없는 연실을 주옵고

열 손톱이 피 듣도록
온몸을 휘쳐 놓은
옴 앓는 큰년에게는
한밤중 깊은 휴식을,

유도가 밭은
방안 바람에는
꿀물의 젖무덤을 주고
심한 유혈로 하여

사철 허리를 동여매고 사는 지어미는
아아, 성한 피를……

그리고

나는 이들의 마음을 지펴 보는
어둠 속
한 개비 성냥불로 타게 하소서.

여백

여기는…….
눈을 뜨고도 뉘우침 없이 바라볼 한 송이 꽃이 없습니다.

목을 뽑아도 이 천지에 길이 불러 둘
단 하나의 이름이 없습니다.

기도하기에도
이제는 무릎 꿇고 앉을 성지의 좁은 땅이 없습니다.

한 그루 나무처럼 푸르지도
바위같이 차마 입 다물지도 못한 죄로

한 발을 이미 땅에서 띠운 학두루미같이
발돋움 발돋움하고 있는데……

세월이 다한
이 폐허를 적시우기에는

너무나도 향 맑고 뜨거운 피가 안으로 안으로 강물을 이루는
목숨들이 아직은 남아 있습니다.

내 가을은

하루 종일 잊을 수가 없었다.

걷는 동안에도
직원조회할 때도
참말이지 지루하던
5교시 죽 박은 수업시간에도
주막집 포장을 걷고
실로 오랜만에 노을진 하늘을 바라는
나의 석양에도
아침에 만난 그 거지들을.

수리조합 사무실에 짓눌린
해장국 판자집 낮은 굴뚝 옆에서
바라보는 연기는 푸른 강물을 타고

강 건너
금빛으로 풀려가는
풍성한 가을 문전의 식전에
단둘이 서서,

문 잃은
아버지는
불 탄 사랑을
싯퍼런 분노로 다스리고

이글이글 타오르는 분노 속
벌거벗은 아이는

이제 피가 도는 석고상처럼
깊은 실눈을 떠

부신 아침해가 가라앉은
마음 속
푸른 강물을 다스리고 있었다.

내 가을은.

1968년

물구나무서서
걸어가는 착각이 든다.
무서운 실감,
눈 뜨는 나.

모를 일이다, 모를 일이다
자물통이 챈 서랍 속에 든
내 인감이 찍혀 나간
일십 육만 일천 원의 채무자는
대체 누구일까.

지불영장에
또박또박 먹물로 박아 쓴
내 현주소
내 번지
내 성명.
나는 일 전도 일 달라도 쓴 적이 없다.
일어섰던 고층 건물이 흔들린다.

흔들리는 외환은행 대리석 출구에서
반백이 된 한 사나이는
열심히 구두를 닦는다.
코 큰 나라
한 청년이 구두 콧배기 광내려
이 세상에 태어난 듯이
무릎을 꿇고 앉은
반백의 사나이는,

정밀한 기계같이
전신이 생동한다.

33도의 불붙는 땡볕은
일십 육만 일천 원 정
빚진 사나이의 나라
대낮을 불태운다.

백일홍

서울 가는 완행열차를
타고 가다가
철로 연변 벼랑에서
아슬아슬 뿌리박고 핀
노란 개나리꽃을 보면
서울역 양동이나
무교동 술집에서
외사촌 누이를 만난 듯
가슴이 아프구나.

관광객 붐비는 역광장
값진 관상수에 떠밀려서
저탄장 한 구석
까만 탄가루 다북이 쓰고서
피어 있는 백일홍을 보면
한증막 같은 보세공장에서
서양먼지 다북이 쓰고 있을
막내 누이를 본 듯
눈시울이 뜨거워라.

식모살이 딸 찾아간다는
방직공장 딸 찾아간다는
전라도 아낙네들
눈물 젖은 대화 사이
까만 백일홍을 보고 있다.
딸들의 얼굴을 떠올리고 있다
통로 보따리 위에 퍼버리고 앉아서.

연모

대낮 두 눈을 잃고
먹방에 돌아 와
밤새 눈을 짠다, 눈을 짠다.

모든 것,
백주에 보이지 않던
검은 복면 속
낯익은 얼굴 뒤에 숨은
내 사촌의 얼굴까지
다아 다 보인다.

한밤중 잃어버린
내 목소리를
대낮 성안 한길에서 만난다.

제일 높은 과녁 한복판
한 화살에 꽂힌
삼대의 혓바닥,
지금도
뚜욱 뚝 선혈이 흐르는
큰놈의 육성.

내 사지는
몇 대 자물쇠 걸린
철게 속
쓸모없는 연모다.

산1

말없는 산을
웃지 마라.

울어도 울어도
소리 없는 산이거니

천년 몇 천년 두고
드나드는 봄을

피로 한결 꽃피운 두견이도
못다 울 설움에 목이 메었다.

곡성은 아예 슬픔을 모르는
짐승들의 아우성……

진실로 통곡은
눈물도 소리도 없는 산이거니

아, 귀머거리로
돌아앉은 산!

산을
뉘라도 소리치지 마라.

구걸 · 2

육교 난간 콘크리트 맨바닥에
쭈그러진 양데기를
보물단지같이 떠받들고 앉아
구걸하는 노파.
양데기 안
어지럽게 흩어진 동전 속에
반짝반짝 빛나는
백 원짜리 은화 한 닢.
바닥에 깔리고 남은 빈 곳은
대낮 햇빛이 가득 채우고 있다.
은화의 주인을
이 세상에서는
눈 먼 노파만 알고 있다.
지나가다가 눈 판
하느님도 알고 있다.

벌판

짓이겨진 채로 굳어 간
텅 비인 벌판은

금빛 가을보다
나를 사로잡아 흔든다.

반쯤은,
썩었거나
진흙 속에 묻혀갔거나
아니면,
시정으로 환생해 간
몇 개의 허수아비 잔해가 남은……

그 밖의 벌판은
전부 바람뿐이다.

나는
아침 8시가 되면
이 벌판을
한 마리 개미처럼
분주한 하루를 몰고 간다.
그리고 모른다, 나는 없다.

자갈밭
고사한 가지에
하루 종일 매이어
나를 짓이기다가

고삐가 풀리면
나는 꼬옥 술을 마신다.

내가 난도질한 나를
내가 뜯으며
나는 독한 술을 마시고,

이미 가불된
백 원짜리 공수표로
주막집 포장을 걷고
내가 이 벌판의 바람 속에
한 장 휴지조각으로 뜰 때,

벌판 너머
어둠 속에서
알찬 바랑을 절름절름 흔들며
짐승도 사람도 아닌
반쯤은,
허수아비로 환원해 간
다리 밑, 늙은 목발이 거지는
오늘도 내 앞에 불바람을 몰고 간다.

농악은

경상도나 충청도나 전라도 그 어데서나
마을이면 마을이면 집집마다 한 두어 그루씩
더러는 몇 집에 한 그루씩은
울 옆이나 마당귀에 없는 듯 서 있다가
봄이면 우리들의 눈높이에서
웃음으로 가득 떠오르는
한 식구같이 다정한 살구꽃더미다.
저 울림은
바쁜 나날은 김 생원 헛간이나
이 서방이 기거하는 사랑방 시렁에서
이 서방같이 먼지를 다북이 쓰고 있다가도
명절이나 풍년이나 마을에 경사가 나면
먼지를 훨훨 털고 일어서는 칠색 불기둥이
아니면,

시궁창에
열 해고 스무 해고 없는 듯 묻혀 있다가
알만한 나그네를 만나면 한밤중에도
꽃보다 더 밝은 눈짓으로 알음짱하는
조상들의 마음과 영험한 슬기가 잠긴
하얀 백자기의 은은한 속삭임도 되어 오지만
저 울림 속
저 속울림은……

분명히 울음이다.
높낮이나 색깔 없이
신라의 건강한 육성에서

피비린 불바람에 취한 이조
몸살에다가 가슴 앓는 이웃들의
한숨 섞인 육성으로
마구 짓이겨진 생동하는 울음이다.

흙에게

마음은
천하일색인데,

눈이 까막눈이어서
귀가 절벽이어서
혀가 더듬이어서

쓸 만한 것, 다 빼앗기고
반반한 데, 다 할켜
네 얼굴은
거덜난 일상
내 산하의.

밤낮
백방으로 보아도

네 얼굴은
왼통 칠흑의 뒷머리뿐이구나.
네 한밤중의.

白畓

모 한 포기 꽂지 못한 백답은
시집살이 십년이 넘어도 태기 없는
여인의 텅 비인 가슴으로
밤낮 푸른 들판을 향하여
전신으로 전신으로 기어가다가
대낮이 되면 산비탈 논두렁에서
다랭이 다랭이 서로 매달려 기진한 채,
35도의 미친 땡볕 속에
전신이 불타면서 전신을 불태우면서
눈 아래 한 가람 가득 흘러가는
저어, 무성한 푸른 벌판
핏줄 같은 강물만 생각한다.

일제 때, 숨 막힌 학대도 용케 견뎌왔는데,
8 · 15 때, 풍성한 가난도 용케 넘겨왔는데,
6 · 25 때의 칼날 위도 용케 견뎌왔는데,
아아 어느 해였던가
석 달 가뭄에 모 한 포기 못 내고
끝내 싹트지 못한 메밀을 뿌리고
모가지를 조여 매는 색갈이에 못 이겨
대대로 물려받은 천수답을 넘겨주고 빈 털털이로
서울로 서울로 떠나버린 친구야.
성 안 사람들은 지나가며 침 뱉고
성 밖 사람들도 눈을 찌푸린다는
중랑천 다리 밑에 판자집 짓고
모래를 푸며 그럭저럭 산다더니
애들이 커서 공장벌이로 산다더니

밤이면 별같이 먼 아파트도 꿈꾼다더니,
또 다시 철거민 철거민이 되어
서울 산번지에도 없는
상계동이라던가 중계동이라던가
해가 서쪽에서 뜨는
풀 한 포기 자라지 못한 산꼭대기에
새로 움막을 쳤다는
각설이 다 된 풍설 많은
서울 친구야.

오늘 같이
모판이 벌겋게 벌겋게 불타는
한 가뭄 불꽃 튀는 미친 한낮엔
네 고향 산비탈 내 천수답처럼
너도 벌겋게 벌겋게 불기둥으로 불타고
있을 것이다.

부모

너희들도 두고 보아라.

나이가 들수록
비어가는 항아리

빈 독 안, 실금까지
환히 보이는
밝아오는 속눈.

섭섭한 날이야
하루 종일 정토산 뻐꾸기 울음으로
가득가득 채우고
서운한 곳은
밤 깊도록 뒷울안 풀벌레 소리로
메꾸었지만,

한밤중
눈 뜨면 빈 항아리.

속울음은
시퍼런 시퍼런 물론
열 길 가라앉은
빈 항아리.

知命

몇 번 빈자리로 옮아가며
몇 벌 새 양복으로 갈아입고
몇 편 마음 가는 시를 쓰려고
젊음을 뜬 눈으로 지새우며
속울음 울먹이다 보면,

언제, 봄은 왔다 갔는가

빈주먹 속에
깊이 잠든
내 불혹.

역겨운 세월을
퍼마시고 취해 살다가
한밤중이면
메스꺼운 속을
다아 다 토하고 있으면
전신에 으스스 지나가는 오한

언제, 가을은 왔다 갔는가
빈 쭉정이 속에
눈 뜨는
부끄러운 쉰 고개
싸락눈이 오고 있다.

풀물

한종일 논두렁 풀을 뜯는다.

다섯 손가락에 잡히는
두 개의 물집

왼손바닥에
뿌리 내린 풀물,

소학교 졸업날까지
고향 한 번 떠난 적 없는
삼십 년 전
나를 만났다.

돌아와 비누로 씻는다.
맹랑하게 지워지지 않는다.
시멘트 우물 바닥에
피 듣도록 문질러도
더 생생하게
손금마다 살아남는 풀물.

창녀같이 벌거벗은 야산이 싫어
낮은 처마 끝에 걸린 하늘이 숨 막혀
대대로 물려받는 색갈이가
천형보다 더 지겨워
병신들 병신들과 핏줄을 끊고
등져버린 산하.

그 산하가
저승보다 멀어도
하루에 몇 번씩 미칠 듯
동서를 잇는다는 이 민족의 핏줄,

그런 핏줄보다야 더 진한
손금의 풀물.

피사리

일요일
아내와 피사리를 한다.
들판 바람은 왼통 농약냄새투성이다.
웃머리를 몇 번 미루어 보아도
도열병에 다 죽고
남은 것은 반에 반뿐이다.
멍석같이 폭삭 주저앉은 속에
살아남은 벼 한 포기,
그 잎새에 맺힌 몇 개의 이슬,
그 이슬마다
옛날의 성한 하늘이 열린다.
그 하늘 아래 끝없이 출렁이는
옛날의 성한 한여름 들판…….
삼베잠방이 다 젖은 채
젖은 논두렁에 앉아
한나절 새참으로
찹쌀 가용주를
행인 불러 병째로 즐기신
아버지는
호엽고병도 문고병도 잎마름병도 모르는
성한 옛날의 풀밭 같은 웃머리에서
한 이십 년 전 뽑다가 놓친
피사리를 하신다.

쑥국새 소리

몇 끼니 꼬박 건네고
몇 밤 뜬 눈으로 지새고
한 삼 년쯤 앓고 난 노인네 되어
베잠뱅이만 차고 누워
지어미가 떠주는 미음 몇 숟갈
명약으로 받고 있는
적막한 해거름
뱀골 굴멧산인가
한 사십 년 전
내 어린 날 듣던 감꽃 귓밥 속에선가
아니면, 아아
열 길 어지러운 어지러운
지어미 가슴 속 기진한 속울음으로
가늘게 떠는 삭정이 끝에선가
쑥 쑥 쑥 국……
한여름에사
처음 귀절벽에 와
어스름 속 박꽃으로 피는
쑥국새 소리.

미꾸라지

메기배미
수렁까지 쩌억 쩍 갈라 불태운
달 넘은 가뭄.

이젠, 달 장마에
갯도랑까지 다 메운 팥죽 같은 흐레를
맨손으로 추어올리다가
미꾸라지를 볼 때마다
절망 같은 환성이 절로 터진다.

한나절 일에도
흙투성이 다 된 내 작업복,
내 얼굴.
양말에 신발까지 신고
하늘을 우러러 살면서도
흙짓이 다 된 사람들의 세상.

평생을
진흙 속에 살면서도
흙 한 점 묻지 않고 살아가는
미꾸라지의 평범한 일상을,

마을로 돌아가
애들과 가꾸며 살고 싶다.

동백꽃

종합병원 대합실 빈 나무 의자에
우리 부부가 생면부지한 남남같이
한나절 앉아 무심히 바라보던
화분에 핀 동백꽃,
탈지면에 묻은 선혈보다 진한
그 핏빛

내 육신에 뿌리 내린
몇 가지 병명을 생각하다가
창밖 헐벗은 꽃나무들을 보다가
夕汀 선생의 비음을 따라가다가
아내 몰래 저승을 기웃거리다가
다시 대합실 빈 의자에 나란히 앉아
마지막
내과 과장의 금싸라기 같은 말 한 마디 속에
우리 부부가 서로 만나고 있을 때,
한 순간
한평생이 흘러가고
빨간 꽃잎 하나
이승을 뜨고 있었다.
그 순간,
내 곁 아내가 보이지 않았다.

성한 꽃이고 싶어라

불붙는 조선 꽃소주 마셨나
백일 전내기 걸러 마셨나
半生을 어질어질 취한 들길에
남몰래 피오줌이나 질검거리고
뱀쑥이나 풀꽃이나 겨울 들새들에
눈 팔며 눈물이나 질검거리다가
시고 아린 두 무릎팍으로
삐걱거리는 달구지 같은
무너진 육신을 질질 이끌고
미끄러지며 꼬꾸라지며
종합병원으로 올라가는 지금,
나는 울컥
한 송이 성한 꽃이고 싶어라
고향 담언덕 오랑캐꽃이 될까.
앞 잔등 밭머리 들찔레가 될까.
花川里 애장골 산국화가 될까.

혈육

뒤 울 안 목련나무 백목련이
법당 뜨락 紙燈처럼
가지들이 휘어지도록 피는 날에사
타관에 있는
큰놈 생각이 울컥 났다.
부모지간도
헤어지면 다 남남이 되는가.
부처님 마음 속 연꽃이야 못되지만
그 미소에 매걸린 수천의 등불들
30년 전 어머니가 켜 준
紙燈도 몇 개 보인다.
지금 불심으로 환히 밝아오는 울안을
큰놈에게 보내주고 싶다.
티 하나 없는 하얀 백지로
새소리도 다치지 않게
한 일곱 겹, 곱게 싸서 보내고 싶다.
그 곁, 감나무 잔가지까지
수액을 타고 도는 제 할아버지 체온,
울 언덕 우뚝 솟은 아름드리 느릅나무
잔가지 끝, 실가지들까지 서리는
제 증조의 하얀 숨결소리 하나까지
다치지 않게,
티 하나 없는 하얀 백지로
한 일곱 겹, 곱게 싸서 보내고 싶다.

初秋

늙어도 늙어도
겉푸른 수박

불타던 여름 내
우리 식구 위해
큰 덩이 속에 숨어 왔는가.
아내가
3백원 주고 사 온
여섯 덩이 파물 수박
한 시인을 본다.

멍석에 둘러 앉아
과도로 장가르면
선혈이 뚝뚝 떨어지는
내 가슴팍 속살.

늦 깬 여름이
부끄러운 알몸으로
투덜투덜 도망치고,

속살 속에 갇히었던
한 마리 풀벌레 소리
서울 누이야
네 바닷소리로 살아나는구나.

귀뚜라미

달밤이면
어릴 때,
풀밭에서 잃어버린
내 성한 이름이
한 마리 귀뚜라미 되어
풀밭에서 울고 있다.
그날 밤,
내 이름 찾다가
목이 길어진 달맞이꽃도
지금 풀벌레들 되어
옛 뜰 가득 나를 울고 있다.
한가을에도
텅 빈 지하실 한구석에서
밤새 뜬 눈으로
자지러지게 울다가도,
대낮이면
내 늑골 속에 숨어서
옛날 성한 내 이름만 부르며
우는 한 마리 귀뚜라미.
쉬흔이 넘어도
나는 그놈을 본 일이 없다.
그놈이 우는 속뜻은 더욱 모른다.

秋分

십리 밖 강물이
앞마당 가득 출렁거리면,
뒷울안으로 성큼 건너 온
정토산은 질세라
왼 산 풀벌레 풀벌레 소리를
뒷뜰에 가득히 쏟아버린다.

유년 때 떠난 고향을
몇 십년 만에 돌아온 착각으로
전등불을 끄고 누우면,
기억에 없는
사변 때 잃어버린
고향을 영영 떠난 눈짓들이

텅 빈 내 방안으로 가득 몰려와
모가지 없는 알몸둥이들을
서로 끌어안고 울먹이며
살갗들이 피멍지도록 서로 문지르고 있으면,

달은, 또
내 영창 밖 추녀 끝에
옛 등불을 걸어 준다.

해갈

난도질한
천수답을 굽고 난
미친 땡볕이,

땀구멍으로
내 전신의 수분을
전부 땡볕으로 증발시킨다.

체내에 남은 한 방울 피가
마지막 불꽃으로 타고

땡볕이 땡볕끼리
서로 불태우고 서로 불타는
노한 화염이
내 육신에 인화될 때,

아내가 따라주는
한 대접 막걸리

한 떼 바람이 몰고 오는
의좋은 소나기 삼형제
물장구치는 천수답.

천수답 마른 물꼬에서
한 마리 살아남은 미꾸라지가

내 혈육같이
불탄 저승에서
내 이웃으로 돌아온다.

매운 재

마을은
매미 한 마리 울지 않았다.

고추잠자리도 날지 않은
빈 채마밭에는 보릿단 불같이
저녁노을만 타고 있었다.

호박꽃들은
밤새 눈을 씻고 보아도
반딧불 하나 볼 수 없었다.

나무 제일 많은 울안
여름내 비운 적이 없는 나도
윗뜸 申노인네 몇 아름드리 감나무도
동구 밖 팽나무거리
시끄럽던 놀이터 더위 먹은 아이들도
삼복이 다 가도록
매미소리 한 번 듣지 못했다.

세상에는 아무 일 없는 듯
사람들은 비실비실 낮잠만 자고
농약중독에 실성한 땡볕은
온 마을을 산채로 불태워서
보이지 않는
매운 재만 풀풀 날리고 있다.

꽃밭

한 보름 만에 간
술이 덜 깬 아침
손님같이 집 한 바퀴 돌고
꽃밭에 갔더니,
꽃밭은 쥔 없어도
한 뼘쯤 더 키가 자라고
손주놈은 언제 깨었는지
꽃망울 속에 숨어 웃고 있었다.
한 올 연실처럼 걸려있는
감나무 삭정이에
할아버지 마른 기침소리도,
조금은 녹슨 아름드리 포플라 삭은 등걸 속에서
아버지 날 선 도끼소리도,
내 전지가위 소리도 크고 있었다.
쉬흔이 넘어 더 헤퍼진
내 헛웃음 소리도
한밤중 내 詩의 속울음들도
내 전지가위에 잘려나간
가지 끝에서
아픈 꽃으로 피어나고 있었다.

바람소리

대낮에도
바람소리를 듣는 것은
내게는 괴로운 일이다.

다정한 사람과
주고받는 조용한 속삭임 사이
바람소리를 듣는 것은
더욱 가슴 아픈 일이다.

한밤중
나 혼자
바람소리를 듣고 있으면

스스로의 육신을 불태우고
텅 비인 가슴 속 깊은 어둠 속에서
영혼이 일렁이는 속울음 같은

나이가 들수록
바람소리가 무섭다.

성묘 · 1

아버지 따라
백여 리를 걸어
산소에 가던 때는

하늘보다 더 높은
산들이 모여 사는
고향에 가는 마음이었다.

가장이 되어
나 혼자
산소에 갈 때는

해지도록 놀이에 열중하다가
반쯤은 엄하게
반쯤은 가락으로
대문에서 부르는
어머니의 육성을 귀밟으며

산보다 더 높은
가슴을 향하여
집으로 돌아가는 마음이었다.

헌데
내가 아버지가 되어
아이들을 거느리고 버스로
산소에 가는 지금은,

알 수 없는 일이다.
알 수 없는 일이다.
분명히
거리는 재일 수 없으나

뜰 건너 안방으로
문안가는 마음은……

나의 생활

한밤중 심지를 돋우며
날이 새면 애들의 표딱지나 휴지가 될
몇 줄의 시를 쓰다 보면,

창호지 한 장 밖 눈보라치는 삼동을
한 겹 더 치마로 막아주며
어린 것들의 내의를 깁던 아내도 곤히 잠들고,
흩어진 원고지 속에
묻혀 있는 내가
숨 막혀 불 끄고 누우면
하나의 진리가 번개같이 내 전신을 갈고 간다.

— 이것이 바로 최상의 생활이라는 —

시를 읽는 마음으로 이웃을 바라고
시를 생각하는 마음속에 식구들을 두고
시어를 아끼듯 시간을 다스리고
시를 쓰는 마음으로 일상을 살아가면

— 구멍 뚫린 생활도 막아진다는.

식구

은행나무도
내 한 식구처럼
바람을 타고 있는 것일까.

생활이
한 잎 낙엽으로 들 뜬
어두운 방에서

오후의 햇볕보다
차라리
노한 화부의 성냥개비를 바라는,

나와
나보다 착한 아내와
아내보다 더 착한 어린 것들의
그늘진 마음을 향하여

가을은
마당귀에 서 있는 은행나무의 높이에서
금빛 층계를
서서히 내려오고 있는데

가지 끝,
마지막 한 잎 은행잎 속에서
어지러운 어지러운 바람을
내 한 食口들은 파르르 떨고 있었다.

산소

사람은 죽어도
핏줄은
뿌리같이 살아남는가

온 마음 가려
애들과 무릎 꿇고
큰 절을 하면,

생면이 전혀 없던
조상들의 얼굴
다 아름이 가고,

일어나서
눈 감으면,

갈고 닦은 옥소리로
안방의 고조모 육성까지
귀에 와 걸린다.

하직인사

마지막 인사를 가다가
눈 팔고 섰을 때,
그 순간 하얀 구름을 모아
얼굴을 가리던 산봉우리.
하직인사하고 일어서니
벗은 육신을
어른은
나 혼자
문밖에 서성거리다가 돌아서면
낮은 추녀 끝에 열린
텅 빈 어른의 하늘,
매화 꽃망울마다
어른은
실눈을 떠 웃으시고

어머님께

한 송이 꽃은
언젠가는 제 밝은 자리를
꽃씨로 모두고 제 그늘로 나려 앉듯,

어머니
당신은
너그러운 뜻으로 환원하셨습니다.

옥같이 희게 바래시던
당신의 치마자락에
저희들의 콧물과 땟국으로 얼룩 진
고달픈 평생을,

단 한번도
옥같이 희게 되바래시지 못하고

이제
풍성한 우리들의 여울목에서
당신은
그 옷으로 어데를 떠나옵니까.

어머니,
당신은 당신의 가장 괴로우신 세월 속에서
오히려 큰 뜻을 다스리며
가난한 초막을 살듯이,

이제

한 평도 못되는
뜰 건너 어두운 안방에 누워,

어머니
어머니

당신은 오늘도 하늘같은 마음으로
서른이 넘어도 어린 애만 같은
저를 걱정하옵니까.

꽃 · 1

너로 하여금 나를
영원히 잊어버린
그러한 세월이 있었다.

나의 사랑을 모둔
너는
너 스스로의 얼굴을 할퀴는
손톱을 기르고⋯⋯ 그리고
안으로 나의 마을을 허물어 간
그러한 시간이 있었다.

아, 지금
나는 너의 품에서
사해를 품은 활화산처럼
핏방울이 맺히도록
열 손가락을 물어뜯고
뉘우침에
텡텡 부풀은
나의 영혼은

육신보다 더 무거운
체중을 안고
까마득한 사막의
텅 비인 하늘에서
멎을,
나로 하여금 너를
영원히 잊어버릴

하나의 작은 나의 모래알을
가리고 있었다.

낙화 속에

생성의 하늘이 열릴
눈부신 삼월에
죽어 있는 세월의 뒷울안에서
흙벽을 뚫고 발화하는
꽃눈을 보고 있으면
피 흘리고 살아 온 뜻을 알겠다.

나 아닌
너,
너의 열매를 위하여
원숙한 이 자리를 물러가는
낙화 속에,
지금 열려 오는 밝은 우주는
아, 우리들의 가슴 속에서
조용히 치른 혁명이 아니었던가.

생성의 벌판이 열린
눈부신 삼월에
죽어 있는 시간의 안방에서
울고 있는 창녀의 부푼 아랫몸 속에
내일을 향하여
또 하나 피 흘리는
우주가 세워지고 있었다.

꽃이름으로

꽃은
꽃끼리
서로들 부르고 있는 것이다.

꽃밭에서
가시덤불 속에서
황막한 벌판에서

일제히
발돋움 발돋움하고
목을 뽑아
꽃보다 더 고운 마음을
부르고 있는 것이다.

천지는
꽃보다 더 진한 사랑으로 세워진
우주.

온통
꽃부름의 협화음으로 가득 찬
젊은 음악실에서

여보,

당신과 나도
꽃이름으로
서로가 부르고 있는 것이다.

極老人

낯선 길을 가다가
어느 마을 한 대문간에서
한 백 살 더 보이던
하얀 백발의 할머니가
증손자놈들과 천진한 아기같이
햇볕을 가리는 것을 본 순간,
내 안에서 따스한 바람이 일더니
내 하루 일상을 사로잡아 흔든다.

그 앞을
우리 일행이 지나가도
거들떠보지 않던
극노인은
거리가 멀어질수록
만지면 시들 것 같은
바라보면 시들 것 같은
한 송이 하얀 꽃으로 피어나더니,

극노인이
아주 안 보이는
깊은 산길을 가고 있는데,
하얀 꽃송이는
구름 위로
두웅 둥 떠오르더니
한 마리 하얀 학이 되어
이승의 마지막 하늘을
넘어가고 있었다.

맹물

코흘리개 손주놈들이 심은
꽃길을 오가면서도
코스모스가 시든지를 몰랐다.
낯선 두멧길을 가다가
감가지들이 방문까지 뻗고
휘도록 매달린
빨간 감들을 보면서야
토담집 노인보다 가난한
내가 나는 더 무서웠다.

삼대독신 아버지 제삿날
한밤중 혼자 잔을 괼 때
한평생 모래땅을 주물러서
찰흙으로 다스리다가
한 주먹 흙으로 환원하신
당신을 생각하면서야
강물로 단 한 번 흘러가지도 못하고
맹물로 웅덩이에 고였다가
아버지 젯상 빈 잔을 채우는
내가 나는 더 무서웠다.

破紙

내 초고집 속
해 묵은 골병에다
실명한 시
끝내 완치하지 못하고
애꿎은 원고지만
갈기갈기 찢어버린다
저승의 쓰레기통에.

또 한 해만
더 두고 다스려 볼 걸……
아냐, 너무나
병뿌리가 깊었어

불을 끄며
텅 비인 하늘을 끌어안고
미친바람 부는 벌판에 눕는다.

어둠 속에서 신음소리가 들린다.
누가 일어서는 소리가 들린다.

사지가 잘리고
살점이 갈갈이 찢긴 초고들이
휴지통 속에서
비틀거리며 비틀거리며
피투성이 알몸으로 일어서고 있다.

옛날 산부인과에서
유산시킨 내 핏덩이들이.

충청도를 지나며

—한 시인의 시를 읽을 때 이미 그 시인과 만남이요
감동을 받을 때 그 시인의 영혼과 값은 만남이다.

삼밭머리
뒷집 감나무에 둥지 친
까치 내외
삼동에 묻힌 응달 속
봄을 한 톨 한 톨 쪼아내고 있다.

그 산비탈을 돌아
한밭으로 넘어 가는
지름길 하나
한산에 비스듬히 누워 있고
눈 속에 묻힌 비탈길로
韓 시인의 시린 뒷모습이 언뜻 사라진다.

감나무 낮은 가지 끝
얼어터진 살갗들을 서로 문지르며
서걱이는 시래기단 속엔
삼십 년이 지나도 바라지 않는
朴龍來 詞伯
한 絶句도 섞여 사각이고 있다.

꿩가족

陽地쪽 보리밭
금빛 햇살을 눈부시게 깔고
生動하는 近洞 山河를
아침 食卓 위에 올려놓고
시방 誼좋게 둘러앉은
꿩 대여섯 마리
내 食口보다 많고 多福한
꿩 한 家族.
망보는 놈도 없이
사람 같은 건 아랑곳없이
헛기침 으름장을 놓아도
꽃송이처럼 더욱 눈이 부실뿐
反應이 업어라.

중개

한여름 어머니가 밭을 매신다.
살다 가신 평생의 3분의 2는
궂은비가 아니면
진눈깨비가 내리고,
남은 3분의 1은
불붙는 땡볕 아래 잡풀을 매신다.
6 · 25사변 때,
큰아들 잃고 얻은 열병으로
해마다 여름이면 왼통 무르신 입술
오늘도 뜯어 온 문풍지 조각으로
연신 갈아 바르시며
제초제도 모르는 성한 세월을
땡볕 아래 앞잔등 밭을 매시다가
중개넌출 만나 혼자 웃으신다.
푸른 놈은 다음 입정으로 아껴두고
꾀꼬리빛 잘 익은 놈 몇 개 가려 따
허리춤 깊숙이 놓으시며
이 세상을 혼자 가지신 듯
웃으시며 잡풀을 집는 어머니,
살다 가신 3분의 1은
한여름마다
불붙는 땡볕 아래 앞잔등 밭을 매신다.

秋雷

한밤중
내 먹방에
누가 성냥불 켜는가,

어릴 적,
할아버지 돈괴에서
훔쳐 낸 몇 닢
은화

마른번개,
머언 우렛소리.

한밤중
뜬 눈으로 누워 있는
내 한평생.

대바람소리

—東谷 노 화백님께

東谷 노 화백님
두엄자리 검정대밭에서
왕대 두어 그루
세죽 몇 포기를
내 방에 옮겨 심었더니,
바람 부는 날에도
댓잎 하나 흔들리지 않고
바람 한 점 없는 밤에는
한평생 들어본 적 없는
대바람소리가 들린다.
한밤중 눈뜨면
황해 갯비린내 나는
靑丘園
대바람소리도 들린다.

비듬

지난봄까지
밤에도 신문 구석구석 다 읽어내던
내 시력.

대낮 콧등에
새 돋보기 걸고도
행간에 지는 꽃도
울고 가는 새도
모두 비안개로 흐려
그냥 무릎 위에 펴 놓고
가려운 비듬을 턴다.
성한 내 생애가 갈리고 갈려
섣달 해거름
싸락눈으로 내리는
내 살갗들.

윤 잃고 부서진
한 웅큼 내 머리칼은
겨울 산
눈빛을 닮았구나.

한가을 대낮
텅 빈 집 비인 마루에서
초로의 한 사나이가
빈 마당을 쓸어 모으고 있다.

갑사에서

전라충청도 멀미를 앓으며
찾아간 갑사
스님도 마을로 내려갔는가
절은 터엉 텅 비어 있다.

靈山은 살아 잠뜻을 하는가
한 순간 계룡산이 움칠거리고
오수에 조는 절간 울타리에
친구는 얽힌 佛心 다 풀어 걸고
또 佛緣 찾아 속세로 내려갔는가.

골짜기 건너 비탈진 산자락
아름드리 떡갈나무 숲엔
벌써 삼경이 내리는가.
귀촉도는 울어 예고,
우리 내외가
너무 허무해서
할 말을 잃고 멀미조차 잊고
서로 바라보고 있을 때,

아내의 이마 잔주름 속에
떨고 있는 산하,
산하에 오고 있는 한여름 진눈깨비 속에
절름거리며 가는 친구를 보았다.
부처님 뜨락에서,

성냥개비의 노래

마지막
기인 긴 겨울 한밤 내
혼자 누워 꿈꾼다.
내 갑 속에 든 산하
그 산하의 한밤중을.

숨이 막힌다.
마지막 내가 일어나야지
네 벽이 더 높이 일어선다
죽음보다도
더 완벽한 어두움.

그 어둔 가슴팍을 치받고
내 머리통이 불꽃 튀는 순간,
내 육신은 숯덩이보다
더 까맣게 불타겠지만,

저승에서
빛으로 서서히 풀려나올
내 영혼
내 산하.

타령조

꿈꾸어 본 지도 오래구나
어릴 적 담모퉁이에 지천으로 핀
민들레만한 작은 꿈이라도,
한여름 밤 멍석에 둘러 앉아
지겨운 호밀죽을 먹고 있을 때
박꽃 하얀 울타리 넘어 간
개똥불 깜박이는 꿈이라도 꿀 거나.

시를 써본 지도 오래이구나
술 취하면 한밤중 꾀벗고 통곡하던
어릴 적 우리 대문 앞 움막집
과부 전주댁
미친 혼령 같은, 미친 혼령 같은
신들린 시라도 한 편 써 볼거나.

오는 봄에는
다 죽어가는 마당귀 등걸에
한 가지 살구나무라도 접붙여
몇 송이 연분홍꽃이나 피워놓고
세상 밖 달새라도 한 마리 칠거나
제 속울음 한 번 울지 못한
먹새라도 한 마리 칠거나.

스무 해가 넘어도

머슴새는
하룻밤에도 뒷산 굴멧산
다아 갈아엎고
새벽녘이면
강언덕에 검은 암소 매어 놓고
해방 해, 아버지가 마당귀에 심은
아름드리 은단풍나무에 날아와
쉰 목을 푸욱 풀고서
옛 쥔집 어른들이 그리워
마을을 한 바퀴 휘 돌고 가는데

아버지는
옛날 그 쟁기 솜씨 다 어데 두고
스무 해가 넘어도
텃논 서 마지기 못 다 갈고
장리로 불어난 색갈이도 못 갚고
이순이 되도록 허리 한 번 못 펴고
보습날도 없는 쟁기로
바위덩이 마른가리 밤새 갈고 가는가.

스무 해가 넘어도
어스름 속 아버지 물 옷자락 속에는
병신같이, 사지가 성한 병신같이
돌아가신 달까지 꽁보리밥 드린 내가
춥고 속 아린 속울음으로 떨고 있다.

問喪

하루
네 집 문상을 갔더니
한 5년쯤 더 산 것 같다.

소학교 동창인 알짜 정 사장
호형호제하시던
선친의 연하 홍 씨 어른네,
또 황토배기 가난한 노파,
그리고 제자 아버지.

상갓집 성씨들이 모두 달랐다
상주들 곡소리도 모두 달랐다
한 주장 술맛도 모두 달랐다.
상가집 날씨들도 모두 달랐다.

으스스 뼈저린 비바람이 불고
진눈깨비가 지짐거리고
삼동 눈 속에 꽁꽁 얼어붙고
어떤 마당에는
봄날 햇볕도 한 때 머물고 있었다.

허나,
네 초상집 마당귀에
꼭 한 집 같이 피어 있는
하얀 저승꽃 한 송이들.

덧니

소꿉장이 친구들
한 방울 눈물 속에 묻고,
허리가 휘청휘청
돌아오는 내 등을
떡갈나무 잎새가
또닥또닥거리며,
사는 것이
다 그렇고 그런 게지
덧니 하나 엇나가,
하늘 한 번 못 보고
한평생
제 이로 갈고 나면
또 한 세상
떠나는 거지……

紙錢

어린 상주가
금시 묻힐 것만 같다.
눈보라 속에
한 폭 仙畵 속에

눈사람이 다 된
소복한 젊은 여인,
이승을 다 주어도
다시 웃지 않을……
눈보라 눈보라.

저승도 이승 이웃이라
노자가 필요한가,
황천 고개 주막집
몇 푼 모주값도.

천지를 가눌 수 없는
눈보라 속에
눈보라 눈보라로
흩날리는 紙錢.

매화

뒤우란 언덕에는
개나리꽃 실눈 뜨고

앞뜰엔
매화 몇 송이 피어 있다.

요즈음 세상은
꽃들을 보지 않고

사람들이 기른 짐승들은
꽃들을 보지 못한다.

아무도
봐 주지 않는 한종일

빈 집에서
꽃들만 웃고 있다.

뱀딸기

일제 말 어느 흉년
한 가마씩도 못 먹은 서른 마지기 벼를
종자까지 송두리째 빼앗기고
아침부터 쑥죽을 먹고
도둑이 와도 가져 갈 것 하나 없는
빈 집을 지키며
누나와 나는
뒤우란 뽕나무에 매달려
오디를 따 먹었다.
반쯤 설익은 오디를 따 먹고
작은 초식동물같이
풋오디까지 다 따 먹고 있을 때,
굴뚝새는 썩은 담장 밑
어둠 속에서 땅깔로 도망가고
자질구레한 풀꽃들은
나라 없는 백성처럼 서러웠다.
누나와 나는
보리고개 쑥국새 귀신들려
울어도 울어도 가시지 않는 허기,
먹으면 꽃뱀이 된다는
담언덕에 지천으로 익은
빠알간 뱀딸기를
먹다가 징그러운 구렁이가 되어도
실컷 따 먹고 싶었다.

모란

성모 마리아 안방에서
한밤중 바위가 떨고 있다.
험상궂은 부스럼투성이
허물을 벗으며
한 송이 모란이 피어나고 있다.
방안은 빛보라로 풀리고,
몇 천 년 굳은 제 생피 응어리를
주리 짜고 걸러서 피어나고 있다.
성모 마리아 안방에서.

어느 아침

마당을 쓸고 남는 시간을
한 백 개쯤
예쁜 손톱과 발톱을 다듬고
그래도 남은 시간
내 수염을 깎고 있으면,

한 3년 만에
고향에 온 것 같은
무서운 착각이 든다.

집에 머무르던 옛날같이
안방으로 건너 가 보면
어른들이 떠나신 아랫목에서
세 오뉘가 머리를 맞대고
저마다 과제를 푸는 아침

나 혼자 멍청히 서서
실로 오랜만에
내 나이를 실감하고 있으면

생일이야 누가 알까
남같이 살던 안사람의 나이를
이제 알 것 같다.

바위

탁한 어둠으로
흔들리는 세월 속에서

우리들의 밝은 눈으로
지금은
어둠을 감고 있을 것이다.

그것은
아, 그것은

탁한 어둠으로
숨 막히는 시간 밖에서

더러는
한밤중 눈을 뜬
한 시인의 가슴으로
발화하고 있을 것이다.

묵도

여기는
푸른 潭 우에 뜬 연잎보다 좁은
섬이 아닙니까.

천 년을 두고 달려도 달려도
해안선이 보이지 않는 뻘밭이 아닙니까.

성좌로도 이름을 다 헤일 수 없는
목숨들이
얼마나 미움을 향하여
손을 흔들다가 쓰러져 간 수자리입니까.
여기는 甁 속이 아닙니까.

시시로 바람같이 이는 당신의 한숨과
나의 嗚咽을
푸른 침묵으로 휩싸는 병 속이 아닙니까.

(용서하여 주십시오)

실상은 푸른 하늘이
흘러 간 다음,
우거진 쑥대밭에 당신과 내가 서 있는 게 아닙니까.
천지간 마음이 비친 눈물이
내 피로 하여금
당신의 두 눈에 가득 고이게 하기까지는,

한 해…… 두 해…… 서른 해
이루 다해도 모자라는 평생을 두고
가시가 돋는 인종의 징역살이를

말없는 기도의 푸른 향연이 피어오를 것입니다.
달밤 해바라기와 같이
안으로 안으로 웃어 누르는 기도가……

무화과

얼굴을 가리고
끝내 얼굴을 보여주지 않던
그날.
무덤처럼 잠잠한 동산의
죽은 나뭇가지에
눈부신 가슴으로 내려와 앉아
늙은 가시내와 머슴애를
마구 숨 막히게 한
나의 짓궂은 장난은 얼마나 잘한 일인가.
늙은 가시내와 머슴애가
눈이 맞아서
늙은 가시내와 머슴애가
배가 맞아서
꽃밭으로 흐드러진 꽃덤불 속으로
늙은 가시내와 머슴애는 손을 맞잡고
마을로 총총 내려간
새벽은
얼마나 찬란하게 꽃불로 꽃불로
타고 있었을까.
그리움으로 간곡한 그리움으로 하여
육향이 다 승화해버린 둥근 가슴을
그냥 그 나뭇가지에 벗어버리고
나 또한 마을로 내려앉아
늙은 가시내의 아랫몸 속에
텡텡 부풀어 오르는 꽃망울로 맺은 것은,
얼마나 얼마나 잘한 일인가.

꽃 · 2

평생을
내가 본 꽃 중에서
제일 고운 꽃은
내 나이 몇 살 때일까
뒷간에 앉아
할머니 물렛소리 듣다가
굴멧산 뻐꾸기소리 듣다가
어머니 바딧소리 듣다가
심심해서 하품하다 한 눈을 감고
뚫린 옹이구멍으로
문득 발견한
갑순네 살구꽃덤이다.
그날,
울렁이는 가슴으로
푸른 하늘 가득 흘러가던
갑순네 살구꽃덤이다.

나이가 드는

한밤중
눈 뜨는 나를
새삼 놀래며
한 송이 꽃을 보는
마음으로
조용히 불을 밝히는
시간이다.

어느 밤부터인가
쓰기 시작한 시는
이 밤도
엽록소가 볕아 가는 낙엽처럼
머리말에서
완성을 기다린 채
동결하고

얼마나 오랜 세월은 흘러갔는가.
가슴속 활활 타던
불기둥이 꺼진
분화구에 고이는
시퍼런 시퍼런 물에
다시 얼어 간
살얼음이 풀리는
새벽마다, 불 밝힌
안방에는
아아
불이 꺼지고,

안방을 울먹이며
생존을 겨루던
아버지의 기침소리를
이제 들을 수가 없는데

저만치서
생활에 지친 아내의 가슴팍에
머리를 처박고 평화롭게 잠든
어린 것들이,
아버지의 기침소리보다

더 무거운 量感으로
가슴을 어둡게 짓눌러 오는
나를,
깜짝 놀라며
한 송이 꽃을 꺾는
마음으로
조용히 불을 끄는
시간이다.

몰골

어린 주먹 속에 든
억지 붉은 홍시를 보다가

풍성한 가을 한낮
마지막 손길로 부신 햇살만 가려
열중히 윤내는 가지 끝
생동하는 감떼에
눈을 주다가,

뜻 없이 집어다 보는
소꿉놀이 거울
한 쪼각
내 반생,
억지 흰 반백.

한 쪽 눈이
한 쪽 귀가
한 쪽 하늘이
한 쪽 전부가 무너져 나간
몰골로,
억지 웃고 살아 온
부끄러운 부끄러운
서른아홉.

살구나무

두 마리
산새가 날아 와
살구나무에 앉는다.

부부일까?
오뉘일까 형제간일까.

죽은 가지에 앉은 놈은
울고 있을까.

꽃덤에 든 놈은
노래하는 것일까.

새여!
삶과 죽음을 왕래하는 새여
알고 싶구나, 알고 싶구나.

밤새워 파던 호가
그냥 무덤이 된
조국의 한밤중을

아스라한 포성과
화약내가 묻어오는 불바람 속
얼어붙은 한 뼘의 땅을
진한 피로 녹이며

아아 이 우주를,

어머니!
어머니?

빵이 되는
한 닢 5원짜리 은화보다
시들한 모국어에 묻고

진눈깨비에 묻혀 오는
햇볕을 가리며 죽어 간
전우와……

이 봄날 눈부신 대낮을
살고 있는 나는, 아아
누가 더
누가 더 성한 것일까.

마당귀에 서 있는
늙은 살구나무
한 쪽 가지는 고사하고
한 쪽 가지는 꽃구름을 이룬다.

옛잠

한밤중 잠 속에
귀촉도 소릴 듣는다.
눈을 떠도
여전히 들린다, 순간
한평생이
귓속으로 모인다.

소리의 행방이 분명한
마지막 소리 속을 빠져 나오면
내 전신을 갈고 지나가는
외인부대들.

꽃바람 속에서
화약내가 눈뜬다
하룻밤에
이웃들이 다 눈먼다.
서서히 뒤틀리는 천지
삼대의 맨살 타는 냄새
살구꽃 핀 마을들이 탄다.

불 탄 그 마을에서
한밤중 듣던,
사변 전, 그 귀촉도 소리.

한 삼십 년쯤은 실한
옛잠을 잔다.

봄 · 징검다리

세상일은
모두 징검다리 위에서 생긴다.

꺼진 지 오랜
아버지의 방에
이제 밤마다 내 불을 밝히고

제 뜻대로
한 송이
민들레꽃은
또
실눈을 뜨는데,

알파베트의 연습으로 새까맣게 짓이겨져
한 소년이 버린 휴지 속에
천 년 부신 신라하늘은 흘러들어

풀리는 얼음장과
서걱이며 떠내려가는……
세상일은
모두 징검다리 아래로 사라진다.

독감

어린 것들이
설떡이다 곤히 잠든
깊은 삼동을,

눈보라 소리 속에
귀를 밝히는 나를
알 것 같다.

배를 깔고
문구멍으로 내다보던

자잘한 풀꽃들이 싫어
문고리에 매달려 바라던 살구꽃이며,

지붕 위로 떠가던
꽃구름을 쫓아
그만 자리를 차고 일어선……

키가 자라는 대로
문구멍이 높아 가고
숨 막혀 문구멍이 넓어 가던
세월을,

역정으로
괴로우신 역정으로
항상 문구멍만 바르시다 세상을 떠나신 할머니의
하늘같이 너그러우신 마음도

눈보라가
눈보라가

이제
내 가슴을 수없이 뚫고 휘몰아쳐 간
그 작은 문구멍 하나도
막아주지 않는 뜻을 알 것 같다.

문을 차고 나온 그날로 하여,

그냥 살아서

내 소학교 1학년 때
뒷산 비석거리에서
가랑파 잎새 속에 구워먹은
산새알 한 개
그냥 살아서,

새알 속
아침 해를 비낄 적에
잔 깃털에 묻은
한 줄기 금빛 햇살까지
그냥 살아서,

구름 속
靈峰 가지 끝에 앉아
쪼아 먹은 솔씨 속
靑山까지
그냥 살아서,

40년이 지난
이 한밤중
눈 먼 시인의 가슴 속에
그냥 살아서.

백양사

눈 쌓인 깊은 삼동
백양사를 갔더니
절간은
눈더미 속에 묻히고,
스님들은
부처님 안방 속에
모두 다 들어 앉아
텅 비인 골짝엔
뒷산 눈
다 쓸어내리는
섣달 미친바람 속,
풍경소리만
제 세상 만나
눈 쌓인 뜨락
매화 꽃잎으로
흩날리고
금빛 꾀꼬리로
날고 있었다.

백 노인

10여 년 낯익은
네거리 여관 앞 꽃상여집
뚱보 백 노인.
초침같이 정확한 아침 시업
톱질하고 대패로 밀고 닦고
노인네는 제 새 성주나 모시듯
한평생 남의 관을 짜고
남의 꽃상여를 만든다.
백 노인은
관에 쇠못 하나 박지 않고
제 갈비뼈 뽑아 깎듯
나무못을 깎아 박는다.
내가 실신하여
병원의 긴 복도를
몇 날 몇 바퀴 돌고 돌다가
어지러운 세상 텅 빈 구멍으로
비실비실 되돌아 나온 오후
뚱보 백 노인은 보이지 않았다.
한 10년쯤 바람벽에 매달린
큰 관도 보이지 않았다.

백매화

한밤중 실눈 뜨니
뜨락에는 작살비 퍼붓고
내 방 어둠 속에서
목소리 목소리가 들린다.
매화 향기보다 더 부드러운…….
그 목소리에서
石丁 화백은 생피를 쥐어 짜
그림물감을 풀고
저승 그림을 그리고 있다.
화선지는 볼 수 없다.
화폭마다 한평생 맺힌 고 풀던
이제 아무도 그를 볼 수 없다.
내 방 어둠 속에서
한 송이 두 송이 세 송이 열 송이
피어나는 눈송이 같은 매화꽃.
모두 다 실가지 잔가지를 비껴
죽은 고목 등걸에서
아직도 石丁 화백의 영험한 붓끝으로
백매화를 피어 올리고 있다.

入棺

상갓집 행랑방에
든 잠자리,
벌써 닭이 울고
처마 끝 雪梅香,
잠간 눈 붙일
새벽녘 자리
너무 넓구나,
한평생
세상이 좁다고
날고 뛰던 어른네,
마당에 탑도
문전옥답도
다 티끌로 버리고
六尺 좁은 棺 속
눕고 남은
비인 하늘
몇 권 白紙로
채워 가더라.

핏줄

몇 그루
울 안 果木을 剪枝하고 있을 때,

1學年짜리
孫女가 좇아와 하는 당부

(할아버지,
북쪽 가지만 全部 끊지……)
(왜?)
(以北은 全部 나쁜 놈들이니까……)
(……)

할 말이 없구나
할아버지로도
教壇에 半生을 바친 先生으로도,

불쌍한 핏줄들아
너희들은
이제 한 그루 꽃나무에도
南北이 있구나.

가늘게 떨리는 北쪽 가지 끝
낮달이 파르르 떨고,

한 마리 철새는
北에서 南으로 날아오고 있다.

이쪽저쪽

까맣게 차다 남은 주춧돌들이
30년이 다 된 오늘날에도
살기 서린 사람들 눈을 피해
반쯤은 흙 속에 숨어서
반쯤은 잡초 속에 숨어서
궂은 비 흐느적이는 어스름 속에서
잊혀가는 혈육들의
맨살 타는 냄새를 피워 올린다.

6·25사변 때,
낮에는 이쪽에서 불 지르고
밤에는 저쪽에서 불 지르고,
낮에는 저쪽을 죽이어 가고
밤에는 이쪽을 죽이어 가고
불타고 불타고 남은 마을은
한 가지로 모두 쑥대밭이 되고
죽고 죽고 살아남은 부모들은
한 가지로 모두 실성을 하여
밤낮 뒷산 무너지는
어머니들 피진 한숨소리는
절통한 젊은 울부짖음과 함께
한반도 산하 불바람 되고,
미친 밤낮을 불사뤄 핀
아버지들 담배연기는
맨살 타는 냄새와 함께
한반도 하늘 먹구름 되고.

나사

좌우로 감아도 풀어도
좌우로 풀어도 감아도
신혼부부같이
이가 잘 맞는 암수나사.

스산한 세월 속에
이빨이 닳고 멍들고 망가져
목 넘은 숫나사가
헛돌아 빠져나간 뒤
우리 집 곡간 속 연모 궤
먼지덤 속에서
암나사는 기다리며 녹슬고 있다.

암나사 구멍 속에는
목 꺾인 소리가 녹슬고 있다.
6 · 25 때, 더운 선혈도 녹으로 엉켜있다.
어머니들 한숨과 진한 눈물도
30년 기인 세월 속으로 감겨갔다.
꽃과 새와 바람까지도 녹으로 감겨간다.
이 산하 전부가 녹으로 감겨간다.

꼭 암수나사가 되기 위하여.

지금은

팔들을 뻗히면
손에 잡힐 듯한
정상을
눈앞에 두고
뒤를 돌아본다.

50평생 살아 온
내 마을과
이웃 마을은
비안개 속에 쓰러져 있고,

그 마을들에는
지금도 맺힌 고를 풀지 못한
삼대 통곡소리가 들린다.

밤마다 곡소리는
온 하늘 달빛으로 풀려서
철새들은 용케 한 가락씩 물고서
남북 하늘을 오가며 울고
남북 산하에 꽃씨로 뿌리고.

살얼음이 떠내려가는
바람받이 강언덕에는
길 넘는 하얀 갈대꽃들만
기나긴 한 세대 겨울 악몽을
지금은 알몸으로 떨고 있다.

형제바람

마지막
벌판 끝에서 만난
두 갈대풀

벌판 끝에서
살아 만난 바람 형제가
마지막 갈대에 매달려
보이지 않는 얼굴을 비비며
육신으로 울고 있을 때

하늘은
갈대꽃 위까지 내려앉고,
천둥 벼락불이
남북으로 불호령 치더니
형제 바람은 오간 데 없고
두 개의 갈대는
두 개의 순금 빛 비수가 되어
하나는 눈이 되고
하나는 귀가 되더니,

바람의 얼굴이 처음 보이더라
바람의 말소리가 처음 들리더라
형제바람 얼굴은
아아,
하나더라,
하나더라.

고모

6·25 난리통에
3형제와 고숙을 다 잃고
집도 주소도 성명도 다 잃고
반쯤 실성하여 떠돌다가
번지 없는 바람받이 언덕에서
10년 세월 질갱이같이 살던
80객 고모가 풍설같이
서울로 떠난다는 날.

황토백이 움막에 들렀더니
주인네는 간 데 없고
뜨락에 한창 살타는
노란 개살구 몇 개
고모님 헛웃음만 웃고

외짝 문종이
갈갈이 찢긴 툇마루에
빈 술병 하나
제 아버지 얼굴도 모른 채
또, 이 땅의 애비가 된
고모님 손자같이 서서
텅 빈 움막을 지키고 있었다.

소원

내 어릴 적
우리 마을 배 서방의 꿈은
꼭 두 가지였다.

한평생
제 논 서 마지기만 가졌으면,
당장 죽어도 한이 없겠다는
살아서의 소원

또 하나는
저 놀고 있는 하늘을 갈고 일구어
농사 한 번 실컷 짓겠다는
살아서 못다 푼
죽어서의 소원

30년 전
배 서방의 꿈이 살아서
내게로 왔는가
내게도 두 가지 소원이 있다.

하나는 사변 때 잃은 형님을
꽃구름 속 마을로 건너가는 목화밭머리나,
부처님 만나러 가는 절문 앞에서라도
꼭 서로 만나서

이 세상에는
눈에 흙이 들어가고

가슴에 뗏장이 얹혀도 풀리지 않는다던 한을

열엿새 가는 배로 열두 번 싸 가신
내 어머님 그 소원이 풀렸으면 하는
내 살아서의 소원.

또 하나는
제 아버지의 얼굴도 모르는 질녀와
그 질녀의 딸, 내 손녀들만은
다시는 내 어머니 같은 소원이 없었으면 하는
내 죽어서의 소원.

이조 때 봉화

아버지와 내가
한 오랏줄에 묶여
마을 동구를 떠날 때,
마을은 짐승까지 숨죽이고
어머니와 누이들의
울부짖는 목소리만
아픈 살촉이 되어
내 등골에 수없이 와 꽂혔다.

읍내로 뻗혀 있는 들판은
짓밟힐 대로 짓밟혀 알몸으로 누워 있고
미친 진눈깨비 속에서도
바람들은 바람끼리 모여
시퍼런 시퍼런 칼을 갈고 있었다.
아아, 총구 속에 든 고향
개머리판으로 으깨어진
아버지의 뒷머리
하얀 무명 수건에 밴 선혈이
사위는 석양빛에 마지막 빛나고
총구 밖 머언 산봉우리엔
하나
둘……
이조 때,
봉화가 또 다시 오른다.

제2 땅굴에서

못난 애비들이
저지른 죄를
너희들이 눈밭에서
맨발로 맨발로
벌 받고 서 있구나.

철조망 마름쇠에
찢겨 나간 북녘 하늘이지만
눈 씻고 눈 씻고 보면
한 청자빛
한 하늘이구나.

지금은
허리가 동강 나고
늑골 사이마다
지뢰들이 박혀
벌 받는 벌 받는 땅이어도
눈감고 곰곰 생각하면
내 祖國
내 山河이구나.

삼한이
하나가 되고
고구려 백제 신라가
한 나라가 되듯이.

응달

산맥들이 기지개를 펴며
빛바랜 조선옷을 벗는다.
햇살이 모인 양지에서는
꽃뱀들이 저승의 어둠 타래를 풀고
산골짜기물은 기인 허물을 벗는다
돌아앉은 등성이 비탈에는
마지막 겨울 발목 하나가
다박솔에 묶여 있고,
더 깊은 비탈 속 응달에는
30년 전
총소리에 쓰러진
어머니들 발자국들이
아직도 고향을 떠나지 못한 채
응얼진 핏덩이로 얼어붙고 있다.

모시올 하나가

감나무 그늘에
멍석을 깔고 앉아
어머니와 이웃 어머니가
한 전짓다리에서
받은 침을 바르며
모시를 삼는다.

　동생!
　인민의용군에 간 막내가
　5년이 되어도 소식이 없어……
　성님!
　우리 큰놈도 전쟁 때는
　꼬박꼬박 편지 오더니
　싸움이 끝난 지 2년이 넘어도
　편지 한 장 없어요……

33도 땡볕이 감나무 그늘을 덮친다.
불볕도 두 어머니는 그늘로 안다.

하얀 머리카락 같은
두세 뼘짜리 모시도막을
진종일 한 전짓다리 한 타래에서
말없이 매듭을 잇는 두 어머니

한 타래
마지막 모시올 하나가
두 마음을 하나로 잇는다.

제3부 미수록시, 유고시

아기에게

아기야
맑은 네 눈망울을
사뭇 地圖처럼 빨간 푸른 색갈이 배어들까 슬프구나

앵무처럼 말을 하는 나도
꾀꼬리처럼 노래를 잘하는 누나도

어느새 고운 마음을 잃고
사뭇 몹쓸 색깔에 젖은 地球를 닮아버리지 안했느냐

너는 제발 말을 배우지 마라
지껄이지 않는 저 하늘처럼 말하는 풍속을 오는 봄에 마련해주마

하늘이나 보렴
고 맑은 눈망울로……

아기야
하늘은 언제나 푸르러 좋구나

歸蜀道

나마저 울며 가라는

歸蜀道
歸蜀道

遺言보다 뼈아픈 속에
열리는 길이 있어

少年의 황홀한 꿈처럼 피어난
꽃덤풀 우거진 언덕을 넘어가면

사슴도 노루도 비들기도
모두 다 가버린 어두운 산골인데

歸蜀道
歸蜀道

나마저 울며 가야 할 길인가

鍾心

都心에 저물어 가는 성教堂
종이 희무레이 울 때마다

마음은 한 곱 더 폐허로 돌아가도
돌아가는 마음 아늑한 곳에서는

어두움을 갈고 오는 潑剌한 星光같이
또 하나 종이 은은히 우는 것이다

千年을 두고
몇 千年을 두고

목숨에서 목숨으로 흐르는
찬란한 사랑의 沈默속에 한결같이 우는

오 天心 같은
푸른 종소리……

해를 검은 베일로 가리우고
어두워만 가는 저ー 저 戰爭의 가슴팍에

울어라
마리아의 고운 숨결이 되어

울어 스며라
꽃의 마음

봄 · 故鄕 · 바다

바다는 살짝 숨어버렸다

江가에
少年을 꼬여 내고

바다는 먼 南쪽 하늘가에
살짝 숨어버렸다

해마다
봄이면 마음에서 왔다가
마음으로 돌아가는 三月의 故鄕 바다

五色 구름처럼
활짝 피어 얽힌 꽃덤 속에서

少年은
꽃보다 더 예쁘게
시방 웃고 있는데……

三月 하늘같이 맑은 少年의 눈망울은
故鄕 바다ㅅ물이 짭조롬 젖어 있었다.

詩神賦

꽃가루만은 빛얼 하나
이제 떠오름이 없는
어둠으로 텅 비인 나의 房에서

당신만은
언제나 새로 밝아 오는 눈부신
아침.

햇살이 층져 물주름처럼
찰삭이어 흐르는 꽃덤에 취하여

당신을 깜박 잊으면
나는 흔적도 없이
쑥대밭에 묻혀버립니다.

원수는 당신을 돌아선
마음속에 숨어 사는
또 하나의 내가 아니겠습니까

어데서나 기루어 생각하면
꽃이나 별이나 山河같이
또렷한 모습으로 밝은 누리를 이룩하는
당신은.

나의 四肢를
나의 靈魂을
나의 時空을

스스로의 눈짓같이 뜻대로 거느리는
永遠한 어머니.

어머니의 진한 피가
내 毛細血管으로 가득 넘쳐 올 때
풀밭에서도
풀을 뜯는 망아지의 눈망울에서도
저렇게 푸른 하늘이 열려 오는 것은

아아
당신을 기루운 곳에 내가 있고
당신이 계신 곳에 빛은 터져
내가 이웃한 모든 萬象에 아침보다
밝은 靈魂이 촬촬 넘쳐 오는 때문입니다.

六月의 노래

戰爭의 울안.

꽃내음을 잊은 지 오래인
하늘빛 꽃병을……

홀로 된 앳된 女人이
새로 시집해 간 새 살림을
하나 하나 정이 다듬듯이

행주로 먼지를 닦고 닦아
물로 행궈 말끔히 때깔을 뽑아내고
맑은 눈물로 이렇게 가득 채워

한 송이 모란을 꽂아
窓가 내어 놓고
뜻 없이 하늘을 본다.

한없이 아름다웠던 그 옛날
몇 떨기 그 구름이
오늘도 한가롭게 떠가고

아침 이슬에 젖어 윤이 흐르는
생생한 풋사과처럼
六月은 언제나 향기로운 것을……

하늘빛 꽃병을 가슴에 안고 온
少女는

모란꽃 속에서 한 마리 하이얀 나비가 되어
나려 앉는다.

벌판에서

아무 것도 아무 것도 생각할 수 없는
싯퍼런 고요가 서린 바윗속에 몸을 가린다.

오랜만에 실로 오랜만에
풀꽃들이 가득 눈에 들어온다.

참말이지
나에게 가고픈 故鄕이나
웃고 싶은 休日이나
저 풀꽃같이 平和로운 얼굴을 가진 친구가
단 한 사람이나 있었던가.

두고 온 마을에서
또 불기둥이 일어선다.
풀꽃 속에 마음이 숨어버린다.

지금
마을이 불타는 저 벌판에서
나는 얼마나 먼 층계까지 올라온 것일까……
구름이 흐른다.

아아
이, 절통한 순간을.

바윗속에 몸을 가리고
무엇인가 또 사랑하지 않고서는 견딜 수 없는
뒤틀린 가슴속에

마을을 쓸어 간 바람에
스스로의 平和를 잃고 꺾이고 훑기고
휘갈리는 벌판의 풀꽃들이 실로 뜻밖에 가득 들어온다.

焦土에 서서

모가지를 자르고 四肢를 꺾어 내린 刑罰
보라 더 처참한 총칼이 밟고 간 하늘이다.

하늘을 두루 덮는 억새풀
목숨을 잃은 하얀 髑髏들이
先史時代의 白磁器처럼 뒹구는
여기는 이미 太陽이 돌아선 어두운 하늘인가.

별을 向하여 발사한 별보다 많은 彈丸은
여섯 물과 다섯 바다에서
하나도 빗나가지 않고
人間의 이름 우에 검은 喪章으로 꽂혀 왔는데

罪를 모르는 풀꽃들이
이제 별로 석바뀌는 저문 하늘을
목 놓아 울고 가는 부끄러운 한 사나이는

무슨 辱된 짐승의 이름을
사나이의 목숨에다
깊이 깊이 삭이고 가야 하는가.

咸白山 山上에서

여기는
해발 千五百 米를 점치는
함백산 山上.

千年을 살아온 산새도
한 번 날아가서는 외로워 오지 않고
골짜기마다 이는 꽃구름도
까만 石炭가루에 물들어
발 아래로 스러지는 곳.

머언 남녘 하늘가
全羅道에서 바라보면
다정한 오뉘들처럼 서로 업고 안고 팔짱을 낀
하늘을 솟구친 群峯들이
아아, 여기에서는
어데서나 눈에 밟히는 共同墓地처럼 슬프구나.

하늘도 아닌 地獄도 아닌
어쩌면 연옥도 아닌
여기 咸白山 山上 天幕村에서
神도 아닌 人間도 아닌

가슴이 이글이글 끓어오르는 벅찬 靑春을
刑罰로 치르는 착한 짐승들이 되어
아, 꿈길도 첩첩 山이 막혀 가고 오지 못하는 故鄕.

그 故鄕의 노래를 부르며

오늘밤도 海拔 千五百 米를 점치는
여기 天國도 地獄도 아닌
咸白山 山上 第三十 天幕村에서
原始한 모닥불을 지피며

두고 온 故鄕을 잊으려고
피보다 더 毒한 술을 마시며
아아 全羅道 全羅道
그리운 故鄕을 목메어 부른다.

병상기 · 1

ㅡ내 방

내가 깊은 잠 속에 취해
부끄러운 한平生을
피멍든 肉身과 靈魂을
걸치고 살아온 누더기처럼
한 겹 한 겹 벗고
내 房으로 돌아왔을 때,

텅 비인 天井을 날으며
壁에 걸린 몇 폭 표구 뒤에나
낡은 책장 틈 사이에나
둥지 틀고 살던 굴뚝새가,

눈을 껌벅거리다가
나를 맴돌며 날아다니다가
몇 번 비비비비(悱悱悱悱) 울다가,

하늘에 걸린
門구멍으로 날아가
하얀 새가 되더니
하얀 구름이 되고,

病床記 · 2

— 雜草

얼굴은
울울한 아름드리를
伐木한 山脈같이 살벌하구나

휑 하니 들어간
두 눈은
무너진 廢坑처럼 바람이 인다.

입 언저리를 타고
生成하는 구레나루는
네 現實을
숨 막히게 우거진 雜木.

그 사이로
유난히도 훤하게 드러난 네 코만은
항상 구름 속에 이마를 가린
수려한 咸白山같이 곱구나.

낯선 女人네 사투리가
아픈 상처를 찌르는
江原道에서도
하늘 아래 첫 동네.
病床에서는
더욱 더 먼 故鄕을 단념하고
風船같이
不安에 흔들리는 幕舍

널판 우에
몸을 부리고 까무라쳐버린……

풍성한 네 肉體는
아아 죽어가는 活火山
활 활 뿜어 오르는 火焰이
지금 꺼져가는 잿더미 속에서
머언 故鄕
새벽녘의 등잔불처럼 까물거린다.

病床記 · 3

1

세 길 넘는
다리 난간에서 떨어져
밤새 병실 네 구석을 기어 대며
뜬눈으로 밤을 지새운다.

쓰라린 아픔이란
영혼이나 육신이나
매 한가지인 것을
쉬흔이 넘어서야 처음 알았다.

2

四肢가 마비되고
온 몸을 부려서
나는 누워 대소변을 보는데

오토바이 교통사고로
왼쪽 허벅지를 잘라버린
5호실 20대 젊은이는
목발 소리가 뚜걱뚜걱 뚜걱뚜걱
기인 복도를 빠져 나가더니

뚜걱뚜걱 뚜걱뚜걱
으깨어지고 탱탱 부은

내 全身을 짓밟으며
제 病室로 돌아간다.

3

병실 문틈으로
冬將軍 칼날에 꼬리 잘린
황소바람떼들이
성낸 뿔들로
떠받으며 떠받히며
밟으며 짓밟히며
떼지어 들어온다.

4

病室 琉璃窓을 가로막은
日産家屋 한 채
鐵板보다 强하다는
日製로 둔갑할
豆滿江 鴨綠江의 松板들도
늙으면 별 수 없듯 썩어 내리고
肺結核 3기같이
겉살이 다 삭아내린 앙상한 기둥에
기음질한 양철대기조각들이
밤새 액막이 푸닥거리같이

덜커덩 덜커덩거린다.

5

琉璃窓 밖
잎새 하나 없는
감나무 가지 끝에
아침을 물고 온
참새 한 마리
핏덩이로 응얼진
내 속울음을
쪼아내고 있다.

不寢番

海拔 千五百 米.
神과 人間과 짐승이 한자리에 모인
구름밭에서
모두가 잠든 歲月에
나는 무엇을 사랑해야 하는가.

스스로를
잊어버린 知性들이
고달픈 肉身을 마저 벗고
모두가 잠든 밤에
나는 무엇을 생각해야 하는가.

꽃이
피고 지는 五月에
밤을 새우며
이글이글 타오르는 난로를
지피는 時間은

꽃피는 봄을
아
눈 오는 三冬으로 살아가는
나를 지킨다.

꽃과 死刑囚

꽃은 늘 피어 있어서
지금
나는 웃고 있지만
이미
꽃목이 떨어져 간
자리에서
한 사나이는
저와 먼 時間 속을 서성거리며
오직 發花를 기다리고 있지만
이미
사나이의 피가 흥건히 물들어 간
자리에서
나보다 더 간곡하게
사나이가 꽃을 바랄 때
이 天地에
꽃은 가고 없었다.
꽃은 늘 피어 있어서
안젠가 스스로의 무게로
꽃목이 떨어져 갈 자리에서
지금
나는 웃고 있지만
나의 가장 안에서
사나이는
꽃보다 所重한 生成하는 열매로
벌써
맺어 오고 있었다.

四月의 室內

四月은 꽃이 피지만
나는
싯퍼런 싯퍼런 물가에 선 듯 어지럽구나.

빛을 향하여
조용히 눈 트는 어둠의 꽃망울 속에서

아내는
연신 미소를 날리며
온 마음을 꽃으로 熱中하지만……

누더기 속에 숨져 가는
乳兒를 두고

美化한 아내만을 사랑할 수 있을까

밖에는
시들하게 세상을 살아온 어른들이
조금은 스스로를 일깨울
불바람을 이루고 있을 것이다.

빛을 향하여
조용히 눈트는 어둠의 꽃망울 속에서
四月은 아직도 피 흘리고 있는데……

世上은
너무나도 많은 꽃들이 피어 있구나.

消息

이 山河에는
아무 일도 아무 일도 없네.
그날
실바람 한 올 일지 않던
窓밖에서
자꾸만 꽃목이 떨어지는 理由를
묻고 묻고 또 묻고
입술을 깨물며
門을 차고 나서는
자네의 健康을 위하여
한 마리 남은 씨암탉의 모가지를
내가 비틀 때
자네는
나의 健康을 위하여
날며 퍼덕이던 쭉지를 주리 틀었지.
그리고
햇빛에 눈이 부시도록 빤짝이던
날선 美製 果刀를
숫돌에 갈고 또 갈아 놓고
이글이글 타오르는 풍로불 옆에서
털을 뜯으며
食慾을 돋구며 서로 웃던……
이 宇宙에서
永遠히 스러져 간 한 生命의
충혈된 눈망울이
더러는
나의 안팎에서

生成하는 가시로 아프게 찔려 오고
마지막 퍼더덕이던 죽지같이
뒤틀린 나의 肉身 앞에
戰爭을 치룬 쑥대밭처럼
말러 비틀어진 果實껍질들이
殺伐하게 흩어진 빈 쟁반 안에서
慾情을 겨룬 美製 果刀가
꼬옥 그날 내 그림자같이
이 한밤을 촛불에 뻔쩍이고
지금
窓밖에 진눈개비가
오고 오고 또 오고 있을 뿐……
이 山河에는
아무 일도 아무 일도 없네.

꽃의 吊曲

꽃망울 속에서
핏빛 노을이 타 오른다.

당신과 나의
어두운 하늘을 환하게 드리운
꽃 실가지의…….

꽃망울은
生成하던 꽃목을 벗어나
한 마리의 눈 먼 새로
눈 나리는 벌판을 날아가고 있는 것일까.

밝은 대낮이 무너져
밤으로 나리는
어둡고 긴 동굴이 아니면

우리를 絶望케 하는 꽃밭으로 오르는
저문 층계에 서서
눈을 감고 마지막 바라보는
꽃망울은 아아

이글이글 타오르는
불기둥 끝 꽃망울은

밝고 靈驗한
文明의 內室을 불태우는
怒한 불꽃.

꽃 실가지 끝에
가슴들이 불 타
새까만 밤이 나린다.

종소리 · 1

1

녹 슬은
쇠붙이들이

살벌하게 흩어져 있는
古鐵場에서

종소리를
듣는다

2

그것은
最後 勝戰의 鉋火 속에 열려 오는
廢墟.

鮮血이 낭자한 호 안에서
어린 兵士가
마지막 어머니를 부르다가 숨져 간……

그것은
人類 最初의 목소리로 還元한다.

3

宇宙는
仁術 없는 老 科學者의
녹슨 實驗臺.

여섯 물과 다섯 바다가
대낮 顯微鏡 촛점 우에
한 개의 모래알로 돌아가도

안으로
때엥 땡 번지는
피멍울은

끝내
胸壁을 뚫고 發花할
來日의 꽃씨.

4

종소리는
씨 뿌리는
부지런한 農夫의 손으로
오늘은 廢墟를 산다.

종소리 · 2

종소리가 들린다
서지말의 하늘에서
밝아오는 오운동산에서
종소리가 들린다.

동서남북으로 퍼져가는
순금빛 새벽 종소리는
신태인 읍내
지붕이나 한길이나 골목에 쌓인
어둠을 금빛자루로 쓸어낸다.

감곡면 정우면 태인골
울안이나 안방에 쌓인
어둠까지 다 쓸어낸다.

정토산 오봉산 승방산 골짜기
응달에 숨은 바람도 쓸어내고
이평 농민들 함성이 짓이겨진
배들 논배미마다 숨은
조병갑 살기 서린 칼바람도
금빛자루로 쓸어내며,

하늘 멀리멀리 퍼져가는
산하 두루두루 덮어가는
오운동산 새벽 종소리는
찬란한 햇살로

젊은 새 우주를 새우며
새 아침을 몰고 온다.

살구나무 선 마을의 葉書

처음 떨어져 온 잎은 왼통 꽃덤을 이루고 있었다.

변두리론 풀린 3月이 밝아 오고 안으로는 한 송이 모란이 눈부신 宇宙를 열고 있었다.

그 안에서 너와 나는 뜨거운 가슴을 닿은 떨어져 나온 잎이 불바람으로 진한 얼룩이 가고 있었다.

어디선가 문지르며 웃고 있었다.

섣달 얼어붙은 벌판을 울부짖고 가는 바람 같은 火藥내를 몰고 오는 성난 軍靴굽소리 속에 너와 나는 두 개의 모래알로 묻혀 가고 있었다.

마지막 떨어져 온 잎은 불탄 山河가 共同墓地처럼 누워 있었다.

밖에는 한 고비 살구꽃보다 살륙이 흐드러지고 네 銃口 안에 든 살구나무 선 마을 안에서 나는 出口보다 너를 찾아 헤매고 있었다.

길을 가다가

텅 비인 가슴으로
뜻 없이
길을 가다가

國道 沿邊

하늘을 우러러
뿌연히 먼지를 쓰며
발돋움 발돋움하고 있는
코스모스를 보고 가다가

잃고 잃고
잃고 잃고 잃고
잃고
戰爭에 홀로 된 내 누이들.

대낮에도
사철 어둠이 깔리는 막바지 골목에서

징그러운 알몸뎅이를
마저 잃어버리기 위하여
내 앞에
단 돈 개고기 반 근 값으로
全部를 던져주던

어느 해 늦가을
비오는 저녁 취해 흘린

楊洞地帶 路上에
흐드러진 코스모스들

언젠가
무심히 지나쳐가버린 사소한 것들이
나의 안으로 지금
무엇인가 소중이 맺어오는
엄숙한 時間을 향하여
길을 가다가.

회룡국민학교 교가

덕재산 높은 봉을 앞으로 보며
드높고도 아늑한 회룡의 동산
여기는 우리들의 보금자리다
바르고 슬기롭게 자라고 자라
큰 뜻을 이루리라 회룡의 어린이

世上事도

사람들도 참 싱겁다.
그중에서도
성급한 詩人들은 더 싱겁다.
窓戶紙 한 장을 두고
밖에서는 零下 10度가
밤새 문구멍으로 내 食口들을 노리고
며칠 前 실종된 어린 오뉘가
절골 외딴 도갓집에서
꼬옥 껴안고 凍死했더라는…….

大門을 열고 나서면
시궁창에는
내 月給封套보다 더 살찐 얼음장이
아침 햇살에 빛나는데
韓國의 新聞이나 雜誌들 속에는
歲月이 먼저 오가는가
봄을 노래하는
낯익은 詩人들의 간드러진 肉聲을 들으며
시끄러운 世上을
묻혀 살아가듯
눈보라치는 벌판
氷板을 조심 걸어 出勤하노라면
世上事도 거짓말처럼 참 싱겁다.
天地가 꽃덤으로 흐드러진
봄날
진눈개비 오는 歲月을 밀고 가는
내가 더 싱걸지 알 수 없지만…….

夫婦

溫室에 핀
꽃들은
겨울이 없다.

꽃이 지면
그냥 廢墟가 되는……

우리는
텅 비인 벌
한 가지 끝에
피어 얼린 꽃.

항상
바람 부는 세월을 산다.

落花하면
꽃목에 무엇이 남을까.

마음은 항상
구름밭을 날아도

시궁창 깊이 뿌리박은
가지 끝
저문 새새끼들은
노래할까, 울고 있을까.

꽃핀 봄날도
腦髓에 파고 든 飢寒을 앓으며

당신과 나는
눈 속에 묻힌 깊은 三冬을 살아가던
原始한 顯花植物.

가을을 향하여…….

梅花 한 송이

1

四月의 都心地를 가던
한 詩人이

어느 洋屋집 담장 옆에서
서성거리고 있었다.

지나 온 洋服店은
外面하고

아직 벗지 못한 겨울 외투가
봄이여, 未安한데

洋屋집 높은 담장 우로
발돋움 발돋움하고

얼굴을
살며시 내민 梅花여

그대마저
가난한 詩人을 웃고 있는가.

2

洋屋 안에서도

시들한 바깥 世上이 그리워

높은 담장 우로
쭈욱 뽑은 가지 끝
한 송이 꽃을 보고 있으면

그 옛날
그 얼굴이
그 꽃 속에서 웃고 온다.

담장 밖 路上에서
主人 몰래
꽃을 보고 있는데……

아내와 가지런히
누운 밤을
忠淸道 兩班집 새댁이 된
순아를 생각하던 때처럼

안사람한테
未安한 것은 웬일일까.

눈 오는 날

눈이 오면
소년은 한 열 살쯤 마음이 더 어려진다.

책을 덮고 창가에 서면
마음은 어릴 적 먼 고향으로
연분홍 꽃썰매 길을 떠난다.

그런 날은
고향도 항상 눈이 온다.

소슬한 대문을 밀고 들어서면
문에 붙은 손바닥만한 유리조각으로
세상을 바라보고 사시던 할머니가
소년을 꼬옥 껴안아 준다.

목화대를 지펴서 담은 질화로보다
언제나 할머니 품안이 더 따숩다.

깊어가는 밤
질화로 속에 익어가는 고구마보다
할머니의 옛이야기는 더 달다.

날이 새면
소년은 순이와 눈사람을 만든다.
순이가 만든 눈사람은 소년을 닮고
소년이 만든 눈사람은 순이를 닮는다.

그런데 소년은 왜
순이를 미웁게만 만들었을까.

눈이 오는 날
소년은 상주가 되어 할머니의 꽃상여를 보냈다.
순이네 식구가 어데론가 떠나가 버린
눈보라 치던 밤
동구 밖에서 총소리가 울고
마을은 성난 불길을 뿜었다.
그리고
소년은 눈을 맞으며 마저 고향을 떠났다.

까맣게 탄 주춧돌만 뒹구는 빈터에
눈이 쌓인다. 눈이 쌓인다.
十年이란 긴 세월이 흘러간다.

창 밖에도 눈이 쌓인다.
아담하게 꾸며진 꽃밭에 눈이 쌓인다.

공일이라 텅 빈 사무실
창가에 비를 들고 서서
한나절이 되어도 소년은 움직일 줄 모른다.

눈이 오면
한 열 살쯤 더 산 듯
소년의 마음엔 아픈 상처가 많아진다.

十分間 休息

시퍼렇게 시퍼렇게 날선 곡괭이로
아름드리 나무등걸을 찍어내다가
十分間 休息, 그 등걸에 짐승처럼 앉아
조용한 나를 분노한다.

아름드리 나무가 向日性을 잃고 밑둥 잘려
푸른 제 故鄕을 떠나듯
우리들은 밝은 저 山河에서 끝내 發花하지 못한
어두운 뒷우란에서 꽃망울이 아니었던가.

十分間 休息……

눈을 감으면
나와 같은 사나이가 어느 골짜기에 있을 것만 같아
어두운 수풀 속을 헤매이다가 한 송이 꽃 앞에 지쳐 쓰러지면
아아 밝아오는 나의 안에서 꽃눈 트는 소리.

속눈

오랑캐꽃
실귀가 트고

마당귀
내 할머니 같은
살구나무 가지에
꽃눈은 타고 올라

조롱 속 어둠에
눈이 먼 새새끼들은
내 가슴팍을 차고
새까만 하늘을 날아갔지만

가슴 앓는
어머니 房에
한밤중
조용히 불 밝힌 마음으로

世上을
한 十年쯤
더 살아가자면

오랑캐꽃
귀 절벽인
깊은 三冬에도

텅 비인 내 가슴은
아픈 속눈을 뜨겠지.

한밤중 눈뜨는

낯선 밤길을 가다가
만난 사나이보다
한밤중 눈 뜨는 내가 더 무섭다.
流產당한 서랍 속 督促狀들
울 밖 담쟁이넝쿨처럼 설엉켜
大門 안으로 기어든
눈곱 같은 外上들……
목숨보다 무거운 重量으로
물려받은 살찐 색깔이 벌린
내 田畓보다 더 넓은
검은 손바닥을 서성거리다가
來年을
광 속에 비인 항아리는
내 가난한 마음이나
또 봄날 실비로 채우고
안사람이 미안해
샛문을 빠져 나오면
몇 달을
내 피 한 방울 돌지 않아
絶望하던 詩神은
끝내 焚身自殺했구나.
室內는
왼통 살더미 타는 남새로 가득 차
진눈개비를
큰놈의 試驗紙 속을 내리는
진눈개비를 맞고
서 있으면

한 三年 半身不遂로 世上을 산듯
첫 닭은 기인 울음을 타는데
飢寒 같은
몸살 같은
오한으로 언 몸을 녹이며
씨앗 받듯
어린것들 오줌을 받고
칭얼대는 內衣를 벗겨
뉘 가리듯 물컷을 잡으면
누덕누덕 아무렇게나 덧막아진
구멍 우에 뚫린 구멍들의
물컷보다
내 나이보다 뼈아픈 實感을
잡고 또 잡고 잡고도 남은
時間
어둠속에 누워
텅 비인 어둠을 보고 있으면
사나이의 주먹 안에서
조금씩 번쩍번쩍 殺氣 뿜는 匕首
그 비수 끝에 살아 눈뜬 주검보다
한밤중 눈 뜨는 내가 더 무섭다.

山河

내 山河에는
아직도 푸른 山은 열리지 않는다.

징역살이보다 끈질긴
가난에 숨 막혀
눈을 뜨면
기울어진 행랑채 낮은 지붕같이
眼中에 시들한 잿빛 능선이 아니면

美術 時間 파랗게 짓이겨 본
그 푸른 山脈을 그리다가
한밤중 깊은 잠에 쌓인
큰놈의 높은 가슴
갈비뼈가 환히 드러난
죽은 黃土빛깔로 살아온다.

눈을 감으면
내 山河에는
푸른 江물이 말라 자자진 빈 江뿐이다.
피보다 진한 江물은
다아 다 어디로 흘러갔는가.

불 뿜는 땡볕에
마저 속눈들이 먼 채
우리는 熱病앓는
熱砂 우에 쓰러져
눈부신 白晝

소나기의 꿈은
까만 숯뎅이로 탄다.

나그네

곰보딱지처럼
얼굴이 갈기갈기 찢긴 책상 우에
낡은 新聞紙로 단장한
送別會 술상은
내가 장가 든 날
처음 받은 상보다 더 山海珍味로
가득 차려져 있는 것만 같구나.

하늘빛이 아니면
흰 구름보다 더 하얀 접시 우에 쌓올린
주먹만한 사과는
영양분이 많다지만
내 제자들이 갖다 놓은 사과는
영양분보다 더 알찬 사랑으로 가득 차 있구나.
그래서 사과는 地球보다 더 큰 것만 같이 보이겠지……

과자는 달다.
그러나 과자보다 더 단 것은
朝會때나 終會때 항상 부르던 이름인 줄은
정말로 정말로 나는 몰랐다.

『복례야! 성재야! 윤호야!
오늘 술맛은 정말로 쓰구나.
왜 이렇게도 쓴 술만 받아 왔느냐?
허나 우리는 술보다 더 쓰디쓴 가난을 먹고 살지……
가난을 먹고 살아도 나무처럼
우리는 건강하게 자라자.

폐허다. 정말로 폐허다.
우리는 폐허에서 자라 핀 꽃들이다.
오늘 2학년 B반 교실은
폐허 속 쓸쓸한 간이역이구나.
꽃들이 흐드러진 이 간이역에서
울지도 못하는 나그네는
어두운 밤을 향하여
어쩌면 못 쓸지도 모르는
찻표 한 장을 들고
불 꺼진 3등 차에 오른다.』

禪雲寺

1 禪

몇 번인가
몇 번인가
이 山寺를

하늘보다 더 높은 큰 뜻을
내사 숨이 막혀
다아 다 알 수 없지만……

꽃잎만은 내 뜻이야
구름 속 작은 木魚 속에
스며 있겠지.

2. 雲

뜬 구름으로 왔다가
구름으로 스러지는
한 平生을……

맨 처음
오가는 구름을
이 깊은 山골에 모아

큰 뜻을
한 그루 동백나무로 심은 사람은

아, 누구인가.

3 寺

절은
절이구나
귀촉도 치는 것이

恨많은
한 나그네가
드는 山寺의 밤을

밤새워 우는
귀촉도 소리 속에
또 한 밤이 지새는 것은.

山 · 2

—夕汀 선생님께

항상 구름 속에
얼굴을 가리고

저 높은 山이
이 작은 都市
가난한 草幕에 살고 있는 것은 무슨 뜻일까.

또 하나
푸른 山脈을 조용히 연모하며……

꼬옥 한 마리만이라도
꽃보다 착한 기린을 치고 싶지만
노루랑 토끼랑 고슴도치랑 다람쥐랑
그리고 마음 밖
미운 여우새끼들도 치며

학두루미는
이마 위에 서린 구름 속
靑松 가지 끝에 두고
산허리 우거진 골짜기는
귀촉도 동박새 뻐꾸기는 꾀꼬리들의
合唱에 젖어
이름 없는 새떼들이 숨어 사는

억새풀 두루 덮는
마음 밖 歲月도 너그럽게 다스리며

항상 구름 속에
얼굴을 가리고

저 높은 산이
이 작은 都市
가난한 草屋에 없는 듯 없는 듯
살고 있는 것은 무슨 뜻일까.

어둡고 기나긴 밤을 밝힌
촛불은
몇 송이 시들지 않는 水蓮으로
발 아래 피워 두고
『슬픈 牧歌』는
눈높이쯤 무성한 樹林으로 길러
안으로 안으로는 噴火口보다 더 뜨거운
『氷河』를 살며……

항상 구름 속에 얼굴을 가린
저 높은 山이

이 작은 都市
낮은 하늘을 솟구쳐

지금 푸른 山脈의 崇高한 얼굴로
지금 발돋움 발돋움하고
일어서는 것은 무슨 뜻일까.

老母像

갈밭이 아닌

사람들 마음에서 일고 있는
바람떼는
모두 와 숨어 살고 있었다.

그믐밤이 아닌
불 밝힌 人家들이 모인 마을에서
白晝에도
무너져 내리는
깜깜한 어둠의 壁 속……

마주 앉은 어미를 끝내 보지 못한
어두운 뱀구멍 속에서
한 마리의 생쥐가 살고 있었다.

바람과
어두움이
살아남은 老母의 歲月을
全部 다스리는
房 안.

十年 前
먼지 속에 묻힌
다락 속

텅 비인 瓶 같은
肉身을 벗고
生佛로 變身하는
老母의 잠기는 가슴속에는

뱀구멍 같은
世上에 살고 있는
오직 한 마리 생쥐가
깊은 실눈을 뜨고 있었다.

解冬期

몸 푼 女人같이
홀가분한 벌판

풀물이 흐르는
江언덕으로

한 점 빨간 자락은
갓 핀 生花로 뜨고

어른 어른
어지러운 아지랑이 속을

갯마을
어느 깊은 안방에 갇힌

한 魂靈이
또 풀려 가는가

喪輿가 운다.

번개

모든 家具들이 제자리를 뜬
半日의 안방
몇 날을 불꽃으로 타던 아내는
隕石으로 가라앉고
詩心보다 더 향 밝은
열 개의 눈망울 속에 짓이겨져
눈을 못 본 대낮
불붙는 雜草 속에 묻힌
저승 같은 뒤안길로
더듬더듬 기어 나오면
地下에서 나를 울고 있는 내 어머니
풀쐐기도 前世의 緣分인가
스스로의 肉身을 亂刺할
毒서린 가시를 온 몸에 다스리고
아픈 속눈을 뜨면
내 이마 위까지 내려앉은
하늘은
금빛 말씀으로 타이르시고
금빛 말씀으로 타이르시고
내 안 어두운 곳
꽃송이가 뜨는 비인 가지 끝에서
기진한 뻐꾸기가 꼭 한 번 운다.

西來峰

두 팔을 뻗쳐 쥐면
열 손가락 사이로 더 멀리 날아가는
구름이어.

발돋움
발돋움하면
잡힐 듯 더 높이 날아오른 하늘이어.

내 손바닥엔
쓰다 둔 몇 줄의 詩가 새겨 있을 뿐……

길 잃은 숨 막힌 登頂
흠빡 땀 밴 上衣처럼
벗어 던지고 쓰러지면

일어서라. 일어서라. 일어서라.

귓뜸으로
눈썹에 걸린
西來峰.

南道 抒情

1 簡易驛

港口를 꿈꾸는 쓸쓸한 簡易驛
노오란 크레파스로 짓이겨진 驛頭
흐드러진 유채꽃덤에서 실눈을 뜬 羊公은
鐵馬를 짐승으로 다스리고
南行 千里 同行하면서
끝내 만날 수 없는 運命의 레일 안
始原을 發花하면서
반쯤 눈 먼 文明을 웃고 있다.

2 無等山

無等을 떠난 詩人같이
無等도 얼굴을 가리고
비안개 속
한 점 뜬 구름은
無等을 向하여 車窓을 닦는
한 나그네에 和答하는
눈짓인가.

俗離 大佛韻

당신의
얼굴 앞에 서서

핏발 선
눈을 씻고
또 씻고 보아도
볼 수 없는

당신의
얼굴을

텅 비인
마음으로는
더더구나 잴 수 없는

絶望 속
불씨 같은
그 깊은

당신의
마음을

한 千里쯤 더 물러서서
한 百年쯤 더 내려 서서
눈 감으면

내 日常의
마음마다 들어 앉아
환히 웃으실

저어
大佛님을.

溫室

—젊은 花藝 先生

꽃나무는
가지마다 꽃들을 치고

꽃들은
저마다 永遠한 꽃씨를 다스리듯이

당신은
온 종일 菊花를 즐겨 시중하다가
텅 비인 宿直室에서
끝내는 故鄕마저 잃었구려……

당신의 溫室을 耽羅島로 알고
주먹보다 큰 열매를
겨울 가지마다 달고
너그럽게 生成하는 귤나무같이

꽃 한 송이
잎새 하나
그 잎새의 시들한 葉脈까지도

당신의 靈魂
당신의 四肢
그 살점의 毛細血管보다 소중히 다스리는
젊은 花藝 先生님.

당신의 가슴속에는
溫室보다 더 커다란 한 송이 꽃씨

금빛 속눈이 트고 있구려……
始原의 부신 아침같이.

近來

1 새

깊은 잠에 취한
近來의 窓밖에서

머어비비, 머어비비

아침마다
나를 울고 있는 새.

몇 代 이어 우는
절통한 그 외마디를

半生 두고
실마리도 못 푼

내 日常은
눈 먼 그 새다.

2

도시 만날 수가 없네.
몇 밤 뜬눈으로 쓴 詩를 찢어
막내년 밑을 닦아 요강 속에 버리고
한밤중 집을 나간 뒤는

나는 그림자처럼 미행하지만
언젠가 꿈속에서 본
고아원의 대낮으로 사라져
저승 같은 뒷문으로
낯익은 女人이 알몸으로 살고 있는
지루한 밤을 往來하나본데
그를 도시 만날 수가 없네.

지금쯤 오물로 용해되어
차디찬 흙 속에서
몇 개의 밀알을 움틔우고 있을
그 詩語들을 취해 흥얼거리며
온 몸이 피투성이 되어
大門에 들어서는
그 아침이 보고 싶네.

3

다시 보고 싶지 않는
大門을 열고 나서면

아침은 금빛 올가미로
내 모가지를 채어 솟아오른다.

흐트러진 꽃덤 우로
꽃구름들이 흐르고

天地는 온통 눈이 부신데

눈을 씻고 보아도
눈을 씻고 보아도

꽃잎 하나 안 보이는
내 눈은 범벅이다 범벅이다.

내 귀는
제 속울음마저 못 듣는 귀절벽이다.

獻詩

꽃들은 저마다 꽃씨를 치고
마침내 제 뿌리 위로 내려앉듯
먹구름, 천둥, 피바다로 소용돌이 친
祖國의 한밤중을
젊은 靈魂으로 불태워
밝은 天地 세우고
밝은 天地 세우고
이 고장 영예를 떨친 거룩한 아들들이
텅 비인 알몸으로 돌아와
너그러운 어머님 품에 안겨
영원을 살고 있나니
아아 여기
길이 길이 빛이 있거라
길이 길이 푸른 하늘이 있거라.

一分間

한 靑年이 지나간
합동정류소 보도 위에
반쯤 타다 남은『파고다』가 누워
버려진 生命을 熱中히 뿜고 있다.

봄을 出發한
귄 없는 빛 밴 힐과 물오른 단화가
그를 사이에 두고
꽃잎보다 밝은 아침을 몰고 간다.

저승 같은 한 골목에서
깡마른 한 老人이
고층 건물을 쪽지게에 지고
어두운 歲月을 거슬러 올라온다.

老人은
젊은 時節 그의 안방에서
피우다가 둔 담배를 물 듯 보도 위 담배를 집어
靑年의 잇자국이 드러난 필터를 지긋이 물고

分明히 무엇인가 확인하는 듯
무엇인가 分明히 저주하는 듯
四方을 한 번 휘휘 둘러보고
休紙처럼 뜬 텅 비인 자리.

한순간
十年 前 아버지의 얼굴이 떴다가
바퀴 속에 짓깔린다.

문구멍

봄마다
門구멍은 몸이 불고
한 치쯤 키가 자란다.

깊은 三冬이 감긴
저승의 검은 타래에서
빛으로 풀리는 한 마리 꽃뱀같이

실눈을 뜨고
비늘을 털며
門구멍도 살아 움직인다.

땅속 깊이 내린
실뿌리들이 빨아 올린
진한 水分으로

가지 끝 텅 빈 하늘
잔가지 끝 실가지까지
꽃불로 꽃불로 타면

門구멍도
발돋움 발돋움하고
아기의 좁은 房
아기의 작은 눈망울 속으로
바깥 世上을

빨아들이기에 숨 가쁜 門구멍은
몸 푸는 産室같이
숨차서 할딱거린다.

平凡한 아침

—1970년 새 아침에

어제 덮고 누운 이불을 갠다
그저 平凡한 아침.

간밤에 꺼 둔 담배를 들어
한 개비 성냥을 그어 生存을 밝히고

어제 벗은 옷을 다시 입고
거울 앞에 서면
한 사나이의 平凡한 하루.

밤새 갈고 닦다 남은
몇 개의 詩語와
어제 쓰다 남은 십 원짜리 몇 장이
텅 비인 내 호주머니 속
유일한 재산……

빗장을 따고
大門을 나서면

진눈개비가
내 하루를 몰고 간다.

雪嶽山 詩帖

1 아침

눈을 뜨니
房안 가득 찬
산바람.

산바람을
깔고 덮고
내가 잤구나.

바람소리 갈고
네 壁마다
살아 번득이는 물소리.

그 물소리 갈고
피 진 울음을
울고 가는 한 마리 새여

2 雪嶽 愚問

누구일까
누구일까

돌 가는
소리

사흘 밤낮 물어도
雪嶽은 말이 없고

水晶도곤 맑은
물소리 속

한밤 내
도란도란

모 가는 소리
돌 가는 소리.

3 臥仙臺

피멍진 俗情
바위에 널고

玉湯에 저린 肉身
아픈 허물 벗으면

바람소리 새소리로
물소리 구름으로

은은히 이어지는
거문고 소리…….

새로 열리는
마고선의 하늘

하늘의 말씀

— 눈을 떠라
  아픈 속눈을 떠라

4 權金城

門을 여니
房 안으로

성큼 들어앉는
權金城

수려한 이마
그 눈썹에 걸린
한 점 구름

그 구름 속
한 방울 水分으로

뜬
내 半生이어.

5 千佛洞에서

全羅길은
千里
비구름 밖……

몇 劫을
숨 막힌 침묵에도

雪嶽은
눈썹 하나 흐림 없고

千佛洞
모 간 水晶으로
눈을 닦아도

끝내
雪嶽을 닮지 못한
俗人이라

千佛洞
幽谷에서도

앓고 있는
故鄕을 다스리는가.

6 울산바위

I

山嶽의
極致를

한 몸에
다스리며

나를
絶望케 하는

雪嶽의
얼굴.

Ⅱ

가다가
잠깐
쉬어 가겠지.

내 平生을
雪嶽에 들려
한 사흘 머물 듯

永遠을
살고 있는
울산바위도

金剛으로
건너가다가
잠깐 쉬고 있겠지.

Ⅲ

神興寺 뜨락에
俗人 東萊 鄭氏
허물을 벗고

어지러운 어지러운
魂靈일랑
繼祖庵 石室 大佛님께
돌려주고

없는 바람으로
벼랑을 뜨면……

한 平生은
한 刹那.

일고
스러지는

한 점
뜬 구름.

7 飛仙臺

벗어버리자 벗어버리자
肉身에 걸친
마지막 한 오라기까지

알몸으로 알몸으로
잘못 태어난 그 밤같이
어둡고 지루한 이승을 벗어나

썩어 문드러진
肉身을
마저 저승의 건널목에 벗어던지고

날자, 날자, 알자.

8 雪嶽山 돌

山은
험하고 어려운데

神興寺 뜨락에 뒹굴어도
雪嶽洞 한길에 짓밟혀도

蔚山巖 벼랑에 매달려도
千佛洞 幽谷에 묻혀 살도

權金城 구름 우에 떴다가
飛龍瀑 물속 깊이 잠겨도

여보게

눈 하나
까딱없는 모 없는 마음

털끝 하나
까딱없는 돌을 보게.

내 바람

내 바람은
어디 갔을까

신나게 돌아가는
언니 바람개비.

마당을 맴돌아도
한길을 달려 봐도

느릿느릿 느림보
내 바람개비.

내 바람은
어디 가 놀고 있을까

신나게 더 부는
언니 바람.

울타리

일요일 날
아버지와 함께 울타리를 한다.

아카시아 탱자나무 파리똥 자두나무
가시 돋친 나무들과
순하디 순한 치평나무 쭉나무 개나리들이
서로 업고 안고 팔짱을 끼고
가시 찔레 댕댕이 넝쿨이 가로 세로 엮고 나간
뒷우란 바람받이 언덕
아버지와 함께 울타리를 한다.

해마다 외삼촌이 해주시던 울타리
올해 처음 내가 거들어 주는
울타리 시중
나도 이제 제법 큰 것 같구나.

아버지가 날개를 펴시면
나는 갈퀴손으로 빗질해 가고
아버지가 담배를 피우실 땐
썩은새를 안아다가 꽃밭을 덮는다.

울띠를 틀 때는 신난다
한참 돌릴 때는
팽이치기할 때보다 더 신바람 난다.

울띠를 두르고 뜨개질할 때
가시 돋친 나무들은 심술부린다.

바늘대로 요리조리 피하지만
가시들은 더욱 더 심술부린다.
가시가 수없이 긋고 간 아버지 손등
이마에 맺힌 붉은 핏방울
내 손등에도 하나 둘 셋 빨간 핏자국.

샛때가 되면
낮은 굴뚝에 연기가 오른다
아버지 샛거리는 막걸리 반 되
내 샛거리는 찐 고구마 그리고
햇닭이 낳은 삶은 계란 한 개
고구만 누른 냄새 군침이 넘어간다.

담장도 이었다
지붕도 이었다
오늘 울타리만 끝나면
추운 겨울도 우리 집은 무서울 것 없다.

일요일날
아버지와 함께 울타리를 한다.

새벽

춥다
춥다
방안을 더듬더듬 더듬어 본다.

작은 오빠 민머리
큰 언니 작은 언니 단발머리들
난로보다 따뜻한
엄마 가슴은 없다.

울컥 무섭다
추운 어둠을 갈고
싸이렌이 별똥처럼 길게 운다.
큰 오빠 학교 있는
머언 읍내 학교에서 불겠지
아무리 생각해도 처음 듣는다.

싸악 싹
— 알았다 알았어 —
시오 리 산길 들길
큰 오빠『주번』늦을까봐
첫 새벽 등불을 켜고
엄마는 보리쌀을 간다.

성묘 · 2

― 콩나물 버스 ―
― 콩나물 버스 ―

오빠들은 타고서도
투덜대지만

조금씩 숨 막혀도
나는 즐겁다.

오늘 못 가면
내일은 소운동

30리 걸어가도
못 갈 참인데

어려운 곱셈
나만 풀어서

100점 맞던 그날같이
나는 기쁘다.

불이 꺼질 때

몇 날 밤
내 방의 어둠을 밝히던
등불.

한 방울 남은 石油를 마저 빨아올릴 때
내 房은
핀에 꽂힌 나비처럼 파닥거린다
파도를 몰고 온 성난 바다같이
왼통 살아 뒤틀린다.

한밤중
마른 제 심지를 마지막 불태우고
室內가 깊은 어둠에 빨려
壁에 걸린
내 日常의 소중한 가구들이
이승의 記憶에서
하나 하나 사라지고
마지막 내 房이
칠흑 같은 어둠으로 解體될 때

나는 천길 깊은
저승의 시궁창 속에서
왼통 귀가 되어 기웃거리다가
왼통 눈이 되어 껌벅거리다가
한 개비 커다란 성냥불로 타다가
이승의 마지막 어두움을 불태우다가.

밤바다

눈보라 치는
섣달 한밤중은
천길 뒤집힌 밤바다다.

미친 밤바람 소리는
마흔이 넘어도 비수같이 무섭다.

불을 밝힌다
할아버지가 아버지가
한밤중마다 등잔불을 켜고
듣던 저 바람소리
못난 代 이어 내가 듣는다.

뒷산 무너지는 소리가 난다
하늘을 솟구친 미루나무들은
서슬 푸른 쇠바람 소리를 낸다. 춥다.
짚베눌과 대숲은
지구가 붕괴하는 마지막 굉음을 낸다.

집채가 뒤우뚱거린다
內室의 가구들이 흔들린다
참 이상하다
『남영호』 생각이 울컥 난다. 무섭다.
단절된 세계에서
SOS SOS를 외치다가
단절된 人間의 마지막 肉聲을 듣는다.

世上事도
천 길 뒤집힌 밤바다다.

나는 어린것들의 손을
차례로 꼬옥 쥐어 본다. 따숩다.
마지막 아내의 입술에
내 입술을 대 본다. 역시 따숩다.
그리고 조용히 혼자 묻는다.

— 이 배는 어디로 漂流할 것인가.

解熱

살아갈수록
투정만 는다.

투정하다 보면
겹겹이 솟구치는 애들의 숲

숲에 묻혀
풀이 죽는다.

내 房에 돌아와
이불 쓰고 누우면

이글이글 타는
全身.

엊그제 온
新刊

그 중 한두 편 詩로
解熱한다.

손발

눈이 열 개면
무얼 해

귀가 열 개면
무얼 해

백 개라도
모자라는 손발.

품안 일은
또 밤으로 미루고

새벽부터
가을은 들에 산다

개도 한 목
텅 비인 대낮
主人이 된다.

장마철 · 1

— 朴沇植 詩人님께

講習 받는
한 週日 내
퍼붓는 소나기.

줄기 찬 빗소리 속
끝내는
老 詩人 묻혀 가고

가벼운 午睡 속

새까만 비에 갇혀
毒한 술을 마시다가

天動 번개 시새는
소나기에 쫓겨

……실눈을 뜨면

老 詩人 이마를
마악 지나가는
山沙汰.

아픈 껍질을 벗는다

새벽이면
무수한 꾀꼬리떼처럼
부신 금빛을 떨고 오는 징소리……
마을은 일제히 門이 열리고
그 징소리를 밟으며
새마을회관으로 모인다.

우물가 시궁창에서
몇 代를 사는 깨진 사금파리들
반쯤 묻힌 구멍 난 신짝과 넝마들
뱃가죽이 하얗게 썩어 문드러진 쥐들
온갖 박테리아들이 王國을 이루던
시궁창이 都市의 하수구를 닮아 가고

사철 개똥 쇠똥 염소똥이 뒹굴던
洞口 앞 空地에는 아담한 회관이 서고
꽃밭이 되어 진달래 개나리가 피고
새로 세운 하얀 게양대 끝에는
벌써 태극기가 펄럭이고 있다.

몇 백년 조상들의 모진 가난처럼
외뚜러지고 비뚜러지고
막히고 끝나버린 숨 막힌 골목길들

그 실낱같이 숨 막히던 골목길로
돌멩이 실은 달구지가 들어온다.
모래를 실은 경운기가 들어온다.

시멘트를 실은 트럭이 들어온다.

지난해 시집 간 복순이가
신랑과 택시를 몰고 오며
낯선 마을 같은 착각을 연신 웃는다.

마을은
한 마리 커다란 매미같이
한 오백년쯤 벗지 못한
아픈 껍질을 벗는다.

서울 한복판에서

서울 가면
맨 정신으로는 살 수가 없다.
취해서 반병신이 되어야
마음 편하다.

한길마다 어둠투성이들이
눈부신 대낮으로 일어서고

이 땅 한낮이 무너져서
한길마다 검붉은 흙탕물이 흐른다.

내 한평생이나
서울의 한대낮이나
너무나 취해 살아왔구나.

한밤중 어둠에 짓밟히며
서울 한길에서
굴뚝새가 다 된 고향 친구들을 부른다.

아무도 살지 않는
텅 비인 울안 같은
서울 한복판에서
서울 누이들을 부른다.

사람마다
살기 좋다는 서울만 오면

왜 열이 오르고 혈압이 터져서
나는 성한 병신이 되는가.

눈보라가 까맣게 몰아쳐 오는
한겨울 고향 벌판 같은 데서
서울 누이들을 부른다.
전라도 고향 친구들을 부른다.

大田

大田은
밭 중에서도
큰 삼밭이다.

한밭은
밭 중에서도
詩밭이다.

대한민국에
詩人들이 많지만,

大田을 지날 때면
지긋이 눈을 감는다.

손가락 꼽아보면
몇 사람이지만,

大田은
떠돌이 詩人들이 모인
서울보다 옹골지다.

木蓮 한 송이가

한밤중 뒤안 술독을
더듬더듬 찾아가는데
모 없는 돌멩이가
내 발목을 덮쳤다.

아내가 미안해서
기인 한숨 몰아쉬고,
조심조심 조심조심
술독 덮개를 열 때,

— 얘야,
　병원에는 다시 가지 마라.

세 번이나 병원을 가셨다가
끝내 술 때문에 돌아가신
30년 전
아버지의 젖은 목소리가
내 목을 껴안는다.

나는 전내기 한 사발
단숨에 꿀꺽 마시고
한숨 한 번 몰아내고,
아버지의 젖은 목소리 풀어서
또 한 사발 퍼마시다가,

오랜만에
실로 오랜만에

밤하늘 별들을 보고 있는데
누가 내 이마를 때린다.

—봄은 길어도
　내 목숨은 짧아요.

外出

쟁반 안에
노란 참외 한 개가
겁도 없이 알몸으로 앉아 있다.

한 자루
날선 果刀가
저녁 햇살에 빛나고 있다.

숨막히는
순간……

쟁반 밖에
손목시계가 가고 있다.

눈도 귀도 없는
詩人의 볼펜 한 자루가

서지도 앉지도 못하고
손목시계 옆에 누워 있다.

하루 종일
主人은
外出하고 없다.

耳鳴 · 1

대낮
한길을 가다가
우뚝 우뚝
세찬 바람소리를 듣는다.

발길을 멈추고
고개를 든다.

풀리는 三月 하늘
부신 햇살 속
葉綠素가
마악 풀리는

잔가지 끝
어린 잎새 하나
흔들리지 않는다.

耳鳴 · 2

門 밖에서
누가 부른다

자리에서 일어나
뻿적거리며 나가 본다.

四方을 둘러 봐도
아무도 없다.

한 순간
가슴속에 와 열리는
커다란 大門.

大門 밖에서
또
누가 부른다.

耳鳴 · 3

한밤중 눈 뜨면
서럽게 울먹이는
女人네의 피진 흐느낌

全身을 귀로 세우면
끊겼다가 이어지는
안사람의 애진 목소리

燈불을 밝혀
눈 쌓인 토방을 더듬더듬
안방으로 건너가 보면
太初의 꽃이다.

세상모르고 곤히 자는
아내는
내 宇宙 밖
한 송이 꽃이다.

보리밭

황량한 조선 산비탈에서
고호의 보리밭이
누렇게 익어 가고 있다.

성난 바람떼들이
누런 물결을 일으켜 세우고,

보리밭 햇살들이
금빛 물감으로 다시 쓰러진다.

보리밭 이랑마다
이삭들이 지천으로 널려 있어도,

이삭을 줍는
아희들도 아낙네도
마지막 농부 하나 없다.

고호의 보리밭이
몇 폭
조선 산비탈에 걸려
누렇게 익어 가고 있다.

올해 첫 뻐꾸기는

小學校 시절
朝夕으로 넘나든 고개를
五月의 마지막 休日
오랜만에 혼자 넘다가

三十年 前
한 의자에 나란히 앉았던
코흘리개 同窓生을 만나서
낯선 사람같이
서로 쳐다보다가
서로 조심스럽게 다가서며
血肉같이
꼬옥 잡는 손목……

우리가 손목을 맞잡고
서로 말을 잃고
얼마 동안 서서 있을 때

뻐꾹 뻐꾹 뻐꾹

우리 머리 위에서
올해 첫 뻐꾸기는

한 三十年 前
小學校의 敎室을
텅 비인 運動場을
그 五月의 푸르름을 날아 누비며

잃어버린 純金빛 記憶들을
하나 하나 물어 날으며

낯익은 포플러숲 새로
긴 생철 지붕의 빛나는
하늘 쪽을 향하여 울고 있었다.

移葬記

저승에는 門이 없더라
大門도 房門도 窓門도
그 흔한 샛문 하나 없더라.

저승에는
모든 길이 닫혀 있더라
太初같이.

할머니는
뜰 건너 아랫방에
三代 獨身 아들을 두고도

頭上이 내려앉고
이승의 恨같은
木根에 온몸이 찔려

玉같은 金같은
三代 獨子 그 아들이
까맣게 숯덩이로
消骨되어도

할머니는
한 울안 안방에 누워
世上萬事 다아 잊고
한밤중 깊은 잠속에 누워 있더라.

바늘

젊은 대낮에도
가슴 앓던 한밤중에도

어머니가 바늘귀를 꿰시던
한 平生
한마음으로

아우여!
남의 등쌀 속 등쌀의 누더기를
부끄러운 허물같이 한 겹 한 겹 벗으며
더 많은 世上을 살아가면

어머니의 크신 所望이
한 바람 실로
바늘귀를 풀려나가듯……

한 五千萬 발도 더 된
우리네의 기인 恨도
한 번은
한 바람 실이 되어
한 바늘귀로 풀려서
한 방울 한 방울로 맺힐
너와 나의 성한 피……

한 방울
그 진한 핏방울을 우러러
지금

바늘귀만한
血肉의 하늘이 열려 오는가.

吾雲 朴琮勳 先生頌

—回甲에 붙여

蓮꽃 속
구름 위에 사시다가
蓮꽃 속
부처님 웃음소리
한 올 물으시고
한 마리 새로
이승에 날아 오셔
六十 平生
부처님 웃음에
눈빛부터 갈고 닦으시며
부처님 웃음소리에
마음까지 갈고 닦으시더니
부처님 큰 뜻으로
吾雲 東山에
큰 둥지를 틀어 놓고
새 學問
새 文化
새 歷史의
새 人材를 기르시니
吾雲 先生은
蓮꽃 속 하늘보다
더 밝은
蓮꽃 속
깊은 하늘을 열었습니다.

아내의 꿈

늦가을 한밤 내 잠들지 못한다
등잔불 심지를 돋우는
아내의 거칠고 굵은 손
밤새도록 오는 빗속에 누워
나도 비를 맞는다

아내는
빗속을 뚫고
똘물소리를 타고
어두운 골목길을 빠져 나가서
들판으로 들판으로 내달린다.

볏단마다 뿌옇게 뜬
줄가리와 바라리의
젖은 이삭 속에서
아내의 꿈은 오직
한 모개 성한 이삭으로
찬비를 맞다가
물에 잠겨 싹튼 볏알 속에서
오직 한 알 속눈을 뜬 채
內臟이 타는 불비를 또 맞는다.

아내가 一年 내 가꾸어 온
純金빛 아픈 꿈
그 꿈의 금싸라기들이
가을장마 쭉정이로 여무는 들판

아내의 꿈은
속눈을 뜨고 피가 돌아
四肢가 生動하는 허수아비로
忿怒의 장대를 처음 겨냥하여
비 오는 하늘 수 없는 구멍을 뚫고
흠박 비에 젖는 아내
그 맨살의 惡寒 속에서
내 가슴도 비를 맞는다.

望夫石歌

이제 불을 밝히자.

내 全身에 도는
뜨거운 지아비의 피로
발돋움 발돋움하고 일어서서
두 귀를 쫑기어
忿怒의 눈을 뜨고

더 높이
더 멀리
불을 밝히자.

몇 百年을
바다로 풀린
지아비의 품에서
하루같이
풀린 지아비와 함께
살아온 밝음으로

뭍 안에
지아비를 두고
딴 사내와 눈을 주고
하늘 아래
지아비를 두고

딴 사내와 몸을 푸는
어린 지어미들의 밤……

아아
이제 불을 밝히자.

漢拏山

1

마흔이 넘어서 간
濟州島

平生을 닦았어도
山을 보는
내 눈은 아직 흐린가

머무는 사흘
漢拏山을 찾아도
濟州島 안에는 없어라

手帖을 펴
地圖를 보면

濟州島에서
한복판에서 발돋움하고 일어서는
漢拏의 靈山

2

돌밭길에서
漢拏山을 물었더니
할아방 손가락이 가리킨 것은

山이 아니라
뿌연한 비안개

눈을 씻고
또 씻고 보아도
뿌연한 비안개

비안개로 풀린 漢拏山을 탄다
나도 비안개로 풀려 타고 또 타도
물소리, 새소리, 바람소리뿐
뿌연한 비안개 속.

3

길을 잃고 헤매다가
白髮 老人을 만났다.

老人이 가리킨 지팡이 끝에
흐드러진 백모란밭
한창 무지개로 풀리는 햇살

구름으로 풀린 漢拏山을
무지개로 풀린 漢拏山을
타고 또 타도
끝내 얼굴을 볼 수 없고

아아 허망하여라
마지막엔 텅 비인
하늘뿐.

4

世上엔
제 얼굴을 가진 사람은
한 명도 없어라
열 개의 탈로
열 번 속이고 속은
俗人들의 흐린 눈을 피해서
靈山은
언제 바다로 내려갔는가
이젠 싯퍼런 싯퍼런 물로 풀려서
잡것들 잡것들을
더욱 더 얼씬도 못하게
四方에 성난 파도를 치고 있었다.

장마철 · 2

내 房
한 구석
새로 바른 壁紙
달 넘어도 마르지 못한 채
눅눅히 썩고

지난 봄
내 肉身의 한 部分같이
내 부끄러운 尿道 속에 숨어서
내 肉身을 노리던 尿石같이
내 靈魂을 노리던 不安같이

낮은 처마 밑
밀보리 가리까지 숨어서
밀보리 다발까지 숨어서
밀보리 이삭까지 숨어서
밀보리 낱알까지 숨어서

맹물 같은 것이
맹랑하게
피고름으로
썩고 있을 때

한 마당 가득 쏟아지는
한나절 땡볕
農家의 所重한 금싸라기.

頌 又雲 先生님

又雲 先生님은
花川里 진흙벌 蓮꽃 속으로 오셔
한평생 故鄕을 떠나시지 않고
한평생 故鄕 진흙을 주무르시며
德載山 뻐꾸기도 한 食口로 거느리시고
河川 江 풀꽃들도 이웃같이 사랑하시더니
淨土 七峰 정기 뻗은 이 고장 새싹들이
回龍 東山 꽃덤으로 피어 우거지니
又雲 先生은 하늘같은 마음으로
여름철 한가뭄엔 단비로 내리시고
가을엔 금빛 햇살로 열매를 익히시네.

行方

한종일
얼굴도 모르는 도둑의 行方을 찾아
한밤중까지 쫓아가면
한밤중 깊은 꿈속에서
대낮
殺氣 등등한 그 도둑에게 쫓기는
나는
작은 나비로 탈바꿈하여
싯퍼런 싯퍼런 江물을 날아서
풀꽃 속에 아슬아슬 숨었지만
도둑은 눈 깜짝한 사이
부리 긴 새가 되어 쫓아오고
나도 사나운 매가 되어
부리를 차고 하늘로 솟구쳐 올랐지만
도둑은 또 百發百中의 화살이 되어
비구름 밖 벼랑 끝 둥지 속에 숨은
내 行方을 쫓아오고 있다.

바위의 노래

잘라 간
내 四肢를 다오
불꽃 튀는 눈깔 뽑고 숯덩이 박고
쫑기는 두 귀엔 불기름 붓고
혓바닥 뽑아 대못질하고
천둥으로 사무친 피진 외마디
黃土땅에 뿌리박은 아픔 몸부림
마지막 모가지를 용틀어
내 가슴속에 처박고
피 흘리는 自殺로
내 숨줄을 졸라 뺀 者여
네 얼굴 보는 대낮까지는
바위로 化石한 숯덩이가
다시 갈리어 炭가루 되고
또 다시 엉켜 烏石이 되어도
숨 막혀 굳어가는 全身으로
비수보다 날카로운 날카로운
한 개의 살촉을 갈고 갈리라.

우리 집 南天에는

뒷 울안 언덕에는
느릅나무 아래 쭉나무
쭉나무 아래 파리똥나무
파리똥나무 아래 가새뽕나무
가새뽕나무 아래 치평나무
치평나무 아래 대나무
대나무 아래 옻나무
옻나무 아래 개나리
개나리꽃 아래 오랑캐꽃까지
저마다 저승 같은 어둠을 피하며
南쪽으로 남쪽으로 뿌리들을 내리고 있다.

그 아래 뒷 울안에는
아내가 朝夕으로 드나드는 장독대
장독대 위에 석류나무
석류나무 위에 앵두나무
앵두나무 위에 자두나무
자두나무 위에 대추나무
대추나무 위에 복숭아나무
복숭아나무 위에 사과나무
사과나무 위에 배나무
배나무 위에 감나무
감나무 위에 은행나무
은행나무 위에 살구나무
상구나무 위에 푸른 하늘까지
저마다 빛을 向하여
決死的으로 더 밝은 빛을 向하여
南天으로 남천으로 가지들이 뻗고 있다.

因緣說

옷자락만 스쳐도
前生의 因緣이란 佛家의 말
이승에서도 錦繡江山
山水 좋은 井邑에서 태어나
우리 內外가 된 것은
얼마나 갈고 닦은 前世의 業報인가.

허나
十萬이 넘는 內藏山 人波 속
당신을 찾는 일은
이승에서
山도곤 높은
바다도곤 깊은
佛供을 쌓지 않았다면
만날 수 없을 것이다.

들뜬 사람들 어깨에 가리어
실성한 웃음소리에 가리어
발악하는 노랫가락에 가리어
흩날리는 落葉에 가리어
우리 서로들 몸에 가리어
平生 한 번도
부처님 보지 못한
우리는 만날 수 없을 것이다.

味元봉지로

뒷울안 사과나무
南天 눈높이 실가지 끝
탱자만한 사과 한 개를
사이에 두고

눈보라 눈보라 치는
깊은 三冬.

눈을 맞으며 조용히 웃고 섰는
아내는 비닐봉지 속
빨간 사과 때깔보다 더 예뻐라.

우리는 더 추울 大寒節을 위하여
味元봉지로 한 겹 더 完璧하게 싸주고
꽁꽁 언 北쪽 응달을 돌아 돌아서
생솔가지 지핀 안방으로 갔다.

갯마을

갯마을은
한 개 모래알까지
비린내로 자라간다.

맨 처음
바위를 안아다가
주추를 묻고 움을 치던……

祖上들의
가쁜 숨결
절은 땀내음과

젊은 아내
모라지물 터지는
건강한 비린내로

꽃을 피우고
가지마다
열매가 익어 가는

갯마을은
꽃바람에도
젖내음이 풍겨 온다.

井邑詞

百濟 한 女人네
마지막 속울음 하나
統一新羅때
흙 속에 묻히더니
高麗때
꽃덤 속 풀꽃으로 피어나
피멍진 李朝 불바람 속에서도
스러질 듯 스러질 듯
반딧불로 피러 남더니
千年 뒤
井邑골 靑瓷 하늘에
百濟의 눈짓으로 웃고 있어라.

續·井邑詞

꽃불로 꽃불로
內藏山 물까지 불타면
俗人들은
뜨거워 미쳐버린다.

반쯤은 옷을 벗고
반쯤은 실눈을 감고
반쪽백이 神仙이 되고
반쪽백이 仙女가 된다.

神仙은
귀절벽 지아비 되어
벼랑 위 구름 속에 앉아
神仙峰 들어다가 갈고 쪼아서
한 개 옥가락지 만들고,

仙女는
눈 먼 지어미 되어
벼랑 끝 어지러운 바람 앞에 서서
千年 前 百濟 한 女人의
피맺힌 옛 가락을
한 마리 달새로 길들이고 있다.

빈주먹

다아 다 잘 사는 世上
빈주먹 한 번 채우지 못하고
피 흘리며 살아가는 病身이지만
한 平生
마음속 깊이 깊이 숨겨 온 사람
어느 날 한 번쯤 서로 만나서
가난하지만 不正하지 않는
텅 비었지만 부끄럽지 않는
빈주먹을
빈주먹으로
더욱 가득 가득 채우며
어느 酒幕집
불붙는 꽃소주로
메스꺼운 五臟을
헹구고 헹궈내노라면
우리는 아직 한낮인데
布帳 밖 世上은 저물고
큰 주먹 속
피진 어두움.

全景

밖엔 大寒節
한종일 오는 진눈개비.

큰놈들 틈에 쐐기같이 끼어
막내년도 熱心히 그림을 그린다.

한 사내의 全景.

그 사내는
鶴보다 가는 모가지를 꺾인 채
제 얼굴을
제 가슴팍 깊이 처박혀 있고

금시 터질 듯한
올챙이배만 살아
門구멍 햇살에도
깜짝 깜짝 놀라고

四肢는
바람개비 네 날개
四方으로 도망치고 있다.

까치

굴멧산 돌아
공골다리 건너면
生鮮처럼
사철 갯비린내 절은
水利組合.
日帝 때 심은 뜨락
아름드리 벚나무 둥지 속
까치 內外는
오늘 반가운 慶事라도 있어
두메마을
큰집 찾아 봄나들이 갔는가
기척이 없다.

東學革命紀念塔

황토재 하늘에 솟구친
東學革命記念塔을 우러러본다.
구름 속에
반쯤 얼굴을 가린 斗升山을 본다.
塔身 끝에 지금도 불타고 있는
民主主義의 횃불.

나를 塔이라고 말하지 마라
그것은 짓밟힌 者의 憤怒의 化身
그것은 塔이 아니라
趙秉甲의 가슴팍에 꽂힌 槍이다.
貪官汚吏의 모가지에 꽂힌 칼이다.
外敵을 꼬여드린 姦臣輩들의 등골에 꽂힌 살촉이다.

塔身에는
그날 綠豆將軍의 뜨거운 피가 돌고
배들 農民들의 징소리가 들린다.
그날 萬石洑 農民들의 피진 喊聲이 들려오고
ㅡ除暴救民ㅡ
全琫準의 殺氣서린 肉聲……

百姓을 울린 벼슬아치들은
나를 보지 마라
내 힘은 靈驗하려니
나는 네 이마에 꽂힐 들창이고
나는 네 가슴에 꽂힐 들칼이노니.

金山寺

눈 오는 한겨울 밤
호호 손 불며 詩를 쓰다가
母岳山 칡을 씹는다.
弟子가
눈 속에서 名藥으로 캐 온
팔뚝만한 암칡
껍질을 벗기면 하얀 속살
입안 가득 번지는
雀舌茶香
한참 씹으면
한 百年쯤
옛날을 사는 錯覺의 즐거움.
눈 쌓인 벌판에
성큼 건너 온 母岳
울안에 낭랑한 金山寺
老僧의 念佛소리
大佛 앞에 合掌하고
三代 獨身 아들을 祝願하시는
할머니의 젊은 얼굴이 보인다
환히 보인다.
방안에서도
四十年 前 金山寺의.

요즈음은

요즈음은
食口들도 眼中에 없다.

終日 찾아 헤매도
나를 만날 수 없다.
내가 없는 世上은
살수록 더 시들하다.

요즈음은
農協 倉庫 처마 밑에
起居하면서

빈 깡통마다
봉선화, 분꽃, 맨드라미
이름 모를 풀꽃들도 심어 놓고

ㅡ사람이 그리워
　사람이 그리워ㅡ

헌 철망쥐덫 주어다가
병아리도 한 자웅 키운다는……

中年 거지가 구겨버린
俗된 歲月 속에서
그 거지가 살다 남긴 人生을
代身 사는 마음이다.

나이

후드득 후드득 늦가을 비
뿌연한 뿌연한 비안개.

山이 떠내려 가고
山따라
먼 聖堂 十字架가
철새되어 날아간다.

모든 것 다 숨어버리고
저승같이 텅 빈 벌판길
가던 길 잠깐 멈추고 서서
시린 빗물을 훔쳐내며

남의 나이처럼 오랜만에
생각해 보는 내 나이
마흔 아홉이던가
쉬흔이던가.

후드득 후드득 늦가을 비
뿌연한 뿌연한 비안개.

霜降節

마음이 텅 빈 말
나는 꽃나무를 산다.

다 큰 애들이 추워 보이고
緩衝地帶 큰애가 생각나고
막내년이
지어미 흰 머리카락을 가려 뽑는
霜降節
食口들도 읽지 않는 詩를
한平生 성한 피 쥐어짜며 쓰다가
가슴 한 번 펴지 못한
내가 너무 서운할 때
그래서
사는 것이 부끄러운 날은
한나절을
꽃집에 서성거려도
끝내 꽃이 될 수 없는
내가 너무나 서운할 때
꽃나무를 산다.
이 가을
부끄러운 비인 자리
철 지난 꽃나무를.

木花밭

출근길에
앞집에 들렀더니
저승과 이승은
한 울안 한 방이더라.

한 방에서
이승 사람들과 악수하고
저승 어른께 下直인사했지.

청상과부로
또 젊은 홀며느리를 데불고
우리 大門 앞 오두막에 사신
八十 넘은 老人네.

꽃 핀 봄날이나
마음 내키신 날은
퇴근길에 인사하면
生佛같이 앉아 계시다가도,
몇 번쯤 풀기 없는 눈웃음을 보내며
고개를 끄덕이어 주신……

그런 날 밤
나는 저승의 하얀 밭을 헤맨다
30년 전 어머니의 木花밭
40년 전 할머니의 木花밭.

脈

살아있는 것이란
풀 한 포기 없는
허허한 벌판에
한 줄기 샘물이
맨 처음 솟을 때,
그 물방울 속에
열리는 하늘,
山이 일어서고
한 송이 꽃이 피고
한 마리 새가 날아오고
한 목소리가 들리더니,
이 山河
모든 脈이 되어라.

사람 찾는 詩

사람일은
사람밖에 모른다
世上에서 제 마음
제가 제일 잘 알듯이
한平生을 가꾸어도
꽃나무는 너무 착해 사람일은 모른다.

故鄕도 떠나면
모든 他關이 되고
헤어지면 사람들은
사람들을 잃어버린다.

世上이 다아 다
나를 잊어버려도
어느 대낮
피 흘리며 쓰러진
내 詩를 다시 일으킬
어느 한 少年을 위하여
한밤중
마지막 血書를 쓰듯이
사람 찾는 詩를 쓴다.

비안개

후드득 후드득 늦가을 비
뿌연한 뿌연한 비안개.

山들이 떠내려가고
山 따라
먼 教會堂 十字家도
철새되어 날아간다.

모든 것 다 숨어버리고
저승같이 텅 빈 벌판
가던 길 잠간 멈추고서
시린 빗물을 훔쳐내며

남의 일처럼
생각해 보는 내 나이
마흔 아홉인가
쉰이던가.

후드득 후드득 늦가을 비
뿌연한 뿌연한 비안개.

땟국

시골 사람들도
철따라 물물이 서울을 오르내리더니
소금기 아닌
땟국에 얼간이 다 들었다.

눈같이 희게 바란
玉洋木 치맛자락에
흙탕물 튀어 배이듯
애들도 땟국으로 얼룩져 간다.

봄이 오면
가슴팍 피가 듣도록
땟국 절은 살갗까지
밀어내고 싶다.

내 洋服

눈 떠
壁을 바라본다.

옷걸이에 단정히 걸려 있는
어제 입던 洋服.

耳目口鼻 성한
얼굴이 있으면 얼마나 좋을까
四肢가 달렸으면 얼마다 좋을까.

내 진한 피로
가득 채운 萬年筆 한 자루
안주머니에서 비수처럼 살아 번득이는
내 洋服.

나는
부끄러운 부끄러운 알몸으로
모가지가 꺾이고 누워 있다.
四肢 잘린 바위같이

滿員버스 속에서

비오는 世宗路
滿員버스 한 구석에
밀리고 떠밀려서
死色이 다 된
옛 시골 恩師를 만났을 때,
人事도 못하고
世上이 좁다고 한탄하며
얼굴을 들 수 없었는데,

어른들 틈에
쐐기같이 박혀
등나무같이 꼬고
四肢가 섞바뀐
시골 제자의 질린 얼굴
내 罪 같아
억울한 내 罪 같아
부끄럽고 분함에
떨고 있다.

歸路

저승 같은
징역살이가 풀리면
막걸리나
서너 대접 마실 거나.
거나하면
酒母한테
이 빠진 잔 하나 얻어서
저 하늘이나 한 대접
퍼 가지고 가서
기인 긴 밤을
감추어 온
이승 속울음이나
鶴이 될 때까지
행궈낼 거나.

종달새 소리

어제 막소주 쓰린 속을
햇쑥국 몇 숟갈로 달래고
시오 리 출근길
洞口 앞 어지러운 江을 건너면
아침 햇살로
막 金箔이 끝난
눈부신 벌판
해마다 봄이면
어머니 눈웃음은
이승 언 땅을 뚫고서
지천으로 솟아오는데
한平生
마음 놓고 한 번 울지 못한
어머니 속울음은
다아 다 돌멩이로 굳어 갔는가
내 이마 위에
피멍지게 쏟아져 내리는
종달새 소리
종달새 소리.

吊曲

나이 부끄럽고
詩가 어렵구나.

뒤우란 陽地쪽
민들레 눈짓.
밟혀도 짓밟혀도 죽지 않고
땡볕에 날 새우며 일어서는
애들의 돌멩이.
한밤중
한 하늘 달빛에 부서지는
떼 잃은 雁行의 피진 외마디.
한平生
하나도 보지 못하고
하나도 풀지 못하고
하나도 듣지 못하고
어찌 성한 詩를 썼다 하랴
어찌 성한 詩人이라 하랴.

나이 부끄럽고
詩가 두렵구나.

覺

어릴 때
山들은 하늘보다 높았다.
쭉나무 가지 끝 까치둥지가
내 손에 잡히고
山들이 눈높이로 내려앉고
내 가슴속으로
흰 구름은 모이고 모여
神들이 내리는 靈峯까지
들어앉아 살더니,
어느 가을 아침
한 순간,
거울 속 半白이 실눈을 떠
바늘귀만한 門구멍으로
거울 밖 世上을 볼 때
山들은 제자리에 그냥 서있고
어릴 때,
심은 마당귀 銀杏나무 한 그루
하늘보다 더 높았다.

井邑까치

—宋東均 詞兄에게

井邑까치 한 마리.
아직도 피 흘리는
東學의 하늘
반가울 일 하나 없어
어데로 날아가고
빈 둥지만 남더니
30年 매운재 바람에
거덜 난 죽지로 다시 날아와
푹 삭은 옛 둥지를
달빛으로 얽어 짜
이승의 빗바람 반쯤 막고
한밤중 우는 외마디 까치소리를
百里 밖
깊은 잠속에서도
나는 分明히 들었다
30年 前
井邑까치 소리를.

연실

선달 그믐날
살얼음 하늘에 떠 있는
윈장연, 고양이연, 가오리연
내 가슴속에 열려 오는
어린 날 하늘.

他關에 떠돌다가
半白이 되어 돌아온
허리 잘린 故鄕 하늘엔
연꼬리 하나 없고
연탄 매운 잿바람
高速道路 殺氣서린 쇠소리뿐.

어릴 때
풀어 줄 연실이 없어 돌멩이 차다가
洞口 앞 팽나무 가지 끝에 걸린 연을
끝내 잃어버리고 잠을 설치던 날 밤.

내 연은 밤새 퍼더덕거리다가
꿈속에 날개가 돋아
한 마리 鶴이 되어도
흰 구름 속으로 날아가지 않고
내 가슴속에
다시 둥지를 틀더니,

쉰이 넘은 나도
연실이 짧아 돌멩이 차다가
낮은 故鄕 하늘만 맴도는가.

저 불타는 것들에

어머니,
추운 三冬을 견디고
밟혀도 짓밟혀도
봄 내 무성한 들길 잔디까지
이제 불타고 있습니다.

꽃들은 망울 속에서 시들고
텃밭 고추들은
日帝 末 할머니 얼굴로 풀 죽었습니다.

저수지는 모두 바닥이 나서
애장골 天水畓들은 거덜 나고
뒷산 뿌리 깊은 나무들도 갈들었습니다.

어머니,
저는 너무나도 매말라서
地下水 水脈 한 줄기 없고
어머니 같은 단 젖줄도 없습니다.

저 불타는 것들에
제 남은 핏줄을 대주고
동맥경화로 죽어가는
山河 한 뼘이라도
제 성한 肉身으로 가려주소서.

不安

비오는 날에는
아슬아슬 물구나무서서
무릎까지 솟구쳐 올라오는
흔들리는 빌딩들을 굽어보면서
불개미떼한테 쫓기고 몰리는
티끌 같은 市民들을 내려 보면서
껄 껄 껄 혀를 차면서

대머리 仁旺은
헤아림 깊은 할아버지같이
뒤로 뒤로 물러나 앉으시며
개구쟁이 손주놈들
불장난이라도 보듯이
껄 껄 껄 혀를 차시면서
지긋이 눈을 감으시다가도
비안개로 얼굴을 가리시다가도

비 갠 날 꼭두새벽에는
요놈들이 요놈들이 요놈들이
간 밤 배앓이나 개곳불이나
무슨 病이라도 없는가
성큼 門 밖까지 다가와서
長安을 굽어다보시는
不安한 아침.

달

酒母도 없는
바위백이 酒幕집
팔처럼 둥근 멍석에서
뚝배기보다도 더 큰
버텅대접 막걸리를 마시다가
子正께 돌아오는 길에는
온갖 잎새마다 달이 되더라.
대숲에는
달이 은장도 되어 뻔쩍거리고,
각시풀에는
달이 은방울 되어 딸랑거리고,
종려잎에는
달이 全州 合竹扇 되어 사운대고,
하얀 사금팔이들이 빤짝이는
앙상한 고샅길에는
달이 할머니 눈웃음같이 빛나고
반쯤 찢긴 텃밭 비닐하우스에는
달이 解體된 기계 부속품처럼
속치마 다 벗고
뽀오얀 아랫배를 드러내고 있더라.

外四寸同生

兄이라야
보리밥 몇 그릇 더 비웠을 뿐
同甲잿이 外四寸同生이
불쑥 학교로 찾아왔다
10餘年 동안 消息조차 없고서
이웃에 제 血肉을 두고서.

빨갛게 익을 대로 익은
단내 절인 딸기코,
줄곧 실눈을 뜬 채
반쯤은 生時이고
반쯤은 저승잠에 취해 있었다.

창 밖 불지른 철쭉들은
지짐거리는 봄비 속에서
더욱 더 붉게 타고

棺 속 같은 긴 복도에서
우리는 할 말을 찾느라고
진땀을 뻘뻘 흘리며
10년 20년 30년 전
저쪽 하늘을 헤맸다.

同生은 구름 속에서
『차비가……』
낱말 하나를 全身으로 건져냈고,
멍청한 나는 호주머니 다 뒤져서

『5,000원』 때 절은 종이쪽 한 장을 건져냈다.

부끄러운 부끄러운
쉬흔 하나
어느 봄날 오후.

高3

高3짜리 막내가
운동화 뒷축 구겨 신었다고
선생한테 한 대 쥐어 박히고
燒酒한테 몇 대 더 얻어맞고
밤늦게 흥얼흥얼 취해 돌아왔다.

理髮師가
제 머리 제가 못 깎는다던데
그래서, 나는
半生 더 남의 애들만 가르쳤는가
할 말이 分明 있을 것 같은데
끝내 나는 할 말을 잃고
뜬눈으로 지새는 한밤중
뒤척이는 한平生의 아리고
시린 등이 보인다.

오늘도 할 말을 藥으로 삼키고
애비의 체통을 짓이겨대며
또 남의 애들을 위하여
십리 길 出勤하는 아침
부끄러운 고개를 들고 보니
감나무 가지마다 살타는 감들이
눈부신 햇살 속에 웃고 있다
감도 제 철이라 빨갛게 익는가.

高3짜리 막내놈도
철이 들면

興夫네 지붕 달덩이 박같이
제 속이 꽉꽉 들어차겠지……
감나무 가지 끝
살얼음 같은 파란 하늘 한복판
겨울 참새 한 마리
살아있는 銀箔으로 박혀 있다.

빈방

날개가 돋으면
다 날아가고
둥지만 남는다.

이 房
저 房
門 열어 봐도

다섯 놈들
얼굴 하나 없고
귀 익은 목소리만
밤바람 소리처럼
내 가슴벽을 뚫고 간다
유리창 아침 햇살같이
다시 소곤소곤 모인다.

무슨 소린가
기울여 봐도
빈 소리
빈 房
내 가슴은
텅 빈 벌판.

한여름 내 꽃밭에는

금싸라기 같은
기나 긴 봄날을
訃音보다 짧은
便紙 한 장 못 받고
電報보다 짧은
葉書 한 장 못 쓰고
줄 것 받을 것 다 잃고
世上 멀리 혼자 있구나.

저렇게 무엇을 열심히 쓸까
막내년 어깨 너머로 훔쳐 본
편찰지 한 모에 핀 예쁜 풀꽃
몇 송이 꽃밭에 옮겨 가꾸다 보니
개나리도 살구꽃도 다아 지고

한여름 내 꽃밭은
막내년 풀꽃만 우거지고
그늘진 꽃밭 언저리
풀꽃보다 더 억센
뱀쑥, 질경이, 바라커, 각시풀, 쇠물팍
꽃도 없는 雜草들이
反亂을 일으키듯이
서로 팔짱을 얽어 짜고
제놈들 멋대로 얼어서고 있다.

새막

詩人 宋河璇 집에 갔더니
작년에 없던
새막이 하나 생겼더라
벼 한 포기 없는
都市 한복판
새 쫓을 일도 없으련만
새막을 지었더라.

새야 새야 全羅道 녹두새야
어데로 다들 날아갔느냐
새가 보고 싶어 지은
詩人의 새막
새 한 마리 날아오지 않고
이 땅
매운재에 취한 詩人들이
응얼진 詩를 울먹거리며
새가 되고 싶어
막소주를 마신다.

참새

벌판에
새 한 마리 날지 않는
새해 새 아침.
東河 畵伯이
안방에서 키워 보낸
참새 한 자웅.
등걸 없는 梅花
잘린 가지 끝에 앉아
봄이 와
마당귀 梅花 다 지고
뒤울안 살구꽃이 흐드러져도
울 듯
울 듯
울지 않는다.

週末

사금셋방살이
손바닥만한 뜨락에도
週末 같은
봄이 왔는가
週初에 내린 단비가
푸릇푸릇 속잎 되어
生氣 도는 아침.

채마밭 머리
洋屋집 白木蓮
몇 송이 터지고
佛經을 든
素服한 젊은 女人이
굳게 닫힌 門을 열고
外出을 한다.

웃음말씀

— 대흥사에서

물소리 젖은
푸른 솔바람 소리

스님은
商街로 내려가고

날더러
한 가락 뽑으라고

빈 法堂
부처님 혼자 웃는다.

참말로
웃음말씀이다.

答狀 · 1

한 닷새 끙끙 앓다가
또 코피를 쏟다가
비몽사몽 눈 뜨면

머리 맡
湯藥 주발과
洋藥 봉지와
便紙 몇 통.

또 다시 까무라치면
내 詩들은 모두 白紙되어
棺 속 보공으로 쌓이고
남은 빈 구석 채우는
뒷산 뻐꾸기 소리.

아직 뜯지 못한 便紙는
저승으로 가져가서
한 30년 뻐꾸기 소리로
靈驗하게 잘 길들여서

어느 기인 봄날
손바닥만한 아파트 난간
삐걱거리는 등의자에 앉아
실눈으로 세상을 살아가는

老 詩人의 졸음 속에서
故鄕 뒷산 뻐꾸기처럼
잘 울게 길들여 보내야지.

答狀 · 2

—서울 누이들에게

서울 누이들아
네 올캐는
病院藥도 챙겨 놓고
湯藥을 다려 놓고
피문어와 대추도 고아 놓고
수박 참외들도 사다 놓고
農藥통을 메고
고추밭에 나갔단다.

나는 집을 지키며
한나절
빈 울안을 다섯 번이나 돌았다
빨갛게 불타는 사루비아
너무나도 깔끔하고 예쁜 튜울립
꽃대궁이가 훤칠한 글라디올러스
洋꽃 덤 속에
분꽃도 피었구나
봉선화꽃도 피었구나
옛날 너희들의 얼굴처럼
왠지 핏기 없고 가엽구나.

지나간 숱한 보릿고개를
쑥죽이나 풋대죽으로 끼니를 떼우고
먹지 못해 든 속골병에
어지럼병을 앓으면서도
한반중까지 길쌈을 해서
내 학비를 대주던 서울 누이들아

갓핀 분꽃, 봉선화꽃 앞에 서면
속 아린 눈물이 핑 도는 구나
배고파 풋오디까지 따 먹던
빈 뒤울안을 돌아다니다가
뒷산 쑥국새 소리와 이마를 부딪치면
목구멍이 콱콱 메어 오는 구나
풀숲 속 베짱이 바딧소리를 만나면
속울음이 울컥울컥 터지는 구나.

애들이 없어 실컷 울 수가 있어
얼마나 마음 편안한가
食口들한테 항상 구박받는 내 눈물
나이가 들수록 더 헤퍼진 속눈물

서울 누이들아
너희들이 보고 싶어 눈물짓는다
德載山 타는 노을 속 先山 오솔길로
한 발자국 한 발자국 멀어져 가는
너희들은 쓸쓸한 내 뒷모습을 보고 있느냐.

杏堂洞 그늘진 언덕에서
발돋움 발돋움하며 보고 있느냐
典農洞 바람받이 바위산에서
눈 부비며 보고 있느냐.

西歸浦 들찔레

韓箕八 詩人이 사는
西歸浦로 가는 어느 갯마을
들찔레꽃들이
누이들 얼굴로 웃고 있더라.
짠물 먹은 뿌리
돌담 속에 대못같이 박고
불붙는 땡볕에 숨 막힌
돌무더기도 두루 덮으며
지천으로 피어 웃고 있더라.
달덩이 같은
洋장미 시샘에 풀 죽더니
새마을運動으로
왼통 뿌리까지 뽑혀
서로 업고 안고 팔짱을 끼고
全羅道 東津江 흙탕물에
무더기로 무더기로 떠내려가더니
어느 억센 손 하나가
성난 떠돌이 바다에서
耽羅로 끌어다 떠밀어 올렸는가
돌무더기 속 너럭바위에
억센 뿌리 시멘트못같이 박고
서울 장사꾼 틈에서 떠밀리지 않고
잘 사는 서울 누이들 눈짓으로 웃고 있더라.

노을

시작도
끝도 모르는
길을 가다가
무릎이 저리고
허리가 휘청거리어
고개를 들고
四方을 돌아봐야
人家 하나 없는
벌판 한복판

바람을 깔고
바람을 덮고
어스름 속에
선잠 한 숨
잠시 들고 나면
핏빛으로 핏빛으로
불타는
西域 하늘.

小曲 · 1

1 갈증

멀고 먼
길을 가다가
하늘 한 번 보고
시린 두 손으로
물 한 모금
갈증을 풀고 나면
한 사람
이승도 끝나는가.

2 하늘

한겨울 눈총에 쫓겨
하늘을 보면
더욱 눈이 시리다
무엇을 더 볼 것인가
그저 푸른 하늘인데…….

3 머리칼

측간 한 구석
거미줄에 매달려
까맣게 빛나는
머리칼 하나.

측간 시멘트 바닥
시린 살얼음 속
하얗게 빛나는
머리칼 하나.

小曲 · 2

1 빈집

한가을
빈집을 보고 있으면
세상 살 맛이 없다.

이것도
전생의 업인가
이승의 징역살이인가

하루 종일
집을 지키며
곰곰 생각해 보면

世上엔
내가 없다.

2 마음

사람은
실뿌리 하나로 산다.

世上 다 주어도
내 실뿌리 하나만 못하다.

실뿌리 하나

잘 다스리면

世上은
다 내 것이다.

3 물

물을 보고 있으면
무섭구나.

살아온 한平生이
부끄럽구나.

살아갈 歲月이
어지럽구나.

물을 보고 있으면
물로 한 번 살고 싶구나.

4 피멍

쉬흔이 넘어서
잠 든 아내의 발톱을 본다.

아픔을 감추고 사는 것은

가슴에 멍이 드는가.

웃고 산다는 것은
얼마나 쓰라린 것인가.

아내 발톱에 든 피멍이
내 가슴 같구나.

5 하늘

항상
텅 비어 있지만

항상 가득차 있다.

6 새

大門 밖에
나갈 일 없다.

世上은
투성이 天地

피투성이 되어 살까
어둠투성이 되어 살까

나는
땅을 떠서

끝없는
하늘을 날아가는
한 마리의
새.

오랏줄

이 山河 恨은
풀 수 없는가.

저승 門까지
쫓나가서

맺힌 恨
풀고 오면

더 감기는
恨의 오랏줄.

宿直

子正 종소리 속에 숨어
흔들리는 天井을 본다

도둑들이 문 열고 오면
내가 소리칠 수나 있을까

요즘 내 生活보다
더 밝은 형광등.

물구나무 선 天井에
사철 흐드러진 풀꽃들을

눈 쌓인 三冬
한밤중에 혼자 본다.

그 풀꽃덤 속에서
눈 익은 꽃을 보았다

어릴 때 본 흔한 풀꽃인데
끝내 꽃이름은 알 수 없다.

手術臺에서 · 1

내가 手術臺에 오를 때
혹시 죽을 지도 모른다는
엉뚱한 생각이 들었다.

外科 課長이 시키는 대로
手術臺 위에 반듯이 누워
두 눈 부릅뜨고 둘러보아도
아는 얼굴 하나 없고
하얀 가운에 하얀 모자 하얀 마스크를 한
宇宙人 같은 사람들이
나를 둘러싸고 분주히 움직이고 있다.

하얀 가운으로
마지막 내 얼굴을 덮을 때
나는 석 달만 더 살고 싶었다.
해서
내 草稿集 속에 가둬 두고 온
詩語들까지
제 故鄕 제 하늘로 풀어주고 싶었다.

아니, 아니
나는 3년만 더 살고 싶었다.
위로 네 놈들 숱한 卒業式에는
한 번도 가주지 못했지만
막내년 대학 졸업식에는
좋아하는 꽃 몇 송이 사 들고
애비로서 꼭 한 번 참석하고 싶었다.

그리고, 욕심 같아서는
新婚旅行은 고사하고
한平生
旅行 한 번 함께 못 떠나고
궂은일 속에 파묻혀 늙어버린
아내의 작은 所願인
3泊 4日의 旅行도 꼭 가고 싶었다.

手術臺에서 · 2

한낮이냐
한밤중이냐
누가 내 목을 죄느냐
숨 막혀
눈을 부릅뜨면
온 食口들은 발돋움 발돋움하고
내 얼굴을 우러러
대낮 해바라기같이
고요히 고요히 도는구나.

도망가자 도망가자
手術臺의 땅끝까지
이승길이 막히면
저승길로 도망가자.

도망치다가 쓰러져
눈을 감으면
부처님의 끝없는 손바닥 안
한 송이 蓮 꽃 속에 누워 있으면

내 食口들은
이승에서도 저승에서도
쓸모없는 내 이름만
목메어 목메어 부르는구나.

待機室에서

— 망보는 사람에게는
　時間이란 얼마나 게으름뱅이냐

40년 전 中學生 時節
어느 雜誌에서 읽던
한 句節이 울컥 생각한다.
그래, 人道主義 作家라던가

다섯 달 전
醫科大學 綜合病院에서
쓸개는 매운 재로
九天에 펄펄 날렸으니

오늘은
하느님 綜合病院에서
기다리고 기다리는 저승 같은 時間
불붙는 毒한 막소주나
한 댓병 마시고

아버지는
당신의 한平生
피땀으로 자갈땅을 주물러서
찰흙을 만들었지만……

나는 헐어빠진 간뎅이나
차지게 노골노골 짓이겨서
全羅道 全羅道
검붉은 黃土땅 한 주먹 만들거나.

病後 閑日

못방울 소리
산골아실 天水畓으로
기어 올라온다.
아내보다 더 좋아하던 술
살려고 참아 왔지만
궂은비 개고
오늘같이 淸明한 날은
앞 大門 열어 둔 채
뒷문으로 뒷골 새참판에 가서
淨土峰 쑥국새 소리
마른안주 삼아
農酒나
한 서너 대접 마시고 올거나.

烏竹의 노래

살아있구나
살아있구나
바람 부는 한 世上을.

속울음이
스물두 해 삭고 삭아
응얼진 어머니 恨같은
검은 매듭한데
사철 목덜미 잡히고

온몸이
까맣게 피멍든 채
허리가 휘갈리고 꺾여도
한평생
마음 굽히지 않고

한 그루
烏竹으로 살아왔구나.

仙鶴

—曺斗鉉 詞伯님 華甲에

三〇년 저쪽 歲月 속에서
서울 가는 緩行列車 차창으로
이리역 炭가루 다북히 쓰고
잿빛 두루미 되어
솜릿들 질펀한 수렁배미에서
무엇인가 열심히 쪼아내는
한 마리 鶴을 보았나니…….

四方을 두리번거리다가
몇 걸음 자리를 옮겨보다가
世上에 무슨 큰일이라도 있는가
깜짝깜짝 죽지를 퍼덕거리다가
더러는 발돋움하다가
긴 목을 뽑아 외마디로 울어도,

30년을
큰 배미 한 번 넘보는 일 없고
山 너머 江물이 한가람 흐르는
기름진 푸른 벌판 찾아서
이웃들이 하나 둘 떠나가도
잠시 동안 멍하니 쳐다볼 뿐,
눈 팔지 않고
수렁이 자자지고 실금이 가도
솜릿들 수렁배미 하늘만 비잉빙 도는
눈빛보다 하얀
한 마리 仙鶴을
오늘 하얀 구름 속에 보나니…….

멍석

한여름 洞口 밖
팽나무 그늘
둥근 멍석 위에서

백발 할머니가
아가와 재롱부린다.

아가가 웃으면
할머니도 웃고

할머니가 웃으면
아가도 웃는다.

아가는 백 살 할머니 되고
할머니는 한 살 아가가 되고

사르르 사르르 잠이 든
世上과 머언 하늘마을.

한낮 그늘까지 불태운
땡볕도 살살 비껴가고

하얀 뭉게구름 속으로
둥둥 떠오르는 멍석 안에서

한 쌍 무지개가
피어오른다.

하느님의 기도

하느님, 살려주세요
제 심장은 처음부터 구멍났대요

병원마다 다 가봐도요
의사 선생님은 별같이 많아도요
아무도 아무도 고칠 수 없대요

하느님, 살려주시거나요
제가 빌고 있는 시간예요
새 심장 하나 만들어주세요
하느님은 만들기도 하고요
하느님은 부수기도 하고요
세상을 마음대로 하잖아요

하느님, 살고 싶어요
하느님, 살려 주세요

아아, 한밤중 골고다언덕에서
한국의 가난한 한 少女가
예수님 푸욱 삭은 발목에 매달려

달빛으로 풀리는
고운 열두 살
고운 열두 살.

旅行

한낮에도
기적소리를 들으면
3등 완행열차 여행을 떠나고 싶다.
내 少年時節의 꿈.

허나,
여행 한 번 훌쩍 떠나지 못한 채
내 靑春도 가고
내 人生도 가고
끝내 여행 한 번 못 떠나고

生活의 오랏줄에 사지가 묶여
故鄕 10리 밖을 떠나지 못했다.

잠깐 툇마루에 눈 팔고 서서
먼 산을 보며 서성거릴 때,

청춘에 피멍이 들고
不惑에 얼비쳐 지나가고
서가에 들어와 詩心에 잠겨
몇 밤을 뜬눈으로 지새고 나니
知命도 지나가고
耳順이 내 눈썹에 걸려 있다.

잠 못 이루고
이 새벽 코머거리 엔진소리를 들으니,

올 농사일에 한 삼년 쯤 더 늙어버린
아내의 가을걷이 끝나면,

아내와 함께
미루다가 한평생 못 떠나
내 少年 때 떠나고 싶던
여행을 꼭 한 번 떠나고 싶다.

秋夕 · 1

우리 집 꽃들은
비실비실 누워 있다.

봉숭아 맨드라미도
크라디우라스도 사르비아도

다아
病骨이 되어 누워 있다.

秋夕날 아침
비실비실 뜰에 나가
혼자 하늘을 본다.

가을하늘은
멀리멀리 날아가고 있다.

秋夕 · 2

올 사람
하나 없어도

애들의 빈 방까지
치고 닦고 싶구나.

마당 구석구석
다 다아 쓸고 싶구나.

내가 열 살 때
少年이 되어

어머니 말씀대로
어지러운 구석을 쓸어 놓으면

대목장에 가신
아버지가 다시 오실까.

올 秋夕에는
울안을 쓸고 남는 時間

大門 밖
다 쓸고 싶구나.

찰떡감 몇 개가

井邑 山內나
山外面에서 나오는
아침 市內버스는
사람 손님보다
감자루 손님 풍년이다.

된서리에 취한 빨간 감들은
마대마다 칡넝쿨로 꽁꽁 묶여
통로나 비인 구석에 처박혀
푸대접 받기 마련이지만
紅柹들을 안고 이고
上席에 시할머니 모시듯
시중이 지극하다.

산바람들은
정류장까지 나와 몇 바퀴 휘휘 돌고
市內버스가 떠나면
오던 길로 되돌아간다
간간히 물소리 가랑잎 소리도
뒤따라간다.

젊은 技士 앞 유리창에는
山內 산비탈에 선 아름드리 감나무
큰 가지 끝 잔가지 하나
30리 밖 泰仁골까지 뻗혀서
주먹보다 큰 찰떡감
몇 개가 익어 가고 있다.

서운한 말씀

둘째 딸래미가
겨울 햇살을 빚어 멍석을 짠다.
멍석 한복판 목다리 의자에 앉아
千五百원짜리 理髮을 한다.
千원은 이발비
五百원은 출장비
外上 理髮을 한다.
팁은 西洋에나 가서 받아라.

두 달 넘은
病院 生活에서
제 멋대로 웃자란
雜草덤 더벅머리.

딸애의 가윗소리에
1984년 마지막 추운 달과
새해 첫 달이 한순간 잘려 나가고
사랑채 스레이트 지붕에서
하얀 눈더미가
내 진한 눈물로 녹아내린다.

무릎 위에 쌓이는
흰 머리칼을 무심히 보고 있을 때

－흰 머리는 가볍다
　멀리 날아가니 조심해라

한 주먹 소금을 뿌리는
아내의 말
한 뼘쯤 남은 餘生이
시들시들 간국 속에 눕는다.

不眠症 · 1

아홉 번째 불을 켠다.
아내는 저승 꽃밭에서 노래하며
애들을 잊고 지아비도 잊는다.
百里 밖 하숙방 문 열고 들어가
이름 부르며 흔들어 깨워도
아무 놈도 일어나지 않는다
애들도 제 아버지를 몰라본다.
서울 누이들 담장 안을 기웃거린다
大門을 열고 들어가
방마다 한 바퀴 휘돌아 나온다
역시 누이들도 오빠를 모른다
조카들도 하나뿐인 제 外三寸을 몰라본다.

아홉 번째 불을 끈다.
오랜만에 先山을 찾아가
할머니 젖가슴을 더듬어 본다
한 줌 흙이 시린 손끝에 잡힌다.
어머니 무덤 위에 곤히 잠든
억새풀을 흔들어 깨우다가
내 무덤 안으로 들어가 본다
두 눈을 부릅뜨고 누워 있다
지어미 棺 속을 엿본다
아홉 번 불 켤 때 본 그 모습이나
노랫소리가 들리지 않는다.
내 방으로 다시 돌아오면
초주검 되어 누워 있는 나.
숨이 막혀

열 번째 또 다시 불을 켠다.
머리맡에 남은 수면제 몇 알
머언 聖堂 새벽 종소리.

不眠症 · 2

온 집안 생쥐들이
토방에 넌 햇콩가지 속에 숨어
밤새 제 것처럼 갉아먹는다.
불을 켜고 窓을 열면
인모들은 그림자도 없고
만삭된 꺼멍이만
혓바닥을 빼 물고 물컷들을 턴다.
불을 끄고 누우면
더욱 더 기승을 부린다.
어떤 놈은
내 머리통에 실구멍 내고
내 뇌신경을 갉아먹는다.
한밤중 열두 시
새벽 한 시
새벽 두 시
세 시간 동안 끈질긴 싸움.
내가 깜박 졸면
미운 생쥐 한 마리가
나를 물어다 天井에 물구나무 세웠다가
깊은 구렁창에 밀어뜨린다.
언젠가 밟아 죽인 생쥐 한 마리는
내 성한 歲月만 가려 갉아먹는다.

멀미를 앓으며

문득 문득
마른기침처럼
눈 위에 뱉고 온
핏덩이 생각이 난다.

눈 쌓인 벌판에
또 눈이 내리고
간간히 몰아 부친 눈보라가
어릴 적 함성을 몰고 온다
파랗게 언 내 목소리도 들린다.

아랫목에 누워
少年 때 생각
가난한 詩人이 왜
대통령보다 우러러 보였던가
이젠 그런 少年들을
요즘 世上에선 만날 수 없다.

10년 동안이나
네 手足같이 아껴 가꾸어 온
地下室 소철도 종려나무도
다 잊고 있다.

안방 텔레비전 앞에서
웃고 떠드는 애들의 이름도
다아 다 잊고 싶다.

터미널에서

失性한 사람들이 모여 사는
南道로 南道로나 갈거나.
제 肉身을 갈갈이 물어뜯으며
할퀴고 쓰러지고 무너지며 다시 일어서는
피 흘리는 외딴 바다로나 갈거나.
1년 반 먹여도 새끼값 못 받고
제 등가죽 위로 뛰쳐나온
이웃집 암소 갈비나 몇 대 뽑아 들고
살기 좋은 서울 求景이나 어정어정 갈거나.

이 땅에서 고치지 못할 病이라면
차라리 콱 죽어서
李朝 時代
東西南北 큰 大門집 큰 골목들은
숨소리 발소리 조심조심 잘 돌아서
松島 상할머니 안방 속문 빗장을 따고 누워
상할아버지 글 읽는 소리
房門 밖에 울 둘러보고
밤새 상할머니 빈 젖이나 빨며

– 참말로 참말로
  高麗 땅에
  鄭夢周란 충신이 있었던가
  死六臣
  生六臣들이 있었던가 –

옛이야기 아닌 참말 들으며

하룻밤 푸욱 몸이나 풀고
천 갈래 만 갈래 설엉킨 실마리나 한 가닥 풀고
千年 머언 나그네길 따라
新羅로 가서
徐羅伐 城 밖 가난한 제 百姓들은
어떻게 다스렸는가 보고 올거나.
新羅보다 넓고도 많은 高句麗 亡한 百姓들은
어떻게 소리 없이 다스렸는가 보고 올거나.
百濟의 미운 百姓들은
어떻게 살렸는가 보고 올거나.

서러운 봄

온 세상에
죽는다고 所聞만 퍼뜨리고
죽지 않고 살아나 退院하면서
저승길보다
기인 긴 겨울이 갔다.
그리고
살아서 서러운 봄이 왔다.

나는
手術臺에서 잃은 쓸개와
兄弟들의 고귀한 피 열여섯 병과
뼛대기를 난도질한 여섯 時間

重患者室에서 잃어버린
5日間의 行方을 찾아서
음산한 病院 안팎을 몇 바퀴 돌고
영안실 쓰레기덤까지 몇 날 뒤지고 다닐 때

내 세월의 꺾인 허물을
몇 도막 보았을 뿐

아픈 상처는
다시 새살을 타겠지만
매미껍질이 다 된 나는
살아서 서러운 봄이 왔다.

막걸리 반 병 사들고

都市로 大學 간 젊은 놈들이
洞口 밖에서 꺾어버리고 온
6월의 한 도막을 다시 주워다가
한종일 방구석에서 공부하는가
데모에 시달려 放學잠을 자는가
아직도 부모들을 원망하며
한여름에 三冬을 앓고 있는가
바우백이 점방거리엔
어느 놈 하나 얼씬거리지 않는다.

고추밭 잡풀 뜨는 짐승 다 되어
두 시나 세 시쯤 돌아올
아내의 갈증을 풀어내기 위하여
막걸리 반 병 사들고
어지러운 땡볕 아래
절름절름 집으로 돌아올 때
고샅길 하얀 사금파리보다
더욱 더 빤짝빤짝 빛나는
진주 한 알을 주웠다.

— 이 세상에서
　하잘 것 없는 가장 작은 일도
　세상 어느 한 사람에게는
　산같이 큰 기쁨이 되고
　아름다운 長江이 된다는 생각을.

부질없는 생각

빈 병을 들고
酒幕으로 갈 때는
내 마음도 텅 비어 있었다.

예순이 다 되는
누님 동무한테 건강이 좋아졌다고
공술 한 잔 얻어먹고
막걸리 반 병 사들고
언덕길을 터덕터덕 내려오는 길에
남은 빈 병 속에 엉뚱한 생각이
가득 차 넘쳐 오르고 있었다.

내가 지금 아버지 술심부름하고
피살이 막 돌아오신 아버지가
물바지로 토방에 걸터앉아
옛날같이 술병만 기다린다면
뛰다가 쓰러져 또 다시 病身이 되어도
世上이 얼마나 신날까 하는 생각.

부질없는 생각이다
부질없는 생각이다
부질없는 생각을 분지르고 다시 분질러서
도랑에 버리고 또 버리면
왈칵 쏟아지는 아버지 생각
병모가지까지 넘쳐 오는 매운 눈물.

막걸리 반 병
부질없는 생각 반 병
한 병을 사들고
어지러운 어지러운 불볕 아래
아버지보다 흰 머리칼을 날리며
비틀거리며 비틀거리며
아버지 없는 빈 집으로 간다.

故鄕잠

한 뼘 반이나
뱃대기 장가르고
쓸개를 떼어 내고
病身은 되었지만
오랜만에 退院해서
한 식구끼리 모여
故鄕잠을 잔다.

내가 退院했어도
하루도 쉬지 못하고
기나긴 봄 한종일
들일에 지친
아내는 초주검이 되어
밤새 저승잠을 잔다.

나는 半病身이 되어서야
病身같이 살아온 성한 세월이
너무 허망하고 부끄러워
한 잠도 이루지 못한 채
아내의 저승잠 한 자락 끝에 누워
짧은 故鄕잠을
뜬눈으로 뜬눈으로 새운다.

歸鄕

나도 서울사람이 한 번 되고 싶어서
50餘年 동안 가난한 故鄕을 떠나
한 번 잘 살아보지 못한 것이 恨 되어
祖上으로부터 물려받은 다랑 다랑
매달린 열 마지기 天水畓과
20餘年 동안 선생질과
농사지어 사 보탠 닷 마지기 논배미를
政府米 마대 속에 싸매 들고 서울로 갔다.

서울 누이는
가진 것이란
땅 반 마지기 100평과
빌딩숲에 깔려 할딱거리는
낡은 기와집 한 채 뿐이다.

내가 짊어지고
上京한 政府米 마대 속
찰흙논 열닷 마지기 3,000평을
누이동생 집 뜰에 부리었으나
참 이상스럽게도
누이동생 집 몇 그루 나무가 서있는
庭園의 열다섯 평밖에
채워지지 못했다.

나는 하루종일
누이동생 안방에 누워
골백번 생각해 보고

몇 번이나 곰곰이 생각해 봤으나
서울 금땅 열다섯 평 갖고서는
우리 食口들이 들어앉아
겨울 서울 눈보라도 피할 수 없고
서울 금땅 못 먹는 금싸라기만 소출되고
벼농사는 지을 수도 없어
열닷 마지기의 찰흙논을 다시
政府米 마대에 퍼담아 싸매 들고
다음날 새벽 첫차로 歸鄕했다.

코스모스와 나는

누렇게 시든
雜草만 우거진 꽃밭
뿌리지도 가꾸지도 않은
한 송이 코스모스 앞에서

내가 바람에 떨고 있을 때
코스모스 허리는 흔들리지 않았다.

내가 少年으로 돌아가자
그는 예쁜 少女같이 웃고 있었다.

늦가을 오후
코스모스와 나는
한 오뉘가 된 것일까.

대문 옆
개쭉나무 잎새들은
마당을 쓸어내고

銀杏나무 높은 가지에서
순금빛 새새끼들이 바람따라
떼지어 날아가고 있다.

잠자리에 누워서야

종합병원 이비인후과
젊은 女 課長님은
특별지시가 있을 때까지
말을 해서는 안 된다고 선언했다.

한 1년 가까이
病院 生活에 불감증 환자가 되었는가
나는 남의 일같이 진 반 농 반
젊은 女 課長님 말대로
그러마고 대답했다.

— 벙어리들은
　한平生 말 않고 사는데

나는 지시하는 대로
검사실에 세 대롱 피를 빼놓고
뇌 조직검사까지 다 받고
百餘 里 집에 올 때까지
몇 번이나
혓바닥을 지긋이 깨물었던가.

나는 잠자리에 누워서야
내 목구멍 가장 깊은 곳에서
꾀꼬리 같은 肉聲 한 部分이
한순간 삭아 내려앉는 소리를 들었다.

온 肉身은 성하지만
나는 또
목구멍 病身이 된 것을 알았다.

應急室

얼굴을 왼통
붕대로 칭칭 동여맨
한 農夫가
世上萬事 다 집어치고,
한평생
침대에 누워 있다.

침대를 끌어 안고
대성통곡하다가
지어미도 또 쓰러져
옆 침대 위에 누워
응급치료를 받고 있다.

밖에는
손수레에 실려 온
두메산골 눈보라떼가
유리창을 흔들다가 가고,

대낮 응급실은
빛 한 오라기 없는
저승 어둠으로 쌓여 있다.

땅뺏기

햇살이 모인 담언덕에 앉아
갓 핀 오랑캐꽃을 가려 뽑아서
꽃목을 걸고
꽃싸움을 했어도
일어설 때는
항상 우리는 한편이었다.

질경이 고동을
한 주먹씩 뽑아서
허리를 걸고
풀싸움을 했어도
일어설 때는
항상 우리는 한편이었다.

그래도
재미없고 심심하면
길바닥에 퍼버리고 앉아서
땅뺏기를 할 때
더 많은 내 땅을 넓히기 위하여
더 큰 나라 황제가 되기 위하여

핏대를 세우고
싸움질을 하면서
엄지손가락이 찢어지도록
뼘을 키웠지만
엉덩이 흙을 털고
일어설 때는
항상 우리는 한편이었다.

內藏寺

冥府殿에 들어서면
숙연한 눈시울이 씻끈해진다.
사람이 어찌 죄없이 사랴
한 세상 지은 크고 작은 죄를
얼마나 큰 바람 속에
다 구겨 싸 담고 갈거나
삭이고 남은 한 뿌리나 아픈 허물들은
어느 가시울에 걸어두고 갈거나
울컥울컥 속울음이 터져 나온다.
秦廣大王 初江大王 담은 입가에서
어머니의 한숨소리가 들린다.
내가 한 해 동안 살아온 탓인가
손등으로 눈물로 밀어 닦으며
뒤를 돌아보면
혀를 끌끌 차며
내 등을 쓸어주는 西來峰
西來峰 우뚝 솟은 바위 끝에 걸린
하얀 구름 한 송이
內藏山을 뜨고 있었다.

부처님 한숨소리

內藏寺
大雄殿에 들러
무릎 꿇고 앉아
두 손 모아 合掌하고
어머니 소원
아내의 소원
이웃들 소원
내 소원
부처님께 하나 하나
귓속말로 빌고 있을 때
연자봉 장군봉 신선봉들은
서로 의좋게 이마를 맞대고
아무 근심 없이 앉아 있으나
바깥세상을 걱정하는
부처님 한숨소리는
내 목까지 차고 넘쳐
蓮花臺 부처님 무릎 위까지
싯퍼렇게 싯퍼렇게
깊어가고 있었다.

아픈 껍질 벗고

오는 가을에는
어데론가
떠나고 싶다.

달밤
그림자도 없이 그렇게
나도 떠나고 싶다.

바람이 될까
물소리가 될까
아픈 껍질
또 한 번 벗고

오는 가을에는
텅 비인 마음으로
텅 비인 몸짓으로
나도 떠나고 싶다.

病床小曲

—내 마음을

내 마음을
어느 산봉우리
무슨 나뭇가지에 걸까.

천 길
푸른 물속에 던져
한 백년 삭일까.

청산 골안개 속에
비안개로나 풀까.

살아서
설움으로 칭칭 감겨
큰 타래로 설엉킨

내 마음을
저문 하늘가에 걸거나.
저승 바다에 던질거나.

빈말

빈말
안 하리라.

살아 갈
歲月.

天地를
다 주어도

빈말은
안 하리라.

혓바닥을
뽑힐 지라도

빈말은
안 하리라.

사랑하는 사람은
웃어 주고

미운 사람을
껴안고 울어도

빈말은
안 하리라.

詩人의 모기

허형만 시인 모기는
한겨울도 죽지 않는다
사람들이 사는 세상에서는.

한 그물도 삼학도를 덮혀
뭍으로 뭍으로 끌어올리고
木浦 앞바다를
다 쓸어올린 큰 어망으로도
허형만 시인 모기는
잡을 수 없다.

허형만 시인 모기는
대낮 독침을 박고 있다가도
사람들의 피는
병균만 독균만 득실거리고
사람들의 살은
문드러지고 썩고 더러워서
짐승들의 성한 피만 빨아먹으며
『모기들의 유언』이
인간의 한 헌장으로
역사에 기록될 때까지
허형만 시인 모기는 죽지 않는다.

詩人

옛 聖賢들은
世上을 한 주먹 속 넣고

하늘을
손바닥 하나로 가렸다는데,

가난한 나라 俗된 詩人이라
내 이마 하나 가릴 수 없는가.

한길 아스팔트를
36도 불 붙는 땡볕들이
엿판 엿모같이
물엿으로 녹이고 있을 때,

나는
더위 먹은 짐승같이 할딱거리며
개폿집에서 막소주로
한여름 찜더위를 식힌다.

한밤중마다 가슴 앓으며
눈 팔지 않고 살아온
詩人의 한平生은,
쇠고기 반 근 헐값으로
생갈치 한 마리 값으로

쇠파리 날리는 邑內 書店
먼지 다북히 쓰고

서가에 꽂힌 詩集 속에서
한여름 惡寒을 앓으며 누워 있다.

천년, 몇 천년 살아가라

가난할 때
우애 깊은 형제처럼
의좋은 이웃 사촌처럼
서로 업고 안고
팔짱을 끼고 일어선,

내장산아 입암산아
오봉산아 국사봉아
오오, 애산이여.

고당산아 칠보산아
묵방산아 왕자봉아
오오, 상두산이여.

그리고
신이 내리는 막내동이
두승산이여.

정읍골을 병풍같이
울 둘러 선 영봉들은
정토칠봉 덕재산 천아산
서낭산 승방산 항가산 천태산
어린 산들을 다스리며,

저마다 무릎 아래 젖줄 같은
동진강 정읍천 고부천
한 두어 개씩 거느리고

그 강줄기 기슭마다
갯땅 진흙벌이라도
기름지게 주물러 가꾸며,

정읍골 조상들은
흙을 하늘로 알고
하늘을 솟구친 산봉우리와
맑고 푸른 강물을
영험한 산으로 섬기며
천년, 몇 천년을 살아왔노니

태인 정읍 고부
큰 뜻으로 합산한 정읍골 자손들아
너희들은,
미움도 싸움도 남북도 모르는
착하디 착한 들꽃이나 산새들처럼
의좋게 의좋게 가슴을 문지르며
상할아버지 상할머니 같은
정읍골 산하를 우러러 섬기며
천년, 몇 천년을 살아가거라.

선달 그믐날

1년 내
죽은 듯이 엎어져
가슴 앓던 고향도
섣달 그믐날이면
칭칭 감긴 수족이 풀리고
성한 피가 잘 돌아나가는가.

골목들이 꿈틀꿈틀 살아나고
뒷산들은 발돋움하고 일어선다.
텅 비인 집들도 덩달아
깊은 잠에서 깨어 눈 비비며
제 품안에 둥지 치고 새끼 낳고
살다가 떠나간
제 식구들을 기다린다.

저승도 대명절이 있는가
어머니는
저승 문밖에 서성거리며
스물 일곱 살 때,
이웃 마을 마실이나 가듯
집을 나가서
35년이 지나도 오지 않는
이승의 큰아들을
기다리고 있다.

꼽사춤

세상에
성한 몸뎅이가 서러워서,
누더기 같은 가난조각들이나
이 땅의 구석구석
설엉킨 恨덩어리들을
매듭 풀고 잇고 또 사리어서
감고 또 감고 또 다시 감아서
흥부네 지붕 달덩이박보다
더 큰 서러운 타래를 만들어
핫저고리 속 제 등에 업으면
성한 허리 꼽추등이 되는가.

성한 병신들 병신들 되어
천한 네 발 짐승같이
어기적 어기적 기어다니며
종로나 광화문 네거리에서
한바탕 신들린 꼽사춤이나 출거나.

한겨울 배추밭에
푸욱 썩어 문드러진
전라도 배추포기들을
핫저고리 속 제 등에 짊고
한양에 올라가서
억울한 농민들 피진 속울음타령이나
높은 나랏님들 심심풀이로
여의도 노다지판 광장에 가서
꺾이고 뒤틀리는 온 몸뎅이로
한바탕 미친 꼽사춤이나 출거나.

父子之間

痛哭하고 싶을 때…….

제 四肢를
갈갈이 물어뜯다가,
바다 속에 내려앉은
하늘을 물어 흔들다가,
깎아지른 절벽에
제 머리통을 쳐받다가,
포말로 산산이 부서지면서
온 몸으로 울부짖는
바다가 그립다.

군 복무를 마치고
몇 달 방구석에 처박혀 있더니
몇 밤을 지새며 끙끙 젊음을 앓더니
공부는 죽어도 하기 싫다고
대학을 꺾고 꺾고 또 꺾어
시궁창에 내동댕이치고서
알몸으로 알몸으로 집을 떠났다.

子息이란 무엇인가
父母란 무엇인가
父子之間의 거리는
한 천리 쯤 되는가
바다 건너 한 만리 쯤 되는가.

밤새
젖은 한숨을 뒤적거리며
뜬눈으로 기인 밤을 새우고
일요일 아침
바다로 가는 直行버스를 탄다.

애비 마음을
분지르고 분지르고
또 분질러서 버리기 위해
온 몸뎅이로 미쳐 울부짖는
성난 바다를 찾아
휘청거리며 휘청거리며
바다로 가는 直行버스를 탄다.

除夜

묵은해와
새해가
한 點上에서
석바뀌는 이 한밤중…….

호남고속도로는
꽁꽁 언 채로 누워 있어도
한 잠 곤히 시드는가.

허리가 동강 난
德載山, 東津江, 泰仁 벌판들은
제정신이 돌아와 흐느끼는가.

세상을 제 뜻대로
살아가는 것은
歲月 하나뿐.

지난 크리스마스 밤
聖堂 돌계단 짐승처럼 잠든
누더기 걸친 눈 먼 늙은 거지여.

이 밤
내 영혼의 안방에 누워
그대 평화롭게 잠들고
아아
나는 눈뜨고 있다.

滿月

金民星 華甲記念會詩集
『파도가 밀려간 뒤』
출판기념회에 갔다가
詩人의 詩的 答辭까지는
참으로 기분 좋더니,
정원 여기저기
젊은이는 젊은이들끼리
하객은 하객들끼리
문인들은 문인들끼리
교수들은 교수들끼리
더러는 수인사로 옮겨 다니며
상머리보다 푸짐하게 둘러서서
주거니 받거니 흥들이 겨워
성한 사람들끼리 권들을 할 때,
나는 더 이상 病身이 되지 않기 위해
먼 邊山半島를 바라다보며
애꿎은 포도알과 비린 오징어만 씹었다.
女子보다 좋아하는 술
단 한 잔 마시지 못하고
오뎅국물만 몇 공기 마셨다.
풀리지 않는 갈증을
마른 혓바닥만 쭈쭈바처럼 빨며
서운하게 돌아오는 고향 들판에서
아아 떨어지는가 솟아오르는가
몇 해만에 처음 본 滿月 하늘을
우리 집 大門 옆
쭉나무 가지에 걸어 놓았다.

破紙 한 조각으로

새벽까지
한 잠 이루지 못하고
삽날에 동강난 왕지렁이처럼
뒤치락거리다가 엎치락거리다가
天井을 보고 있으면
흔들거린다 기웃둥거린다.
房 전체가 흔들거리다가
내 全身이 기웃둥거린다.

한平生
살아왔다는 것이 무엇인가
남편으로 잘 못 살아왔구나
애비로도 제 구실 한 번 못했구나
아아 이 땅의 詩人으로도 실패했구나.

3년째 끝내 脫稿를 못하고
어느 날 갈기갈기 찢어서
저문 江물에
뿌려버린 未完成의 詩
그 詩의 破紙 한 조각으로
지금 성낸 파도 위에
나는 떠돌고 있다.

삭아서 없어져라 고함지르면
더욱 두 눈 부릅뜨고 일어서는
破紙 한 조각에
피로 얼룩진 내 詩語들.

— 일어서라
  詩人아
  詩人아.

바람

1

심 봉사가
눈뜨는 순간
청이는 보이지 않고
바람의 얼굴들만 보였다.
심 봉사는 기절하여
일어날 수 없었다.
하늘은 온통 누렇고
세상은 바람소리뿐이었다.

2

다시 눈을 떠보니
심 봉사는 한 살 먹은 老人
한평생 눈멀고 살다보니
속눈만 더욱 더 밝아져서
크고 작은 세상만사
다 덮어 두고도
실바람 꼬리까지 보인다.

3

심청이를 몰고 간
南京 뱃사람 바람이 보이고

심 봉사 영혼을 훔쳐 간
뺑덕어미 사타구니도 보인다.

한양을
한 올가미로 동여맬
포승줄로 일어서는
불바람도 보인다.

바람만 아니라
풀잎 끝에 걸려 있는
실바람 소리도 다 보인다.

4

심 봉사는
다시 눈을 감았다.
桃花洞 비탈에 매달린
심 봉사 토막집 뜨락을 밝힌
한 그루 살구나무 꽃구름이
바람받이 언덕 빈집에서
심청이 대신 웃고 있다.

이웃四寸들아

하루종일
제자들한테 빈 수작하고
이골 난 광대처럼 억지 웃고
눈 쌓인 강둑길을 돌아오다가
배꼽을 내놓고 오줌을 깔긴다.
취해야만 사는 이 땅의 객기일까.

아아, 살아 있었구나
눈 속에서도 일어서는 흙
기지개를 펴는 어린 풀빛
실눈 뜨고 있는 종달새 소리.

눈 속에서도
언 뿌리를 얽어 짜고
三冬을 밀어내는 이웃四寸들아
눈감고 귀막고
스스로 혓바닥 대못질하고
살아온 이웃四寸들아.

이 땅 가난심줄보다 질긴 질경아
고운 삼단머리 쪽 올리고
시집 한 번 못 간 각시풀아
흉년에도 먹지 못하는 뱀쑥아

이 한겨울 눈속에서도
용케 살아있구나
너희들도 죽지 않고 살아있구나

천한 백성처럼 살아있구나
영하 30度
이 땅의 혹한 속에서도.

大屯山 酒母

酒母와 내가
이야길할 때,
大屯山은
죽은 듯이 엎드려 있었다.

왜정 때 이야기를 하다가
6·25 난리 때 이야기를 하다가
요즘 세상 이야기를 하다가
우리가 말을 잇지 못하고 있을 때,
大屯山 골짜기 물은
일제히 일어서며 울었다.

밖에는
눈물같이 지점거리던 이슬비가
이제 작살비로 퍼붓고,
빗속에 갇힌 나는
酒母의 歲月 속에 갇힌 나는
酒幕을 떠날 수가 없었다.

큰 애는 국군에 보내고
둘째는 의용군에 보내고
지아비와
형제를 몽땅 잃어버린
酒母는
오는 秋夕에는
한 놈이라도 올지 모른다고 했다
울컥
어머니가 보고 싶었다.

大芚山 비안개

山들이 일어선다
비안개 속에서 일어선다.

나는 한 방울 이슬로 스러져
낮은 곳으로 흘러가는데,

大芚山은
발돋움하고 일어선다.

골짜기를 타고 거슬러 올라가면
등골타고 흐르는 이 시린 물소리
즈믄 해 때 묻지 않는
풀벌레 소리, 산새들 소리
어떤 사람이
천년 외마디
제 목소리를 욕하랴.

달빛 밴 이슬 같은 물소리 따라
구겨지지 않게 마음으로 싸들고
大芚山을 내리면
내 마음 가득 차고 넘치는
물소리 바람소리 새소리뿐
大芚山은
비안개 속에 오간 데 없다.

우두머리

우두머리가 되어라
우두머리가 되어라
이승에서
제일 슬기롭고 멋진
우두머리가 되어라.

新羅보다
高句麗보다
더 영험한
百濟의
우두머리가 되어라.

이 山河
한밤중보다도
더 깜깜한 먹방에서
수없이 허물을 벗고
아픔으로 응어리진
네 가슴팍이 무너질 때,

全羅여
우리들은
다 함께 불칼을 꽂자.

우두머리가 되어라
우두머리가 되어라.
천 개의 꼬리보다
한 개 우두머리가 되어라.

葬送曲

한겨울 入院해서
뱃대기를 난도질하고
반병신 되어 퇴원할 때,
봄은 나보다 한 발 더
앞장서 왔구나.

오래 비워 둔 방
뿌연한 먼지 털어 내고
쌓인 먼지, 신간물, 청첩장 부음 등
겉봉만 대충대충 보고
머언 山을 바라보며
한숨을 몇 번 몰아쉰다.

흩어진 책들을
제자리 찾아 꽂으며
오랜만에 실로 오랜만에
어지러운 내 방을 치우다가,
성할 때 마신
2홉 짜리 소주병 한 개,
제자리를 찾지 못하여
서성거리고 있을 때,

이승의 밝은 찬가에 떠밀려
종합병원 중환자실 긴 복도에서 듣던
장송곡의 한 소절 속에
빈 소주병을 들고 가는
내 뒷모습이 언뜻 보였다.

허벅지까지
눈 쌓인 山河
꽃소주에 취한 눈보라가
요령을 흔들며 흔들며
喪主 하나 없는
하얀 꽃상여로 가고 있었다.

간국물에

한낮 자지러지게 우는
뒷산 뻐꾹새 소리를 들으며
흰고무신을 끌고
주막으로 올라간다.

담배 따는 일과
고추 따는 일이 한물이라
주막집 술꾼들은 없다.

비안개 속에
빗질을 하고 나온
뒷산과 마주 앉아서
막걸리 몇 잔 대작하니
세상은 다 젖어 있다.

마을 내려가는
고샅길도 젖어 있고
시내로 되돌아가는
버스도 젖어서 갔다.

4代가 살아온
고향도 젖어 있고
내가
들고 가는 두부 두 모도
간국물에 젖어 있다.

당부

잡것들아
잡것들아.

서울 가서는
빚지지 말고
가난하지 말고
새끼들 잘 키우고,
성한 뼈 으스러지도록
막노동이라도 해서
배불리 먹고
기죽지 말고
잘 살아라 잘 살아라.

너희들이 두고 간
빈집들이 모여 사는
시골 고향 걱정 말고,

아직은
두 다리 성한
이 땅의 한 촌시인이
스러질 듯 스러질 듯
절름거리며 살고 있으니,

고향 걱정 말고
서울 가서는
두 주먹 불끈 쥐고
잘 잘들 살아라.

貫革

내 가슴팍은
왼통
화살자국 투성이.

한평생
한방에 살면서
젊어서부터
수없이 뚫고 간
아내의 화살.

애들도 다 커서
제 방문 걸어 잠그고,
시집들 가고
일터로 떠나서
한 시름 놓았더니,

십리 밖에서
백리 밖에서
오백리 밖에서

쏘아 올린
화살마다 的中하여
삭은 벌집이 다 된
내 가슴팍은
찰흙으로 시멘트로

아무리 막고 막으려도
三冬의 추운 눈보라를
막을 수가 없구나.

배접

어머니는
추위가 풀린 이른 봄에는
한 해 동안
금이 간 큰 항아리
작은 독까지 다아 태를 매셨다.

아버지는
늦가을 일을 다아 끝내고
꼭두새벽마다
이엉을 대여섯 장씩 엮을 때면
살성이 나빠 저녁상이 끝나면
밤이면 으레
손가락, 발뒤꿈치까지 배접을 했다.

기름때 쩔은 목침 위에
내 헌옷 성한 베쪽을 찢어
보리밥풀을 짓이겨
생피 나는 손가락마다
배접을 하였다.

아내는 요즘
들일에 손가시가 돋으면
저녁상머리에서 손톱을 다듬고
손가락에 대일밴드로 배접을 한다.

초가을 바람에도
삐걱거리는 내 울안 버금을

배접해 주고
동여맬 사람이 그리웁다.

대여섯 뼘 남은 여생

스물두 살 때 심은
은행나무 아래에 서서
태인 칠보면 멀리 눈 덮인
노령산맥을 바라보고 섰다.

아름드리 은행나무는
큰 가지 잔가지 실가지까지
마른 잎새 하나 없이
섣달 알몸으로 떨고 있다.

덧옷을 벗어 큰 가지에 입힌다.
양복은 작은 가지에 입힌다.
내의를 벗어 실가지에 입힌다.
이제는 실오라기 하나 감기지 않고
내가 발가벗은 채로 서 있다.

지긋이 고개를 들어서
섣달 하늘을 바라본다.
목화송이 같은 함박눈이
온 하늘 가득히 쏟아져 온다.
내 마음은 춥지 않다.

대여섯 뼘 남은 여생
한눈을 팔지 않고
한 개의 詩語로 갈고 갈아서

중환자

내 고향
성한 여인네들은
해묵은 속앓이를 앓고 있다.

이 산하는
死海로 범벅이 되고,
나라에 큰일이 일어나면
활화산으로 불타오른다.

허리가 동강나고
성한 사람들 가슴팍들이
모두 활화산으로 불타고 있는데
이 땅의 성한 사람들이 어찌 있으랴.

사람들은
저도
제 식구들도 모르는
깊은 골병이 들어
중환자실에 누워 있다.

활화산이 활활 불타고
이 땅 성한 여인네 가슴팍들은
또 빙하로 꽁꽁 얼어 간다.

淨土山 · 1

淨土山 비탈
파란 솔밭 속에서
시내버스가
커다란 물강구같이
마지막 구비를 기어 나온다.

日帝 末期
맨발로 10리 길
소학교에 다닐 때,
한낮에도
으슥한 골짜기에서는
여우들이 울고,
노루새끼들이 뛰어다니던 솔밭
지금 커다란 짐승같이
시내버스가 기어 나온다.

下學길 돌아올 때
논두렁과 밭두렁을 헤매며
주먹이 터져라 뽑은 삘기를
山길 한복판에 펴버리고 앉아
우리들이 까먹고 있을 때,

이 골짜기에서 저 골짜기로
날으며 우는 뻐꾸기떼들
낮은 가지에서 높은 가지로
높은 가지에서 낮은 가지로
우리들을 맴돌던

내 유년으로 뻗친 山길은
이제 시멘트 포장 속에 꽁꽁 묻히고,

시내버스가
지금 커다란 물강구같이 기어 나오는
허리가 동강난 淨土山에서
뻐꾸기 한 마리가 울고 있다.

淨土山 · 2

內藏山
斗升山은
그만 두고,

서울 누이동생들
안반 빈 구석에
옮겨줄 거나.

淨土山
솔바람 소리
쑥국새 소리

저녁 징소리
노스님 염불소리
부처님 미소까지

정읍 청자 하늘로
한 겹 한 겹
곱게 곱게 싸서

淨土山
그대로
옮겨줄 거나.

저승

하늘을
보아라.

한복판에
빛 한 올이
날아가고 있다.

눈부시면
속눈으로 보아라.

이승과
저승은
한 마을인데,

산 사람은
水陸 萬里 밖
江 건너
마을이다.

햇볕

감나무 잎새들만
빨갛게 물들인

우리 집 햇볕은
쓸모가 없다.

감꽃들은
모두 다 헛꽃으로

개구쟁이들
금목걸이 되더니,

백 평 넘는
한가을 뒤우란을

똘감 몇 개
빨갛게 익힌

우리 집 햇볕은
쓸모가 없다.

女人

全州 初喪집에서
점심 한 술 얻어먹고
漢江을 넘으니
날이 저문다.

한 女人의 한 平生도
오늘로
이승의 해가 저문다.

가난한 한 詩人의
뒤우란 풀밭 속에 묻혀
이름 없는 풀꽃같이
平生을 살아온 女人이지만,

來日부터는
이승에서 아무도
다시 만날 수 없다.

산새

耳順을
바라면서부터
이를 닦으며
아침마다
버릇처럼 쳐다보는
아름드리 은행나무.

33년 전
문학소년 시절
내가 泰仁 詩亭 뜨락에 심은
은행 한 알이
저렇게 巨木이 되었는가.

오늘 아침
세숫물 속에
깊이 가라앉은
내 앙상한 몰골을
낯선 사람처럼
오랫동안 바라보다가
고개 들고 시린 하늘을 쳐다보니,

은행나무 제일 높은 잔가지 위에
알몸으로 떨고 있는
산새 한 마리가
깊은 생각에 젖어 있다.

살아온 세월이
너무 짧아서일까
날아갈 하늘이
너무 멀어서 일까.

배추밭을 보며

1986년 세밑
全州로 가는
직행버스 창가에 앉아
井邑 北面을 지나다가
한겨울 강추위 속에서
겉살은 다 썩어 내리고
노란 속살까지 얼부푼 채
누워 있는 배추밭마다
그득한 배추들을 볼 때
울컥 눈시울이 뜨겁다.
싯퍼런 비수보다
가슴속 분노가 일어선다.

지난 늦가을이나 초겨울
김장독에 가득가득 채워져
지금쯤 간맞게 잘 익어서
우리들의 평화롭고 즐거운
아침저녁 식탁 위에
폭김치로 다시 살아나서
우리들 식욕을 돋우어야 할
저어 배추들이

씨앗값은 고사하고
배추밭마다
무더기 무더기로 썩어
폭삭 망해버린
주인들이 생각난다.

배추밭을 모질게 짓이겨버린
보이지 않는
검은 복면 속
큰 얼굴이 생각난다.

일제 말기 때가
울컥 생각난다.
한 점지기가 넘는 옥답을
골병들게 농사지어
왜놈들 왜놈들한테
공출로 씨나락까지
송두리째 다 빼앗기고
겨울부터 絶糧이 되어
눈 쌓인 三冬을
시래기죽으로 연명하고
기진한 봄날은
푸새나 쑥죽으로 살아가면서도
해마다 해마다 빚을 지고
곱빼기 색거리만 늘어나서
일제 말기 때
폭삭 망해버린
아버지 생각이 난다.
온 식구들이 알몸으로 떨던
1944년 세밑
왜놈들 왜놈들
마지막 겨울이 생각난다.

姑從同生

하늘이
너희들 눈썹에 걸려 있지 않느냐
고종동생도 다 같은 사촌인데
형은 한 해 두 번이나
저승길을 돌고 돌아왔어도
너희들의 얼굴은 한 번도 볼 수 없구나.

돈에 눈 팔고
눈 팔고 서성거릴 때
금싸라기 같은
한평생은 가고,
눈 깜짝할 새
꿀꺽 숨져버리면
저승에선 한 푼도 쓸모없는
뜬 구름같이 부질없는 것을
안방 가득히 채우려다가
너희들도 이제 知命을 넘었는데
이 한겨울
돈만 가지고 춥지 않느냐.

혹시
알몸으로 떨고 있을까
형은 병상에 누워서
성한 너희들 걱정을 한다.

떠돌이

푸른 하늘에
한 가락 노래가 흘러간다

내 어릴 적 꿈도
흘러가고 있다.

耳順을 바라도
떠돌이 人生

한겨울
둥지 없는 벌새처럼

한平生
떠돌고 있다.

아내

아내는
새벽부터 밤중까지
밤이슬에 젖어 산다.

종일 비가 오가다
개는 틈에도
그냥 밤이슬에 젖어 산다.

밭이랑마다 불타는
한여름 대낮에는
왼통 구슬땀에 젖어 산다.

밤중에야
젖은 허물 벗고
저녁 몇 숟갈
드는 둥 마는 둥
시글시글 시글시글
저승잠에 젖어 잔다.

나이가 들수록
어머니를 닮아 간다.

눈보라

詩人의 뜨락
눈보라매가 울부짖고 있다.

두엄자리에서
비닐자락들이 너풀거린다.

꽃밭에 몇 포기 시나대가
허리를 꺾이고 있다.

이 땅
한 詩人이

깊은 三冬 속에
떨고 섰다.

朱奉求 詩人

朱奉求 시인은
눈 쌓인 한겨울에도,
고향만 생각하면
한여름 풀냄새가 난다고 했다.

어릴 때,
하늘같이 높던 五峰山이
고속도로에 허리가 두 동강 나고,
대한민국 농지대장에도 없는
국도 연변 기인 갈치배미가
태인인터체인지에 산 채로 짓깔려
일흔이 넘은 아버지 대신
밤마다 가슴이 무너진다고 했다.

20여 년을
농촌에서 도시로
도시에서 산중으로
갯바람 드센 항구로
타관살이를 하여도.

朱奉求 시인은
五峰山 응달 풀냄새가 난다.
풀뿌리에 설엉킨
황토배기 흙냄새가 난다.

탈춤

탈 하나 없는 못난 백성들은
두 눈 딱 감고 엎어져서
병신노릇이나 잘하며 살 일이다.

한종일 한양 한길을 헤매어도
벼슬아치들 탈 속에는
사람 얼굴 하나 없다.

탈 속에 탈, 탈 속에 탈,
탈 밖에 탈, 탈 밖에 탈,
탈 위에 탈, 탈 위에 탈,
탈 아래 탈, 탈 아래 탈.

李朝는 탈놀음을 하다가
모두 탈들이 되었다는데
어느 탈귀신들이
호리병 속에 숨어 남았는가
한낮 한길 한복판에서
저문 벌판 하루살이 무리처럼
탈들이 탈춤을
성한 사람들 미치게 추고 있다.

年賀狀

몇 해씩 묵은 카드
예쁜 그림들을 오려서
年賀狀을 만든다.

하늘을 다시 못 보고
故鄕에도 돌아가지 못하고
종합병원 영안실 손님으로
꼭 갈 줄로만 알았는데
다시 살아서 돌아온 해부터
年賀狀을 만들기 시작했다.

나이 예순이 다 되면서
청승맞게 그런 짓을 다 한다고
애들한테 핀잔을 받지만,
해마다 세밑이 되면
나는 年賀狀을 만든다.

한 10년 전
떠돌이 부부 도장쟁이한테 판
세 개 범벅 낙관을 하고,

빈 자리에는
지난 해 감사와 은혜
새해 행운과
山 같은 건강 가득 담고 채워서
그리운 사람들을 위해

새밑 꽁꽁 언
내 山河
눈 시린 하늘에 띄운다.

누이동생 안방에 누워

행당동 누이동생 안방에 누워
30년 전
후암동 바람소리를 듣는다.
바람소리 속에
향긋한 풀빵 냄새가 난다.

누이동생은
자정이 넘도록
바람받이 포장마차 속에서
막노동자들이 파랗게 얼어
돌아가는 막장까지
뜨끈뜨끈한 풀빵을 굽는다.
한 개 5전 짜리.

20년 저쪽 일이라
30년 전 저쪽 일이라
안개 속같이 가물가물 어지럽다.
구름 속같이 아슬아슬 어지럽다.

나는 누이동생 안방 아랫목에 누워
3층짜리 두 채를 쌓아 올린
빨간 벽돌보다 더 많이 구워 낸
누이동생 풀빵을 생각한다.

눈보라가 까맣게 몰아 부치는
후암동 한길에서 한밤중까지
한 10년 풀빵만 구워 낸

능란한 솜씨로
3층 두 채를 한 해에 지은
누이동생의
가슴 아픈 젊은 세월을 생각한다.

內藏 血楓

단풍 속 여인들은
모두 다 仙女가 된다.

1年에 百萬이
술렁대는 國立公園
15만 넘는 관광객들이
俗世를 한 아람씩 안고 와
內藏寺 뜨락까지 덮쳐도
大雄殿 부처님은
하루 종일 실눈으로
西域 노을빛 웃음만 웃으시고,
內藏山 물속까지 불타면
물 속 돌멩이까지 불타면
國立公園 이름도 부끄러워 불탄다.
낮은 가지에서 산봉우리까지
빨갛게 새빨갛게 불타오르는
內藏山 血楓은
한여름 흐드러진 빨간 장미꽃덤이다.
섣달그믐 한밤중 타오른 불꽃덤이다.

極樂

世上사람들이
俗世를 떠나
먹구름 몰고
內藏山
極樂으로 밀려가는데,
大雄殿 부처님은
蓮花臺를 떠나
雜것들 雜것들
供養을 피하여
禪雲寺 밖
구름 속에 걸친 兜率庵으로
성큼 건너가
黃海에
面壁하는 한나절에도,
부처님은
俗世로 내려가서
돌밭을 일구는 소애비에게
淨土를 한 뙈기 더 붙여주고,
텅 비인 뜨락
서속다발 속에서
來年 씨이삭을 가리는
白髮 老婆의 멍석 안에
토담집 極樂을 세우고 있다.

受賞 所感

祝賀葉書
祝電들이
내 빈 뜨락에
철지난 落葉같이 날아든다.

發信人 이름들을 보다가
들판 멀리 노령산맥을 본다.
한평생 보아도
제 얼굴빛 한 번 변한 적 없다.

눈 쌓인 벌판에
벌새 한 마리 날지 않고
응달 속에서
한 30년 詩心을 앓다가
눈멀고 귀절벽이 되었는가.

賞받는 것도
다 남일같이 시들하고
한 詩人이
또 무너지고 있다.

참말

세상에서
말이 제일 곱다지만,
참말은
비단보다 더 곱다지만,
사람들은
말들이 너무 많구나.

할 말만 꼭 해도
모자란 사람의 평생을,
말 많은 세 살이라고
부질없는 말을
나도 너무 많이 했구나.

올해는
빈말은 뿌리째 솎아내며
할 말도 조금씩 줄이며
엄마 품속에 누워
예쁜 말하는 아기같이,

마음도
조금씩 조금씩 비우면서
살고 싶다.

기러기

—문창현 선생 화갑에

비인 터에
꽃밭 일구고
몇 그루 花木을
신고 옮기고 솎으며
雜草를 뽑아내고
비지땀으로
한平生 가꿔 피운
몇 송이 꽃들에 취하여
눈 팔고 서성거리다가
손발이 시고 아리어
허리 펴 눈 씻고
바깥 世上을 보니,
해는
西山에 걸려 있고
눈 시린 저문 하늘을
기러기 한 마리
날아가고 있네.

눈감고

사람 사는 世上에
어찌 성한 세월뿐이랴만,

탁한 거울을 볼 땐
울컥 분노를 느낀다.

世上에 없던
내가 거기 있구나.

그 뒤통수를
돌멩이로 칠거나.

그 얼굴에
칼을 꽂을거나.

눈감고 그냥
빙빙 돌아서 간다.

藝脈의 長江되어

井邑 山河는 神의 눈짓으로
숨 타고 피가 잘 돌아
生成하는 한 폭의 山水圖

하늘을 솟구친 靈峯들은
구름 속에 얼굴을 가리고
俗人들의 눈을 피하여
밤낮 조금씩 자라다가도
한밤중이면 발아래로 내려와서
자갈밭이나 갈대숲을 일구어

井邑골 자손들이
둥지 틀고 새끼들 낳고
넉넉히 먹고 살아갈
井邑들, 泰仁들, 古阜들, 배들(梨坪)을
기름진 평야로 다스리면서도
그윽한 골마다 藝鄕을 가꾸었나니

그대는
井邑 山河의 눈짓으로
井邑 藝人들 손짓으로
全羅道 하늘 휘달리는 蘆嶺山脈보다
藝脈의 長江되어 영원히 흘러가라.

눈길

꿈속 같다.

問病客마다
모두 틀렸다고,

불쌍하다면서
혀를 차고 간,

내가
다시 살아나서

하얀 눈길을
밟고 가는,

내가 거짓말 같다.

지난 한겨울
중환자실에서

5일 만에 깨어날 때
눈물로 보던 하얀 눈송이,

오늘 고향 들길에서
눈물로 다시 만난다.

옛집

20년 만에 간 옛 고향집
한여름 불 붙는 뜨락에는
20년 전 봉선화 분꽃들이
그냥 피어 있었습니다.

달 넘는 장마로
두엄더미같이 푸욱 삭은
초가지붕에는
고동 긴 풀꽃 몇 송이가
아버지의 헛웃음처럼
쓸쓸히 피어 있었습니다.

반딧불이 어지럽게 날아다니는
비인 집에서
하얀 무명수건 쓴
늙으신 어머니는
스무 살 먹은 거멍이
저녁을 주고 있었습니다.

목숨

한 1년 쯤
종합병원 문턱을
넘나들다 보면,

바깥세상엔
꽃들이 피고 졌는가
농사들은 잘 되었는가

한겨울 눈보라는
얼마나 쌓이고 쌓였는가
나는 알 수 없구나

지금도
한 송이 풀꽃보다 시들한
내 목숨이지만,

한밤중 골목길을
돌고 돌아올 때는
두 눈 부릅뜨고
두 주먹 힘 쥐고 왔다.

墨畵

내
눈도 귀도 혀도
내 방안
벽시계도 紙筆도 銀粧刀도
詩集들도 經書들도
한 점 부끄러움 없이
한 방울 먹물로 풀려 가고 있다.

바깥 世上도
마을에는 사람들이 없고
都市엔 人家들이 보이지 않는다.

내 故鄕도
한 사흘쯤 잘 갈아 잰
한 방울 먹물로 풀려 있고,

내 山河도
한 자루 붓끝에서
한 방울 먹물로 풀리고 있다.

두 얼굴

이산가족 찾기
마지막 날
生放送을 들으며,
30년 막힌 한숨이 터지고
또 다시 응얼진 눈물이 맺힌다.
스물일곱 꽃나이로
이웃 마을에나 가듯이
집을 나서서
스무 해가 넘어도 돌아오지 않는
형님을 한平生 기다리며
한밤중마다 등잔불 앞에서
이 山河 아들딸을 위해 흘린
어머니의 눈물은 몇 항아리나 될까.
33년이 지난 이 한밤중,
형님과
어머니
두 얼굴이
내 두 눈에
두 방울 피로 다시 맺힌다.

四代의 눈보라

植民地 하늘 눈깔을 빼고
植民地 땅 혓바닥을 뽑고
植民地 百姓 四肢를 잘라버린
눈보라 눈보라 눈보라.

독립군 의병도 아니지만
항상 쫓기고 몰리는 할아버지
궂은날에는
『가갸 거겨 고교……』
를 가르쳐 주고,
行商으로 첫새벽 집을 떠나면
닷새나 한 열흘 만에
눈 쌓인 한밤중에 돌아올 때엔
하얀 수염에 고드름이 얼고,
기인 三冬을 치고 나면
열 발톱이 다 얼어 빠지는
植民地의 땅
눈보라 눈보라 눈보라.

한 섬지기 농사는 供出로 다 앗기고
시래기죽 쑥죽 콩깻묵밥밖에 없어
解放되는 날까지 떠돌이 行商으로
온 植民地 하늘땅을 누비고 누비며,
시장기는 손자놈들 얼굴로 채우고
한 푼 한 푼 피나게 모아서
自手成家하신 할아버지.

南道 필륙봇짐 속에서도
平安道 잎담배 뭉치 속에서도
日帝 때 돈주머니 속에서도
눈보라 눈보라가 쌓이고,
아버지의 지게 빈 바작에도
한平生 눈보라 눈보라가 쌓이더니,

내 草稿集
숱한 詩語들이 짓이겨진
詩 行間마다 눈보라 눈보라 내려 쌓여,
東萊 鄭氏 大同譜 책갈피 속
俗人 鄭雲伯 이름 석 자 위에서부터
大學 2학년짜리
막내놈 배꼽까지 쌓이고 쌓이는
눈보라 눈보라 눈보라 눈보라.

할아버지 땅 植民地 하늘에서
막내놈이 떨고 있는 民主主義 안방까지
四代를 두고 내리 쌓이고 쌓이는
눈보라 눈보라 눈보라 눈보라.

감나무

울안 일곱 그루 감나무에
감이 꼭 다섯 개 열려
늦가을 눈 시린 하늘에
횃덩이같이 빨갛게 농익었다.

여섯 그루는
풍성한 이 가을 한낮
텅 빈 손 들고 쓸쓸히 서있고,
꼴 한 나무 다섯 가지에
한 개씩 아슬아슬 매달려 있다.

단감이나 水枾나 먹감나무들은
제 씨감 하나 갖지 못하고,
한 30년 전
아버지가 굴멧산에서 캐다 심은
똘감나무에만 다섯 개가 열려 있다.

올해는 감 풍년이라
출근버스에서 내리면
山內나 山外에서 쏟아져 나온
터미널 陽地쪽엔
푸라스틱 자배기나 비닐멍석마다
쌓인 감더미에 꿀벌떼는 윙윙거리고
단냄새 투성인데,

우리 집 감나무들은
1년 내 골병든 主人같이

몸살이나 속병을 앓았는가
올해 우리 집 감나무들은
大凶年이다.

가을

내가 뒤울안에서
알밤을 줍고
대추를 따고 있을 때
가을은 울안에 와 있었구나.

내가 뜨락에 와
발돋움 발돋움하고
두 팔을 뻗혀
마당귀 쭉나무 가지 끝에 걸린
한 송이 구름을 풀어 보내고,

안방에 돌아와
성한 놈들을 가리고 있을 때,
가을은
벌써 洞口 밖을 빠져
머언 벌판을 가고 있구나.

바람 소리
바람 소리
바람 소리

목소리

풀리는 살얼음 속에서
실눈 뜨는 소리가 들린다
한길에서 뒹구는 돌멩이에서
아픈 껍질 벗는 소리가 들린다
한 살 더 먹은 내 가슴에는
어머니의 목소리가 들린다.

작년까지 들리지 않던
아아, 어머니의 목소리가
올해는 왜 자꾸 들릴까.

내 손금 속에서
내 한숨소리 속에서
지난해,
하늘에 쏘아 올린
숱한 돌멩이 속에서
눈물로 범벅이 된 최루탄 속에서
뒤틀리는 젊은 몸부림 속에서
귀를 기울이면 들리는
어머니의 목소리……

하늘을 솟구친
본관 벽돌벽 틈에서도
캠퍼스 구석구석에서도
정원 가지 꺾인 꽃나무에도
어두운 강의실에서도
도서관 책갈피 속에서도

먼 산봉우리 흰 구름에서도
온 천지는
왼통 어머니의 목소리……

착한 내 아들딸들아
너희들은
이 땅의 산맥으로 일어서고
이 민족의 등불로 밝으려니
내 착한 아들딸이 되라.

칼춤

한마당 칼춤이나 출거나
싯퍼렇게 날을 세워라.
단칼에 아름드리 통나무가 쓰러지고
너럭바위 둘로 동강내는
싯퍼렇게 싯퍼렇게 칼날을 세워라.

대낮 창공을 휘두르면
만리 구름 속 鶴이 떨어지고
한밤중 어둠을 내리치면
國祿을 몇 바리씩 훔쳐 먹은
山 넘어 貪官汚吏 모가지들까지
우수수 떨어지는
그렇게 靈驗한 칼날을 세워라.

世上에 罪人 없으면
世上에 罪人 없으면
山水 맑고 人心 좋은 이 山河
얼마나 얼마나 살기 좋으랴.

靈劍으로 百姓들 天災地變 厄 막고
난리 때 죽은 冤鬼, 疫神들 몰아내고
百姓들 太平聖代 祝願하는
번쩍번쩍 빛나는 칼춤으로
번개불꽃 튀고 천둥 몰아내는
한마당 칼춤이나 출거나.

鄭洋 詩人

1

말수 없고
그윽한 눈말이 많은
鄭洋 詩人 속얼굴 뜯어보면
항상 제 목숨보다
더 소중한 것을 잃은……
텅 비인 항아리의 몰골.

안으로 안으로는
한여름에도
한겨울 눈보라 휘몰아치는
텅 비인 벌판을 다스리고 사는
무서운 사나이.

2

鄭洋 詩人을 만나면
나보다 열 살 손아래지만
나보다 열 살 손위 같은 착각
고향같이 든든하고 마음 편하다.

작은 볼일로
全州에 갔다가
鄭洋 詩人 제자들이
내 아들딸들이, 내 손주놈들이

쏘아올린 숱한 돌멩이를 얻어맞으며
부끄럽게 부끄럽게 도망치며
코를 싸매고 재채기를 하며
한길을 비틀비틀 걸어가다가
鄭洋 詩人을 만나면 눈이 번하다.

3

한 5년쯤 저쪽 일인가
李炳勳 詞伯을 방패 삼고
가난한 우리 大門 앞에 불숙 나타나
갓 익은 내 여름방학 술항아리를
통째로 안방에 옮겨 놓고
꾀꼬리빛 찹쌀 전내기를
맹물 마시듯 거퍼 마시더니
취하기는 셋이 다 취해버렸고,

비인 항아리만 남겨 두고
돌아갈 때는 제 살림살이처럼
마당 가운데 나락둥우리를
구둣발로 얼마나 찼는지
둥우리 생철이 곰보가 되었다.

김제 갓땅에 눌러 살려다가
색거리에 쫓기고 몰려서
어느 凶年에 못 살고 떠난

고향집 옛 나락둥우리가
그리워서인지도 모른다.

『어느 凶年에』란 3人 詩集도
李炳勳 詞伯과
鄭烈 詩人은 헛다리고,
실은
鄭洋 詩人의 作品이다.

畵家

—어느 老 畵家에게

1

畵家가
술 좀 많이 마신다고
무슨 잘못이 되랴
술주정뱅이가 되었다고
무슨 죄가 되랴.

제자들은
국전 심사위원이 되고
국전 심사위원장이 되어
나라에서 큰 상을 받아도,

老 畵家는
水心 깊은 물줄기같이
낮은 데로 낮은 데로 내려앉아

시골 중학교
미술 선생이 되어
머언 山脈을 바라보며
막소주를 마신다.

2

돈 한 푼 없어도
돈바가지 탈 한 번 안 쓰고

제 얼굴 고집하는 사람을
세상에서 누가 탓하랴.

텅 빈 마음으로
구름으로 떠돌다가
빼어 난 山水를 만나면
텅 빈 마음 한 번 가득 채우고
저 혼자 갖고 싶은 것이
세상에서 무슨 죄가 되랴.

3

가난한 畵家여
물감이 없으면
그대 가슴속 밭고 남은
피를 쥐어짜서 그려라.

兄弟의 鮮血로
얼룩진 山河,
꽃 한 송이 피지 않는
황토백이 땅을
검붉게 핏칠했다고
누가 탓하랴.
새 한 마리 날지 않는
저문 하늘을
불타는 놀로 짓이겼다고

이 땅에서 누가 탓하랴.

가난한 畵家여
물감이 없으면
그대의 한밤중을
분지르고 또 분질러서
먹물보다 진한
어둠을 쥐어짜서 그려라.

하늘과
땅 사이
사람들의 세상
사람들의 얼굴
새까맣게 먹칠로 짓이겼다고
이 땅에서 무슨 죄가 되랴.

서울 가는 길에

— 朴鳳宇 詩人에게

나는 작은 볼일로 서울에 간다.
아내와 洞口 밖에서 헤어진다.

닷새 뒤에
우리는 다시 만나 한 몸이 된다.

들판을 건너면 東津江
내가 건너는 큰 다리에서
江물은 두 갈래로 갈라진다.
한 줄기는 금만경 평야로
한 줄기는 부안 간척지로.

두 물줄기는
黃海에서 다시 만나 한 바다가 된다.

가난한 詩人
病든 詩人의 아내가 죽어
서울 가는 길에 問喪을 왔다.

삶과 죽음이 다르고
이승과 저승이 다르고
地上과 地下가 다르지만,

술을 좋아하는 朴鳳宇 詩人은
한平生 고생시킨 아내를
다시 한 번 만날 수 있을 것이다.

斗升山

1

斗升山 30리
울 밖에 살아도
神이 내리는 斗升山을
하루에 한두어 번씩
바라보며 사는 것이
얼마나 마음 편한가.

2

세상 일이
다 시들해질 때,

대낮에도
斗升山이 보이지 않는다.

三神山
神들도 모이면

눈 먼 중생을 걱정하는가
피범벅 사바를 괴로워하는가.

斗升山은
하루 종일 보이지 않는다.

3

서울 거리를
진종일 헤매어도
내 사람은 하나
만날 수가 없구나.

놋낱 같은 소낙비는 퍼붓고
흙젖이 다 된
서울 거리 흙탕물 속에
빈 농약병같이
떠밀려 다니다가
소용돌이치는 世宗路
흔들리는 빌딩 지하다방으로
깊이 깊이 빨려 들어간다
이승의 마지막같이.

4

탁자 위 한 컵의 냉수
멍하니 바라보고 있으면
한 뼘도 못 되는 한 컵 냉수 속으로
마음은 열 길쯤 가라앉고,
하늘을 되어 볼
人心을 되어 볼
石斗 石升을 다 잃은

斗升山이 둥둥 떠오른다.

游仙寺 法堂 부처님은
雪山으로 잠시 건너갔는가
蓮花臺는 텅 비어 있고,
황해 성낸 바다
바람받이 비탈에 선
등 굽은 소나무 가지
삭정이로 얽어 짠 둥지 속에
두 개 까치알도 보인다.

얼마 동안을

얼굴이 보고 싶다.

얼마 동안
나는 거울 속을 헤맨다.
거울은 내가 사는 지구보다 더 넓다.
허나, 거기에는 내가 없다.

거울 속을 떠나
층계를 내려 좁은 뜰에 선다.
층계는
살아온 반생보다 어둡고 지루하다.

마당귀에 흐드러진
살구꽃에 깜짝 놀라며,

얼마 동안을
나도 차라리 꽃되기를 열중하다 보면
꽃들은, 벌서
하나 둘…… 저마다 맺혀 가는
또 다른 눈부신 우주를 세우고
그 속에 들어앉는다.
……낙엽이 진다.

얼마 동안
나 혼자 텅 비인 뜰에 서성거리다가
꽃을 단념하고 뜰을 떠났다.

아버지가 평생
안방보다 더 많이 드나든 주막
그 주막으로 가다가
몇 송이 야국이 피지 못한 채 시든
황토백이에서
순금빛 토하는
깨진 거울 한 조각을 주워들었다.

꽃을, 새를, 산하를, 흐르는 구름을
그리고
비쳐 드는 모든 것은
바람 속 풀벌레 소리까지
안으로 안으로 조용히 모양질 뿐……

폐허같이 거치른
제 모습을 단 한 번 비쳐내지 못한
거울 속에서, 한 순간
내 얼굴이 분명히 떠올라오고 있었다.

한 쪽 눈깔이
한 쪽 귀가
한 쪽 입언저리가
한 쪽 얼굴이 전부 무너져 나간
내 얼굴을
나는 똑똑히 보았다.

눈보라치는 그 부면
벌거벗은 야산의
총구 안에 든 한 마리 비둘기까지……
얼마 동안을

내 마음

내 마음을
어느 산봉우리
나뭇가지에 걸거나.

천길 벼랑
짙푸른 물속에 던져
한 백년 삭힐 거나.

청산 골안개 속
비안개로나 풀거나.

살아서
설움으로 칭칭 감겨
큰 타래로 설엉킨
내 마음을,

불타는 서녘 노을에 걸거나
저승 구렁창에 던져줄거나.

하늘이 보고 싶었다

저승으로 가다가
江나루 酒幕에서
술을 마신다.
大王이 하사한 마지막 술
술 친구도 없이
혼자 잔을 채우며
혼자 잔을 비운다.

이승을 떠서
저승으로 가면
성도 이름도 詩人도 詩集도
무엇 하나 쓸모 있는가
옥답도 자식도 아내도
무엇 하나 쓸모 있는가
江물을 건너는 나룻배 위에서
눈물 젖은 얼굴을 보며
깊은 생각에 잠긴다.
다 지나간 허망한 일이다.

머리를 치들며 발돋움 발돋움하고
天地를 한 번 휘휘 둘러본다.
풀꽃 한 송이
날새 한 마리
그리운 얼굴 하나 볼 수 없고
해가 저문다.
한 평생 해가 저문다.

江 건너 저쪽 어둠 속에서
40년 전
할머니의 옛이야기 말대로

저승 수문장한테
쓸개를 떼어 주고
가던 길 되돌아오다가
불호랑이 만나
한 쪽 간뎅이를 떼어 주고
실눈을 뜨면,

이승도 저승도 아닌
수술대에 누워 있는 나를
둘러싸고 있던 의사들 눈빛들이,
부활이라도 보는 듯이
무섭게도 빛나고 있었다.
나는 하늘이 보고 싶었다.

落鄕

사람들은
한 사람 한 사람씩
제 고향으로 돌아온다.

出世라도 한 듯이
제 고향 하늘에
뜬소문만 띄워 놓고,

못 살고 쫓겨 다니는
헛웃음으로
더러는 訃告 한 장도 없이
죽은 지 10년이 되고,

病들고 거덜나
세상이 무서워지면
버리고 간 제 고향에
다시 돌아와
눈바람 막을
겨울 둥지를 튼다.

꽃길로 돌아오거나
천둥으로 돌아오거나
눈보라로 돌아오거나,

성한 四肢들은 하나 없다.
절룩거리며
비틀거리며,

사람들은
한 사람 한 사람씩
제 고향으로 돌아온다.

구두

구두가
뛰어간다.

발이 없다
얼굴이 없다.

헌 구두 같은
사나이가

北에서
南으로 가는가

南에서
北으로 가는가

텅 비인 都市
한복판을 장가르며,

온몸이
피투성이가 되어

텅 비인 한길을
뛰어가고 있다.

정우국민학교 개교 60주년 찬가

노령산맥 생피 이어받은
정토산 기슭으로
여명의 아침햇살이
퍼져 오를 때
멀리
아득히
종소리가 울렸다
그리고
십년, 삼십년, 오십년,
오늘 육십년이 되어
개교 육십주년을 기념하기 위하여
우리 동문들이 모교에 모였도다
생각하면
빨간 구슬같은 동심들이
연분홍 꽃송이 같은 아름답던 꿈들이
복도에 얼룩진 고사리 손자욱들이
텅 빈 책상 속에 숨어 있는 귓속말들이
봄이면 교정의 꽃무덤으로 피어나고
쑥국새 소리가 되어 날아갔지만
예순 해 동안 피어난 꽃송이들은
한 송이 한 송이 알찬 열매로
이 산하 구석구석 맺혀 갔나니
당신은
이 고장 어린이들의 횃불로
길이 길이 타오르소서
일천구백구십년 오월 일일

三代의 만두리

아버지, 나, 조카
三代가 만두리를 한다.

불붙는 땡볕이
한여름 논배미를 불태운다.

아버지는
능숙한 솜씨로 앞질러 가고
조카는 뒤쳐져 부지런히 따른다.

흰 구름이 걸린
논두렁에 올라서서
손등으로 땀을 씻던 아버지가

내가 논두렁에 닿을 때는
또 다시 보이지 않는다.

내가 손등으로
이마에 땀을 씻고 있을 때,

조카는 풀밭 같은 이랑 속에서
하얀 잇빨을 드러내고 웃고 있었다.

內衣

이른 아침에
아내가 內衣를 가져왔다.

몇 겹을 입어도
이 山河의 추위는
막을 수 없는데,

또 아내는
內衣를 가져 왔다.

밖에서는
이 山河가
눈보라 속에 떨고 있고,

內衣를 몇 겹 껴입어도
내 四肢는
풀리지 않는다.

한 線上에서

늦가을 한밤중
온 天下를
한 불칼로 내려 꽂고,
불호령치는
천둥소리,
벽에 꽂히는 번개.

번쩍번쩍
불꽃 튀는 칼날,
날선 한 線上에서
肉身까지 벗어던지고,
우리 夫婦.

가시덩굴과
억새가 우거진
황폐한 아내의 손바닥이지만,

천둥 울부짖는
칠흑 속에서는
세상보다 밝다.

한낮

햇빛이
너무나 눈부시다.

이승을 사는 것이
부끄럽다.

한 마리 새가
먼 하늘을 갈고 온다.

외딴집에서
낮닭이 따라 운다.

나는 병신같이
눈을 감는다.

가난

가난이
어찌 죄가 될 수 있는가
다 다아 왜놈들 탓이지
섬지기 농사는 공출로 다 털리고
열 식구 넘는 식구들을 위하여
금싸라기 같은 한 주먹 쌀로
쑥죽이나 시래기죽을 쑤다가
이 땅의 어머니들은
먹지 못해 속 골병이 다 들었다.

요즘 세상 사람들은 가난을 모른다.
가난했던 고향을 더욱 모른다.
할아버지 아버지가 입고 살아 온
핫바지 저고리를
동구 밖 시궁창에 벗어던지고,
제철 만난 철새들같이
기성양복 사 입고
도시로 도시로 떠나들 갔다.

갈등

나는
하루 종일

하늘에
대못을 박는다.

아내는
밤새도록

장도리로
대못을 뺀다.

雪原

世上에는
대낮에도
제 얼굴 가진 놈
하나 없고
무릎까지 눈 쌓인
雪原.

몇 개의 장끼털이
살아서 실눈을 뜨고
天地가
열리는 아침.

저 찬란한 太初의
햇살을 빨아들인
그 아름다운
깃털의 부신 빛깔.

너무나
너무나도
나를 絶望케 하는
진한 아픔.

天賊이 아니면
눈 속에
굶주려 죽어 갔을
한 마리 장끼를 위하여
바쁜 길 멈추고

아득한 雪原에서
하늘을 우러러

내가 기도하는 聖者로
부활하는 것처럼
궂은비나 눈보라가 아니면
속울음 속에 오고 간
내 부끄러운 한平生이지만,

내 성한 심장의 詩語들은
쑥국새 우는 봄이면
내 山河 어데서나
이 땅의 못난 애비들의
헛웃음같이 아프고 쓰린
풀꽃으로 필 것이다.

부처님의 미소 속에서

절에 가면
어머니 생각뿐이다.

부처님한테
큰절을 하고,

무릎 꿇고 앉아
합장하면,

내장산도
부처님 뒤로 내려앉아

울을
두르시고,

부처님 미소 속에
어머니가 걸어 나오신다.

성한 옛날

그대 알고 싶어서
온 山河를 헤매도
만날 수가 없지만,

한 닷새 굶고
종합병원 중환자실에 가보아라.

깊은 병으로 쓰러져
수술대 누워 두 눈을 감아도
꼬옥 감아도 흐르는 눈물
눈물 속에 다아 보인다.

눈보라 속으로 떨고 가는
애들이 보이고,
한밤중마다 울먹이는 안방
아내의 목소리가 보이고,
눈 익은 집 울안 구석구석
성한 옛날이 다 보인다.

내가 깊은 혼수에
빠져 있을 때,
흰 머리칼 하나 물고
하늘 밖으로 날아가던 새가
눈 뜨면
까만 머리칼 하나 물고
한 마리 새가 날아오고 있다.

징소리

재액을 풀어내듯
설설 빌어 풀며,

열두 발 상모가
七色 무지개로
피어나는 歲月까지
기다리며 살자고
참아 왔지만,

상쇠야
이제 끝장이다
쇠가 깨지도록 치려무나.

世上은
어둠만 한 배 차서
터질 듯 터질 듯한
양반들의 헛배만
더욱 채우고,

한평생을
능구렁이같이
논두렁에 엎드려져서
헛배를 곯며 우는
저어 징소리.

죽음

발돋움
발돋움하던

마지막
구두 한 짝이 보인다.

텅 비인
하늘을 흔들다가

스러진 자리.

장미꽃 한 송이가
빨갛게 피어오른다.

스스로 무게
가누지 못하고,

꽃잎은
서서히 무너져 가고 있다.

비인 대공이 하나
바람에 나풀대고 있다.

仙境

바람에 걸린
그림이겠지.

그림 속에 환 친
그림이겠지.

무럭무럭
피어오른 것은,

연기가 아니라
꽃구름이겠지.

물소리
바람소리

겹겹이
물도 치고

벼랑에 걸린
한 암자가

하늘에
둥둥 떠오른다.

少年 같은 나이에

두 눈이 흐리다가
밝아 오면
동심 같은
詩語들을 생각한다.

내 진한 피보다
더 순수한
한 편의 詩를 쓰고 싶다.

예순두 살

아직 少年 같은 나이에
당뇨병
심장병
관절염
동맥경화증, 혈소판 감소증……

온갖 병주머니들만
아픈 四肢마다
주절주절 들쳐 메고
나는 떠나야 한다.
머나 먼 길을
나 혼자 떠나야 한다.

시래기단같이 바랜

감나무 가지 끝
매달린 시래기단.

겨울 한 철
진눈개비에
바래고 얼어 터진 빛깔이라
내 입성같이 너무 남루하구나.

요즘 세상엔
짐승들도 시래기를 먹지 않고

짐승들도
값비싼 금빛 수입 사료만 먹고 산다.

요즘 세상엔
들개들도
울안에 가두어 키워
시래기죽맛을 모른다.

감나무 가지 끝
시래기단같이 바래고 바랜
한 詩人이
진눈개비를 맞고 있다.

法

맨처음
불칼을 휘두르는
천둥 안개를
안으로 안으로 다스렸다.

가문 땅에
단비를 내려
새 宇宙를
꽃들로 꾸미고,

텅 비인 허공에
생명을 주어
새들을 살게 했다.

그리고,

한 가시내와
한 머슴애로

天地를 다스리는
法을 주어
살게 했다.

까치둥지

1

낮은 산자락 노송이나
江언덕 미루나무 높은 가지 위에
까치둥지를 보면 반갑다.

조개껍질들 엎어 놓은
가난한 갯마을길을 가다가

큰 대문이 달린
청기와집 보는 마음이다.

2

까치둥지 속에
두 개의 까치알
한 개는 수놈일까.

市場

시장에 간다.

어수선해서
四方을 둘러본다.

텅 비인 하늘.

다시 걷는다.

걷다가
조용히 생각해 보면,

이 地上에는
아는 사람 하나 없다.

골목

옛 골목을
돌아다닌다.

낯 익은 사람들은
하나 볼 수가 없다.

젊은 놈들은
모두 다 제 고향을 떠나고,

마을 아주머니들은
읍내 영세 과자공장으로
첫 새벽 무더기로 팔려 간다.

이 골목으로 가면
뱀골로 가고,
저 뒷골목으로 가면
비석거리가 나오고,
앞 골목으로 빠져 나면
강 건너 읍으로 가는데,

나는
하루 종일
텅 빈 골목을 빙빙 돌아다녀도

어머니 집 가는 골목은
찾을 수 없다.

寂

늦가을 혼자 집을 본다.
뒤울안에서 紅柿 하나 툭 떨어진다.
한순간
온 집안이 일어섰다가 도로 앉는다.

가지 끝
실가지까지 붉어버린 감나무는
금빛 가을 햇살에
마지막 씨앗 속눈까지 익히면서도
아무 일 없는 듯 서 있다.

늙은 配達夫가
어제 新聞과
막내 外叔 訃音을 던지고 간다
한순간
온 집안이 일어섰다가 도로 앉는다
先山의 귀밝은 어머니까지
혀를 끌끌 차며 돌아눕는다.

世上에 아무 일 없는 듯
울음 같은 웃음을 웃고 돌아가는
配達夫의 굽은 등에 걸린
夕陽을 바라보면
나도 텅 비인 울안이다.

아버지 肉聲

한밤중
어둠 속에서

아버지
목소리가
들린다.

저승으로
가신 뒤에
처음 듣는다.

하늘은
멀리 흘러가고

아버지
목소리는
먹물이다.

新聞

新聞은
안 보기로 했다.

소꿉놀이보다
시들한 世上.

李朝 때
다 죽은 불귀신들이

또 다시 살아나서
생사람들 넋을 빼간다.

속눈이나 뜨고
靑山이나 보며

新聞은
안 보기로 했다.

石炭

내 詩는
막장에서 파낸
한 덩어리 石炭.

한여름에도
추워 떨고
한낮에도 빛올 한 올 없는
빛 주린 사람들만 보아라.

내 詩는
먹피로 응얼진
속울음.

한평생
꽃핀 봄날을 사는
사람들은
내 詩의 行間을
비껴 돌아서 가라.

한 마리 족제비가

빨랫줄에
한 마리 족제비가 목매어 있다.

지난 초겨울부터
이 깊은 三冬까지

두 눈은
꼭 감고 있지만

앞 두 이빨은
앙칼지게 벌리고 있다.

한밤중
귀를 모으면,

그놈의 이빨은
내 심장을 쪼아 먹고 있다.

이승의 내 가슴 속
진한 생피를…….

알몸으로

한평생 함께 살아도
사랑한다는 말 한 마디
못해서 미안하네.

고혈압으로
항상 앓아 누워있어도
머리 한 번 짚어주지 못했네.

여보게!
내가 죽으면
자네는 무엇이라 말할까.

뜨락 은행나무가
알몸으로 떨고 있는 섣달
자네도 나도 맨살로 떨고 있네.

賜藥

너는 누구냐
朝鮮 詩人이다.

어데가
네 故鄕이냐

全羅道
井邑郡
淨雨面 回龍里 142번지에서
4代, 5代째
가난을 먹고 살아온 村詩人이다.

이젠
이 땅에는
가난들이 독한 소주로 밭아 졸았고,
내 모가지는
오랏줄이 매었다.

지금
내가 마시는 술은
술이 아니고
귀양살이 마지막 賜藥이다.

삘기

한밤중
혼자 앉아서
삘기를 까 먹는다.

껍질이 한 겹이면
세상보다 더 쇠아서
먹을 수가 없다.

두 겹을 까면
먹을 수도
버릴 수도 없다.

세 겹 껍질 속에 든
포얀 속살을 씹으며
눈을 지긋이 감으면,

벌판에서
까맣게 잃어버린 동심들이
함성을 지르며 달려온다.

곰곰 생각하면
한 개의 삘기 속에
한 세상은 누워 있고,

나는
이 한밤중
잠 못 이루고 눈뜨고 있다.

나의 追憶의 땅

內藏山
斗升山은
그만 두고,

淨土 七峰
한 두어 봉우리
내 등으로 짊어다가

서울 누이동생들
안방 빈 구석에
옮겨줄 거나.

淨土山
솔바람 소리
쑥국새 소리

저녁 징소리
노 스님 염불소리
부처님 미소까지

정읍 청자 하늘로
한 열 겹
곱게 곱게 싸서

淨土山
그대로
옮겨줄 거나.

안방 빈 구석에
옮겨줄 거나.

상여소리

촌에서도 못 살고
할 말이 없네.

이승보다
저승은 할 말이 더 없겠지.

耳順이 되어
생각이 들고,

나는 세상을
첫 태어난 것 같다.

쓸쓸하다고나 말할까
내 입성이 춥다고나 말할까.

한바탕 눈보라떼가
밀고 몰아 부치는

저문 벌판에서
상여소리가 얼핏얼핏 보인다.

강아지

두 눈을 홉뜨고
강아지가 죽는다.

不吉한 예감.

내 나이
耳順을 생각한다.

내 生日날
제 어미가 죽고

내 방안에서
키워 온 강아지

이 한밤중
두 눈을 홉뜨고

이승길을
뜨고 있다.

四月

四月이
퍼렇게 멍든
아픔을 풀어내며

철쭉이
빨갛게 불타는 한낮.

한 순간
피가 멎고,

肉身이 서서히
굳어 간다.

올해
첫 뻐꾸기 소리가

눈부신 유리창에
머리통을 치받고,

꽃잎처럼
흩날린다.

허수아비로
서서히 살아나는

적막한
四月.

비

서래봉도
내장산도
이 땅의 산하는
모두 비에 젖는다.

백제의 마지막 여인
속울음이 굳어간 망부석도,
녹두장군의 피진 고함소리도,
부처님께 염불하는 노스님도,
우산을 받은 가난한 시민도,
처마 밑에서 비를 피하는 거지도,
모두 모두 다 비를 맞는다.

안방에도 비가 내리고
뜨락에도 비가 내리고
벌판에도 비가 내리고
강에도 비가 내리고
비는 검푸른 바다로 일어서서
젖은 땅을 또 다시 두루 덮는다.

세상이
몇 번이나 석 바뀌어야
이 산하에 비가 그칠까
이 땅에는
그냥 비가 내린다.

어머니

세상 사람들이
이승에서
제일 아름다운 꽃이
무슨 꽃이냐고 묻는다면

어머니
어머니
당신이 아닌가요.

저승에 가신 지
스물다섯 해가 넘어도

꽃잎 하나
빛깔 하나
눈짓 하나
변하지 않고

한겨울에도
제 꽃밭에
그냥 그대로 곱게 피었습니다.

낮잠

비인
뜨락.

텅 비인
집.

숨막히는
방.

아랫목에서
낮잠을 잔다.

눈뜨면
억새가 우거진
공동묘지에

내가 누워 있고

온 세상은
한밤중이다.

제 고향을 떠나도

사람들은
제 고향을 떠나도
다시 돌아온다.

한 십년이고
한 이십년이 되어도
비인 제 둥지로
다시 돌아온다.

꽃피는
봄날 돌아오거나
한여름
소나기를 몰고 오거나
눈보라떼를
한 바랑 지고 오거나,

아니면
제 이름 석 자만이라도

비틀거리며
절룩거리며
다시 돌아온다.

방학 동안

방학 동안
미라와

소꿉놀이 친구로
춤을 춘다.

미라는
날날이춤

할애비는
곰배팔이춤

미라는
서양 엉덩이춤

할애비는
조선 곱사춤

그런데
딱딱 들어맞는다.

신들린 춤은
잘도 들어맞는다.

李炳勳 詞伯

내가
한 20년 동안 졸고 있을 때,

群山 앞바다에서
터벅터벅 걸어나온
李炳勳 詩人은
우뚝 떠오르고 있었다.

깜짝 놀란 나는
벌떡 일어나니,
발 아래
群山 앞바다 파도소리가
海望洞 갯바람을 몰고 온다.

李炳勳 詩人은
神仙같이 웃고 있는데
나는 왜 벙어리가 되었을까.

만날 때는
6·25 때 헤어진 血肉같이
말문이 막히고

헤어질 때는
百餘 里 길밖에 안 되지만
이승의 마지막같이 눈시울이 뜨겁다.

한 달 사이

한 달 사이
동갑쟁이
친구 셋을 잃었다.

나보다 한 살 위인
扶安女高 서무과장 기태웅.

나보다 한 살 아래인
泰仁골 장주상 교장.
나와 고향친구인
탈속한 서예가 신원직.

어제 시장통에서 만나
막걸리를 마시던
깨벅장구 고향친구.

오늘 아침 죽었다는 부음을 받고
문상을 가면서
곰곰이 생각해 봤다.

세 친구들은
며칠 사이에 모두 저승으로 떠났다.

문상을 하고 취해 돌아와
한밤중 일어나서
장딴지를 쥐어뜯었는지 모른다.

살아 있는 내가 이상하구나.
하룻밤 새에 죽지 않고
살아 있는 내가 이상하구나.

아침 풍경

살다가 밀리고 떠밀려서
생활에 쫓기고 또 쫓겨서
터진 라면봉지나
비인 콜라깡통처럼
항구나 어촌을 떠돌다가
만난 어부들끼리
뿌리박고 사는 곳.

격포는
항상 거친 바람이 불고
젊은 사람들은
술에 취해야 사는가.

밀리고 쓸리는 속앓이병같이
파도는 뒤틀리지만,
젊은 어부의 아내들은
비닐봉지에
쌀 한 됫박 사들고 간다.

빗자루

내가 대문까지
길은 쓸었네.

마당 눈은
자네가 쓸어야지.

애들은
한밤중 잠자고 있어.

이승 어둠까지
다 쓸어내게.

빗자루는 애들 방문 앞
밝은 자리에 두소.

대답

누가 대문을 두드린다.

밖에 나가보면
아무도 없다.

뜨락에 쌓인 어둠 속에서
지렁이들이 울고 있다.

마음 가득 차고 넘치는
은구슬 같은 울음소리들

한 걸음 물러서서
아내를 부른다.

방엔 등불이 꺼지고
아무 대답이 없다.

사람

하늘이 푸른 것은
너무 높기 때문이다.

강물이 푸른 것은
너무 깊기 때문이다.

사람의 마음은
높지도 깊지도 못해

항상 탁하고
흐려 있다.

전화

정신병원에 누워 있는
박봉우 시인한테
한밤중 전화를 걸었다.

나는 수화기를 들고
정신병원 어두운 복도를
몇 바퀴 돌고 돌면서
시인의 목소리를 기다렸으나

박봉우 시인은
아내와
멀고 먼 여행을 떠났는가
흐느끼는 바람소리만 들리고
아무 응답이 없다.

군가

腦를 앓다가 저능아 되어
학교 문 앞에 한번 못 가고
밝은 대낮 한 번 못 살고
빈방에서 빈방으로
그늘에서 그늘 속으로
어둠에서 어둠 속으로
항상 빈 집 비인 울안을 지키며
스무 해를 살아온 조롱 속 새야

꽃다운 나이가 되어도
곱게 화장 한 번 못하고
날씬한 나비양장에
굽 높은 구두 한 번 못 신고
고운 휘장저고리 분홍치마에
예쁜 꽃신 한번 못 신고
날아가버린 가여운 숙아

학교 때 서울에 가면
세상에서 저 혼자만 외삼춘 가진 듯
1학년짜리 어린애같이
좋아 날뛰던 숙아

삼촌 따라 외갓집 간다고
엄마 눈치를 보다가
아빠 눈치를 보다가
눈치를 보다가 풀죽어 가던
네 눈치가

이젠 아픈 화살이 되어

엄마 아빠 쓰린 마음을
수없이 뚫고
외삼촌 가슴팍에
하나하나 꽂혀 오는구나.

腫瘍 待機室

한여름
지루한 점심시간
긴 민나무 의자에는
환자나 보호자나
다 한 가지로 초주검되어
반쯤은
제 집 안방처럼
퍼져버리고 누운 채
더러는 게거품 날리며 코를 곯고
깍지 낀 제 두 무릎 속에
머리통을 처박고 시글시글 잠들고
더러는
쐐기같이 끼어 앉아
지하실 대낮
한밤중 꽃잠들을 잔다.

제4부 산문

등외품

어떤 사람은 항상 등외품을 가지고서 아주 特品의 기세를 올리며 뱃장으로 살아가는 사람이 있다. 어떤 사람은 특품을 가지고서도 항상 등외품에 짓눌려 등외품의 기세밖에 못하는 안타까운 사람이 있다. 곰곰이 생각하여 보면 참으로 어처구니없는 일이다. 이러한 현상을 볼 때 사람은 아무리 환경의 동물이라고 하여도 눈감을 수 없고 목석이 아닌 이상 무서운 전율을 느끼지 않을 수 없다. 사변 전만 해도 물심양면으로 오늘날보다는 그대로 덜 혼란한 것 같이 마음이 간다.

어느 정도 생활에 안정이 서고 사람들은 스스로가 맡은 분야에서 인생을 사색할 수 있는 시간을 갖으며 자기 생활에 최소한도나마 성실성을 다한 데서 그러하리라. 그러나 동란을 치루고 난 정신은 마비 상태로 돌아가고 모든 것에 대하여 그만 비판의 정신과 표준을 상실한데 우리는 실망을 하지 않을 수 없다.

난리 당자간 쯤이야 너나 할 것 없이 목숨을 살기 위하여 의식 무의식으로 비인도적인 일을 저지르고 행사하였음에도 너그럽게 서로가 용허할 수 있었고 또한 어찌 할 수도 없는 일이거니와 몇 年이 지난 오늘날 인간으로서 상상조차 할 수 없는 불장난이 더욱 꼬리를 치고 지능적인 등외품들이 한물같이 성해 오는 우리의 주위 환경을 눈여겨볼 때 절망밖에 아무 것도 찾아낼 수가 없다. 지금으로부터 약 70년 전에 막심 고리키는 『아아 여보게. 사람들은 자꾸 타락해 하고 있네! 해마다 사람들은 점점 타락해 가거든!』 하고 『曠野에서』 인간의 종언을 오열한 사변 전에 읽은 글이 오늘에사 뼈아프게 이해할 수 있는 것은 그 당시 내 나이가 연소한 탓만 아니리다.

근일에 와서 나는 나 자신에 대하여 회의가 무척 늘어간다. 그것은 나도 하나의 등외품이었다는 사실이다. 문학을 합네 시를 쓰네 하고서 학창시절에 학과를 저만치 제쳐 놓고 지금 생각하여 보면 영양소가 되었는지는 모르겠지만 무엇 하나 뾰족한 것이 남지도 않는 문학서적을 탐독하고 밤을 새워 가며 되지도 못한 시를 습작하기에 게을리 하지 안했지만 문학을 인생의 구도이기보다는 차라리 화려한 낭만을 꽃피워내는 감상의 유희로 計算한 그릇된 출발과…… 교지 발간에 여념이 없어 졸업시험을 등한한 것이 실마리가 되어 졸업일을 며칠 앞두고 조회시간에 학급주임한테 『네까짓 놈이 꾀테가 될 테냐? 하이네가 될 테냐?』 조롱 반 훈화 반의 설교를 양념으로 들으며 신경질이 격한 선생님의 샌드백이 되어 느긋이 얻어맞은 일…… 등, 하느님의 것은 하느님에게로 씨자의 것은 씨자에게로 돌려주라는 『성경』의 말과 같이 내 딴에는 가장 진실한 생활을 살아온 것이라고 자인했지만, 오산한 정신의 그릇된 자세로 말미암아 제1호 등외품의 낙인을 받았으니 그것은 나의 一生을 좌우한 대학 입시에 보기 좋게 미끄러졌다는 사실이다.

나는 이때처럼 나에게 대한 실망을 한 적은 한 번도 없었다. 모든 꿈이 일제히 무너지는 자신을 向한 분노가 머리끝까지 치밀어 올랐다. 이제 무슨 낯짝으로 고향에 돌아갈 수 있단 말인가? 그렇다고 해서 이미 끝장을 다 본 나는 쇠뿔만한 자존심 때문에 하숙방에 뒹굴고만 있을 수도 없었다.

거센 바람이 지나간 물밑같이 우물쭈물하고 있을 때가 아니란 것을 충분히 알고 난 다음이었다. 나는 자신에 대하여 복수를 생각하였던 것이다. 그 방안으로서 서슴없이 나는 자살을 선택하였다. 자기에 대한 복수! 이것은 인간사에 대한 얼마나 무서운 자학인가? 그러나 등외품으로서 20점이나 30점이나 기껏해야 낙제점수밖에 얻지 못할 인생을 살아가느니보다 차라리 백지로서 깨끗하게 인생을 청산하는 것이 사나이로서 얼마나 떳떳한가? 하는 강렬한 감정이 나의 가슴을 휩쌌으며 나도 실로 비장한 각오를 한 것이다. 지금도 그때 일을 생각하면 낯이 간지러워 견딜 수 없는 일이지만……. 그러나 자살로 마음한 바와는 의외로 그렇게 쉬운 일은 아니었다.

요새 일간의 삼면을 훑어보면 하루에도 몇 건씩 한 잔의 막걸리나 차를 마시어버리듯이 쉽사리 해치우는 자살을 나는 끝내 결행하지 못하고 뻐꾸기가 애자지게 우는 어느 날 새벽 외사촌 누나가 사는 항도로 아무도 몰래 떠난 것이다.

지금도 분명히 기억하고 있지만, 그때 나를 자살로부터 구원해 준 것은 부모도 아니요 친구도 아니요 여인도 아니요 오직 詩神이었다는 것을 6년이 지난 오늘날도 잊을 수 없다. 아니 내가 살아있는 한 영원히 잊을 수 없으리라. 항구로 돌아온 그날부터 나의 시를 위해서 외롭고 괴로운 인생의 등외품으로서 즐겨 살아온 것이다.

좀 더 정확하게 말하면 이런 속에서 등외품을 특품의 표준 이상으로 무게와 부피를 이끌어 올리기 위하여 나는 항상 안일을 물리치고 빛을 찾아 항도로 山外로 강마을로 서울로 도서관으로 전전 표류하였으며, 이러는 사이에 나는 貸本의 주인으로 가정교사로 노점행상인으로 새로운 생활을 접하였고 또한 찾아 떠나기에 게을리 하지 안했으나, 나는 이런 집시 같은 생활 속에서도 방랑의 향수나 여심 같은 아름다운 감정을 느껴본 적은 별로 없었다.

나는 이처럼 나의 좌표가 끊임없이 유동하는 생활에서 한 가지 느낀 점이 있어 의연히 표류를 멈추고 정착된 생활을 설계하는 봄이 20여 년만에 처음으로 가져보는 고향의 봄이라 그런지 하잘 것 없는 지나간 세월을 생각해 보고 또 반성할 때 오늘날까지 묵々히 홀로 걸어 온 생활이 인생의 등외품으로서 너무나도 많은 회의가 눈을 뜨지만 이제 어찌 할 수 없는 일이다.

그러나 등외품들이 특품으로 분장을 하고 화사로운 쇼윈도로 진열되어 나가버린 창 하나 없이 어두컴컴한 등외품의 창고 안에서 어제도 오늘도 조용히 등외품의 허물을 벗기에 열중하고 있는 초라한 모습을 시시로 바라볼 수 있는 것을 저윽이 마음의 자위로 삼으며 뜨거운 참회와 밝은 영혼과 영원한 기도와 진한 피로 목숨을 삭이는 나의 시만은 부디 등외품이 되지 않기 위하여 오늘도 내일도 등외품 그대로 성실하게 나를 살려갈 것이다.

『遠雷』 뒤에

이른 봄부터 정성들여 가꿔온 果木에서 설익은 과실을 따 저자에 수출하는 園主의 마음같이 불안과 초조와 부끄러움이 앞섭니다.

그것은 등외품이라는 끔직한 낙인이 찍일 것을 누구보다도 자신이 잘 알고 있기 때문입니다.

그러면서도 조금은 즐거움을 숨길 수 없습니다. 그것은 십여 년 동안 줄곧 죽어 있는 세월의 뒷울안에서 빛깔도 훈향도 갖지 못한 채 소리없이 피었다가 이울어 간 꽃잎들을 이제 한 바구니에 주워 모은다는 것은 한갓 부질없는 일이지만, 이십대를 정리하고 새로운 출발점을 가질 수 있는 기회를 얻은 것이 나만의 자위이기 때문입니다.

할아버지는 장사꾼이었습니다.

늘상 歸日없는 머나먼 길을 떠났습니다. 몇 일만에 돌아오는 때는 대개 이슥한 밤이였습니다. 하얀 수염에 언 고드름이 나는 지금도 보고 싶습니다.

한 해의 겨울을 치루고 나면 열 손톱과 열 발톱이 모두 얼어 빠졌었다는 외로운 인생을 눈길 속에 묻은 할아버지는 천애의 고아였고, 어머니보다도 술을 좋아하시는 삼대독자의 아버지 밑에서 형과 나는 광장에 버려진 두 개의 돌멩이처럼 외롭게 자랐습니다.

고독한 가족보. 늘 마음 한구석이 비어 그것을 메꾸기 위하여 할아버지는 눈 속에 묻힌 밤길을 헤매었고, 아버지는 술집으로 돌아갔으며, 형님은 어린 몸으로 현해탄을 건너 방랑의 길을 떠났으며, 나는 왼통 피투성이 되어 시의 풍토에 들어섰습니다. 그리고 어머님은 영영 돌아올 수 없는 형을 기다리며 짓는 눈물과 한숨 속에 늙어가셨습니다.

남이야 무어라 하든 이렇게 처절한 상황 속에 생성해 온 나의 詩는 이 숨 막히는 고독에의 탈출이 아닐 수 없습니다.

관객 없는 연극을 연속 상연하고 있는 현황이 오늘 시단의 상황인 것 같아 불안해집니다. 잃어버린다는 것은 어떤 의미로서나 하나의 비극이 아닐 수 없습니다.

관객을 잃은 연기자도 비극이지만 연기자를 떠난 관객들도 동일한 비극의 주인이 아닐 수 없습니다. 현대시의 보다 찬란한 내일의 발화를 위하여 좀 더 피어린 작업을 해야겠습니다. 이것은 누구보다도 나 자신에게 하는 이야기입니다.

그간에 써 온 백여 편 속에서 얼마를 골라 1, 2, 3부로 나누었습니다. 1은 제가 月浮莊에서 습작한 『문학예술』지에 추천을 받을 무렵의 작품들이고, 2, 3은 『사상계』에 발표한 작품들을 주로 해서 근작 몇 편을 더했을 뿐, 이즘이나 시형식에 새로운 것을 시험해 보려는 마음가짐이 아예 아니었음을 여기에 밝혀둡니다.

끝으로 저의 시심이 정착할 영토를 마련해주신 辛夕汀 선생님, 저의 성장을 굽어주신 金元圭 선생님 그리고 저를 이끌어주신 선생님에게 진심으로 감사를 드리며, 利害를 떠나신 政治文化社 사장 李奇宛 형에게 머리가 숙여집니다.

그리고 삽화를 주신 張周相 형과 바쁜 속에서 인쇄를 맡으신 三南出版社 申連洙 형의 노고에 감사하며, 저 한 사람의 성장을 위하여 정성껏 돌보아주신 여러 선배님과 벗들의 은혜를 잊을 수가 없습니다.

다시 『遠雷』 뒤에

줄곧 소낙비가 나리는 색깜한 나의 하늘에서 떠나 간 일이라, 지금쯤 벌거벗은 야산이나 삭막한 벌판에 유성처럼 묻쳐버릴 줄만 알았든 우뢰소리가 몇 가슴을 일깨운지는 모를 일이지만, 다시 나에게 메아리쳐 왔다. 해서 다시『遠雷』는 어두운 나의 하늘을 벗어나 꽃이 기루운 황토백이나 가난한 생활 속에 피어나는 꽃씨로 아주 落雷하기를 바랄 뿐입니다.

불신

가을만이 수확하는 계절이 아니다. 수목들이 아닌 우리 인간사에서는 오히려 봄에 거두어들이는 것이 많다.

올 봄에 들어 나는 거두어들인 것이 너무나 많다. 생각한다. 큰 놈이 국민학교에 입학하고 쓰고 싶던 글도 좀 쓰고 한가로운 세월 속에 집안의 잔일까지 세세한 계획을 세웠다.

그런데 내가 생각한 바는 말리는 놈이 학교에 간 뒤에는 아침마다 귀한 손들이 찾어드는 또 한 가지 큰일이 생겼다.

더러 아침이 늦은 날이면 1학년은 물론 그보다 상급반 애들까지 집에 모인다. 모여서 서로 웃고 지껄이는 어린것들을 바라보고 있으면 마치 어린 아기가 문구멍으로 밖의 세상을 내다보는 것같이 신기하고 즐거웁다.

이런 때는 비록 쫓기고 몰리는 가파른 생활이나마 마치 꽃밭 속에 든 것처럼 흐뭇하고 무엇인가 보람을 느낀다. 이른 아침부터 투정을 부리고 싸우고 울던 어린것들에게 호랑이노릇을 하던 때와는 달리 나의 아내도 마음이 한결 너그러워진다.

어린것들의 화제는 우리들의 생활에서 제일 하잘 것 없는 신주머니에서 인생의 사표인 선생님들의 이야기까지 미친다. 어린것들이 하는 이야기는 모두가 단순하고 순박하다. 허나 어른들의 세계처럼 거짓이 없고 진실하다. 신주머니를 안 가지고 가면 교실에 못 들어온다는 어제 선생님의 말을 오늘도 하늘같이 믿고 있다.

그러나 어른들의 사회는 실로 너무나도 처절한 불신 속에 살고 있다. 위로는 정부에서 아래로는 부모 자식, 심부름하는 아이까지……. 어쩌면 어른들의 세계는 전부가 불신투성이다. 생각하면 소름이 끼치도록 무서운 일이다. 불신은 마음속에서 이미 살인을 저지르고 있는 것이다.

이런 현상은 농촌보다 도시로 갈수록 더욱 심하다. 어쩌면 우리들의 현실에서 믿는다는 것처럼 소중하고 값진 것은 없다. 우리는 비록 불신 속에서 살고 불신 속에서 죽이고 죽어가지만 대지에 뿌리를 박고 있는 꽃나무의 꽃들같이 착하기만 한 어린것들만은 서로 화목하기를 마음깊이 빌며 신주머니를 안 가지고 가면 교실에 못 들어간다는 선생님의 말보다 그 의의를 알 수 있는 이 나라 이세 국민이 되기를 이 봄에 나는 조용히 기원하고 싶다.

옥과 돌

옥은 몇 십 년 몇 백 년을 진흙 속에 묻혀 있어도 보물로서 그 값어치를 잃지 않고 있지만 돌은 제 아무리 옥으로 어수룩한 사람이나 한 家의 가보로서 얼마 동안은 자랑이 될 수 있지만 언제인가는 그 본성이 드러나 결국은 시궁창 신세를 면치 못할 것이다.

아마도 우리의 현실에서는 육영이란 미끼로서 학원을 마치 생산공장으로 알고 학생들을 상품으로 계산하며 교사들을 자기의 사고용인처럼 부리는 악덕 육영주들이 활보하고 실로 저주받아야 할 일들이 오히려 성대한 경사로 다루어지는 수가 흔하지만 학부형들의 열의로써 학교가 세워진 것은 축복받아야 할 잔치가 아닐 수 없다.

그 뒤에도 선생님들과 지방인사, 학부형들이 한데 뭉쳐 꾸준히 노력한 결과로 오늘 독립학교로써 정성어린 경사가 또한 베풀어진 학교 개교식에 참석한다는 즐거운 일이라 하지 않을 수 없다.

헌데 이상하게도 사소한 것이 내 마음을 더욱 흔들고 있다. 생각! 생각이라기보다 어쩌면 꿈이란 말이 더 적절할 것 같다. 꿈! 한 사람의 꿈! 꿈을 우리의 실사회에서는 하나의 낭만이나 공상으로 쭉지 꺾인 새처럼 알고 있다.

허나 이루어진 꿈은 얼마나 보람차고 아름다운 것인가. 그것은 마치 고사한 듯한 아람드리 살구나무가 그 검고 딱딱한 표피에서 봄이면 연분홍 고운 빛깔의 꽃을 피워내는 경이와 꺾인 날개로 푸른 하늘을 날아오르는 무서운 의지의 힘을 갖고 있다는 사실이다.

더구나 미래를 향한 꿈이야……. 서로 20여년 전만 해도 그 지역에 학교가 세워진다는 것은 아득한 신화였다. 그리고 10년 전만 해도 생각하지 못한 일이다.

허나 오늘날 아담한 두 채의 교사와 운동장이 마련되어 있다는 사실은 꿈이나 공상이 아니라 하나의 진실이라는 것이다.

2년 전 오늘만 해도 보리가 파랗게 자라고 있을 그 자리에 지금 교장 선생님을 비롯하여 내빈, 학부형, 재학생들, 천여 명이 훨씬 넘는 사람들이 운집하여 여기저기 잔치가 벌어지고 운동장에서는 여러 마을 농악단이 합류하여 원무를 꿈……. 그리고 이 사실은 몇 해 전만 해도 한 사람의 심중에 밀폐되었던 꿈이 아니었던가. 그 꿈이 한 형태로 여기에 分明히 실현되고 있는 것이다.

그것은 3년 5년 10년 어쩌면 내가 생각하는 것보다 훨씬 오래 전부터 꾸어 온 꿈이었을지도 모른다. 그 꿈을 위해서 피어린 노력을 했을 것이다. 그 꿈을 위해서 더러는 이 세상에서 아무런 보상없는 절망과 눈물도 흘렸을 것이다. 이것이야말로 진흙 속에 묻힌 옥이 아니고 무엇인가.

지금 어지러운 우리 현실에는 옥 속의 돌멩이들이 널리 호가하지만 스스로 진흙 속에 없는 듯 묻혀 부신 광채를 발산하는 옥들이 널려 있다는 것을 생각할 때 세상을 조금은 안심하고 살아도 좋을 것 같다.

꽃과 정치

생명에는 경이와 신비와 무서운 창조의 힘으로 가득 차 있다. 바위틈에서 자라는 한 잎의 억새풀이나 나뭇가지 둥지 속의 한 마리 새새끼나 깊은 바다 속 암초에 붙은 한 개의 소라나 우주를 산책한 우주인까지…….

허나 이보다 더 무서운 경이와 신비와 힘을 가지고 인간의 마음을 흔들어 놓는 것이 있다. 그것은 꽃이다. 꽃을 싫어하는 사람은 세상에는 없다. 생활에 지쳐서 어린 자식들과 병든 남편을 버리고 달아난 비정의 여인도 꽃은 사랑했고, 史上 악덕 위정자들도 꽃밭만은 화려하게 꾸미었고, 사람을 죽인 살인범도 꽃 앞에서는 순한 양이 되어버린다. 아무리 가혹하던 정치도 꽃의 말살정책을 세운 적은 아직 없다.

허나 한 가지 이상한 것이 있다. 꽃을 그처럼 사랑하는 인류가 스스로 불지른 전운으로 해서 꽃을 보는 마음과는 반대로 불행과 불안 속에 살아간다.

그러고 보면 한울 안에서도 꽃과 정치와는 무연한 모양이다. 정치와 무연한데서 영원한 꽃의 의미가 있는지도 모른다. 요즈음 한일회담으로 일어나는 데모로 해서 불안하고 긴장한 서울 소식이 전파를 타고 온다. 꽃을 즐기는 상춘객으로 고궁마다 인산인해를 이룬다는 평화로운 서울 소식이 바로 그 전파를 타고 있다.

꽃과 정치와는 무연한 것처럼 역시 지방의 명승고적도 꽃을 찾아드는 사람으로 인산인해를 이룬다. 꽃과 생활과는 무연한 것처럼.

허나 무연한 것일까? 한때 쌀값 폭락으로 풀이 죽었던 농부들의 눈망울에는 지금 어두운 그늘이 한층 짙어 간다.

목마르게 하늘을 우러러보고 있으나 기다리는 비는 영 오지도 않을 것 같고 한 뼘도 못 자란 보리가 벌겋게 타고 있는데 마을마다 탐스러운 살구꽃 복사꽃은 한 고비를 이루고 있다. 생활을 정치를 초월한 대가가 그린 한 폭의 동양화처럼 평화롭기만 하다.

오월의 신록처럼

남들은 꽃철이라고 요란스럽게 법석을 떨면서 일요일이면 야외로 나가는데 나는 별로 할 일 없이 야외 한 번 못 나가고 사월을 보내고 오월을 맞이했다. 다정한 문우들과 하루쯤 야외로 나가 놀다 오고 싶은 마음은 간절해도 실천을 못하고 있다.

구태여 그 까닭을 말하라면 여러 가지가 있지만, 요즘 이른바 관광지란 곳이 도대체 갈 마음이 안 들기 때문이다. 흡사 난장판의 시장처럼 법석을 떠는 유흥객(?)들의 흥분(?)하는 꼬락서니가 보기 싫다. 자연의 품에 안겨 유쾌한 하루 그러면서도 조용한 하루를 보내고 싶은 우리의 소망이 산산이 깨어지기 때문이다. 폭음을 하고 고성방가와 음담패설로 타인의 기분마저 잡쳐 놓는 피해(?)를 입히는 것이 그들은 유흥이라고 생각하는지 모른다.

술을 먹고 노래를 하고 노는 것은 그들의 자유다. 그러나 남의 기분을 잡쳐 놓으면서까지 향락한다는 것은 무지의 소치다.

비단 야외에서뿐만 아니다. 대체로 사람들은 공공의 질서를 유지하는데 무성의하기 짝이 없다. 심하면 자기가 지켜야 할 어떤 의무마저 포기하고 만다. 예컨대 극장 안이나 버스 내에서 자기 멋대로 빈 좌석을 잡아 놓고 선착한 손님을 외면하는 따위의 악습(?)은 하루 빨리 없어져야 하겠다.

이런 일은 사소한 일이라고 코웃음치는 독자가 있을지 모르겠으나 지금 우리 사회는 그런 사소한 일부터 하나씩 시정해가야겠다. 그렇게 해서 사회 질서를 확립하는 방법을 취해야겠다.

그래서 신록이 싱싱하게 푸르른 이 아름다운 계절에 우리는 좀 더 저 오월의 신록처럼 마냥 푸르른 생활을 모색해야겠다.

버림받은 천사

시골 어린이들이 버림받은 천사라면 시골 어머님들은 버림받은 천사들이다. 이것은 비단 시골뿐만 아니다. 우리나라처럼 어린이들이 학대받는 나라는 아마 없을 것이다. 또한 우리나라 어머니처럼 미풍양속의 관용 속에 인권이 유린되는 사회는 없을 것이다.

해마다 오월이 돌아오면 『어린이날』, 『어머니날』이란 명절이 있어서 도시에서는 다채로운 행사를 하지만 시골에서는 『그림 속에 떡』으로 그저 한갓 허례이지 『어린이날』이나 『어머니날』의 보람이나 의의를 생활화하기까지는 아직도 까마득한 신화로 남아 있다.

『어린이날』에 도시 어린이들이 어버이의 손을 잡고 명승고적이나 공원 극장 다과점을 찾아가는 시간에 시골 어린이들은 저녁끼니나 찬거리를 마련하기 위하여 나물을 찾아 산야를 헤맨다. 그 어린이들 속에는 식은 밥 한 덩이로 점심을 때웠거나 굶은 애들이 많다.

언젠가 선생님한테 들은 페스타로지 할아버지나 어제 들었던 방정환 아버지의 감동 깊은 얘기는 아득한 꿈만 같고 가난한 살림에 시달려 신경이 날카로워진 부모의 생활 속에 돌아오면 꾸중이나 매가 무서워 눈치를 보며 풀 죽어 살아야 한다.

이것은 비단 어린이의 이야기만이 아니다. 시골, 아니 한국의 어머니들도 다를 것이 없다. 새벽 다섯 시부터 밤 열시까지 하루에 열일곱 시간 이상의 중노동을 한다. 위로는 조부모, 부모, 남편, 형제, 시누이로부터 학교 가는 놈들까지 온 가족을 위하여 하루에 세 때의 정성어린 식탁을 마련하며 종일 땡볕 속에서 밭을 가꾸고 틈나는 대로 세탁, 집안 잔일을 해야 한다. 밤에는 등잔불 심지를 돋우며 길쌈일이나 내의 양말들을 손봐야 한다.

카네이션꽃 이름조차 모르고 언제 마음 한 번 펴지 못한 채 타의 속에서 하루가, 한 달이, 한 해가 한 평생이…… 젊은 날이 하루처럼 가버린다.

생각해 보면 너무나 처절한 일이다. 나 아닌 남을 위하여 일평생을 고스란히 바쳐야 하는 우리나라 어머니들은 낙원을 잃어버린 버림받은 천사들이다.

『유태인이 사는 마을의 겨울』

—김영태 씨 처녀시집 간행

57년도에 『사상계』지로 시단에 데뷔한 신예시인 김영태 씨의 처녀시집 『유태인이 사는 마을의 겨울』이 서울의 중앙문화사에서 이번에 간행되었다.

『사상계』, 『현대문학』, 『문학춘추』, 『시단』, 『현대시학』에 발표한 36편의 샤갈의 회화같은(?) 씨의 시는 유니크한 자기 세계를 형성하고 있다.

『한 뼘만한 거리에 정을 두고 두 동공 속으로 이리도 가까이 느껴봄은 비단 당신과 나의 축소된 대화들이 눈같이 희여서일까 아니면 백지 한 장도 못 가진 숨결 때문일까』

「꽃씨를 받아둔다」

이렇듯 60년대를 사는 김영태 씨의 시는 원색의 화화감을 준다. 어설픈 실존주의를 표방한 시나 드라이한 시와는 다른 씨의 시를 어쩌면 문학소년소녀들은 싫어하고 있을지 모른다. 하지만 시를 아는 현대인이라면 시인이며 화가인 씨의 시에 탐닉되어 보는 것도 좋을 것이다.

(국판 150p=한정판 500부=값 200원)

춘궁기

교단에 선 지도 어느덧 7년이 된다. 7년이란 세월은 내 반생에 있어 결코 짧은 것이 아니다. 20대를 송두리째 문학에 바쳤다면, 30대의 남은 청춘은 고스란히 교육에 바쳐 왔다. 내일이면 싫든 좋든 40대의 언덕에 다시 올라서야 한다. 뜻이 있을 수 있고, 보다 알찬 40대를 위해서는 30대의 생활을 다시 한 번쯤 돌아다보는 의의가 있을 것이다.

문학을 하다 보니 국어 선생이 되었다는 동기부터가 대단히 불순하다. 문학을 시작한 것이 내 인생의 그릇된 출발이었다고 항상 뉘우치는 자신이고 보면, 교단에 선 것도 그릇된 내 인생의 재출발이 아닐 수 없다.

허나 10리 넘는 시골길을 누비며 7년을 가르쳤고, 가르치고 남는 시간은 밤 새워 가며 열심히 시를 갈고 닦아 왔으니, 내가 생각하는 것보다는 그렇게 엇갈린 인생도 아닌 것 같은데, 항상 춘궁기에 쫓기고 몰리는 가장같이 풀이 죽어 살아 온 것은 무슨 뜻일까?

또 봄이 온다. 시골 봄 뒤에는 춘궁기가 벌리고 서 있다. 춘궁기가 되면 시골 교직자들에게 두통거리가 되는 것은 무엇보다도 결석이다. 더구나 결석의 거의가 금전과 직결된다. 그래서 춘궁기가 되면 결석이 더 불어난다. 중학교보다는 의무교육인 국민학교가, 도시보다는 시골 학교가 훨씬 많다.

작년 6학년 한 선생님은 부임한 지 2개월이 넘어도 얼굴 한 번 보지 못한 학생이 55명 중 10명이나 된다고 울상이 되기에, 나는 가정방문을 당부한 일이 있다. 어찌 그 뿐이랴. 많은 식구와 사모님의 입원비와 애들의 교육비가 큰 사채가 되어 부채를 청산할 길이 없어 천직으로 알던 교직을 떠나는 교장을 보낸 것도 춘궁기의 슬픈 전설이다.

몇 해 전, 잠시 쉴 무렵 기성회 감사역에 있을 때의 일이다. 흉년이 거듭 겹친 내 고장에 어려운 P선생님이 부임했다. 노모님을 비롯하여 아홉 식구에다가 학교에 가는 놈들이 많았던 모양이다. 물려받은 유산이 없는 한 뻔한 일이다. 저축은 고사하고 항상 가불 생활을 면치 못하는 처지들이다.

근래는 최대의 성의를 다해주는지 몰라도 그때는 사정이 좀 달랐다. 그해 늦봄 무렵이다. 공무원 요정 출입 금지, 외식 금지 등의 등쌀에 선량한 시골까지도 도시락 소동이 일어났다. 점심시간이 되면 다른 선생님의 만류에도 P선생님은 꼭 도시락을 들고 교실로 가는 것이다. 그리고 점심시간이 끝날 무렵이면 학생의 손에 의하여 빈 도시락이 책상 위에 날려 왔다.

그런데 한 가지 이상한 일이 생겼다. 선생님들은 물론, P선생님께서 점심 잡수시는 것을 누구

하나 본 학생이 없다는 사실이다. 이것을 먼저 눈치챈 것은 걸식아 급식을 맡고 있는 고용인이었다.

점심시간마다 와서 급식일을 도와주는 P선생님은 언제 점심 들 시간이 없는 것만 같았다. 날마다 도시락은 가져오고 먹었다고는 하지만, 점심 먹는 것을 한 번도 본 일이 없기 때문이다.

이상한 예감이 든 고용인은 다음날 오전 선생님들이 비운 틈에 P선생님의 도시락을 들어보았다. 이상하다. 무게가 없다. 끌러 보자, 예상대로 도시락은 텅 비어 있었다. 고용인은 무슨 잘못이나 저지른 듯 도시락을 들고 교무실을 나왔다. 그런데 일은 여기서 끝나지 않고 이상하게 빗나갔다.

P선생은 그날 급한 출장을 갔고, 거기서 곧장 집으로 돌아갔다.

다음날 잠자리에서였다.

『여보.』

『왜?』

『당신이 잡수실 수 없으시면 애들이라도 줄 걸 그랬어요.』

『무엇을……?』

『도시락의 옥수수죽 말이요. 아깝게도 그만 쉬었지 뭐요.』

『무엇이?』

빈 도시락 이야기가 나돌자 자모들은 다투어 앞장섰던 일이 있었다.

몇 년이 지난 일이지만 도시 잊을 수가 없다. 해마다 봄이면 채 아물지 못한 상처의 아픈 통증같이 되살아오는 것은 아직도 내 이웃과 내 제자들이 봄이면 병처럼 가난을 앓고 있는 춘궁기가 있기 때문일까?

허나 결석을 모르는 부지런한 봄은 분명히 눈앞에 다가서고 있다.

흙

신의 섭리였던지 아니면 대자연의 의지였던지, 인간의 존재는 하늘과 땅이 있음으로써 가능해진 것 같다. 고금을 통해서 인간의 슬기와 지혜와 노력은 발전에 더욱 채찍을 거듭하면서 무한한 인간의 가능성은 현대 과학의 승리를 가져왔고, 그 승리의 깃발은 달나라의 고요와 신비의 바다까지 꽂았다. 영원한 세월 속, 영원할 지구 위에서는 몽골피에 형제가 맨 처음 종이풍선을 띄워 세상을 깜짝 놀라게 하였지만, 지금은 세 살 난 아기들의 풍선놀이에 지나지 않는 것과 같을 것이다.

물고기가 물을 떠나서 살 수 없듯이, 인간 생활의 필수조건인 의식주의 넓은 범위에서부터 인간은 흙을 떠나서 살 수 없으며 앞으로도 또한 그러할 것이다. 사람은 태어나면서부터 무한한 흙의 혜택을 받는다. 맨 처음 하늘과 땅이 열리고 짐승스런 한 사나이가 광막한 벌판에 서서 푸른 하늘과 끝없는 지평을 바라보다가 체내에서 꿈틀거려 오는 허기를 무르익은 열매로 채우고 심한 갈증을 흙에서 솟는 샘물로 달래기 시작한 그날부터 달나라를 산책한 암스트롱까지 흙에서 받는 혜택은 그 방법과 형태와 돗수가 다르겠지만 사람은 태어나면서부터 흙의 혜택을 받는다.

일월성좌를 비, 바람, 구름을 제 뜻대로 다스리는 하늘이 아버지라고 한다면, 심한 가뭄과 홍수와 태풍과 혹한 등 온갖 자연의 횡포를 아무런 불평없이 받아들이고 순종하면서도 봄이면 어김없이 움을 틔우고 꽃을 피우고 가을엔 알찬 오곡백과를 여물게 하는 땅은 온갖 슬픔과 괴로움과 수모를 스스로의 운명같이 참고 살아가며 남편과 자식들을 위하여 자기를 희생하는 한국적인 어머니라고나 할까…….

어린 아기가 어머니를 떠나서 살 수 없듯이, 인간의 역사는 흙을 떠나서 살 수 없는 흙의 역사라고 할 수 있을 것이다. 모든 생물이 서식하는 곳은 모두 흙이다. 허나 흙 하면 농촌을 생각한다. 농촌의 순박하고 거짓없고 부지런한 농부를 생각한다.

그러나 나는 흙 하면 어머니와 고향을 생각한다. 흙은 어머니와 같다. 지워버리고 싶어도 지울 수 없는 마음의 고향과 같다. 영혼의 한 구석에서 어머니와 고향이라는 등불이 꺼진 사람같이 불행한 사람은 없다. 이것은 감상이나 낭만의 꽃잎은 아니다. 더구나 모든 일이 마음대로 안 되면 귀향한다는 자포자기적인 뜻은 더욱 아니다. 고향은 마치 동심 속에 부푼 희망과 같이 영험한 힘과 엄청난 용기를 사람에게 주고 있다는 것이다.

탕자는 모든 것을 잃었을 때 고향에 돌아가고, 현자는 모든 것을 얻었을 때 고향에 돌아간다고 생각해 오던 나는 1957년 늦가을 어느 날 몇 권의 책과 몇 편의 시가 들어 있는 낡은 가방 하나를 들고 고향에 돌아왔다. 내가 고향을 떠난 3년 동안 나로 하여 집안에 쌀 색깔이가 늘어난 것은 말할 것도 없지만, 초라한 몰골로 고향에 다시 돌아온 나는 탕자였는지 아니면 우둔한 현자였는지 지금까지 알 수가 없다.

허나 분명히 기억하지만 약주를 즐기시는 아버지는 그 가을부터 더 술맛이 나시는 것 같았고, 아버지보다 더 엄하신 어머니는 그저 눈물만 흘리셨다. 하기야 어찌하랴! 3대 독신에서 단 형제를 두었다가 6·25 때 한 팔을 꺾이듯 큰 아들을 잃고 보니 속셈으론 나만이라도 곁에 두고 싶은 것은 인간의 상정이며 부모님의 간곡한 소망이었을 것이다. 그해부터 줄곧 나는 한 덩이의 흙처럼 흙 속에 묻혀 살아 온 셈이다.

10원 짜리 한 장 때문에 끝내는 어머니를 울리고 학교에 가지 않으면 안 된 가난한 흙의 아들들, 가난이 무슨 죄야 될 수 없다지만 바닥없는 운동화를 끌고 십리나 이십 리 길을 다니다가 보면 꽃다운 동심도 끝내는 얼룩이 지는 안스러운 세월 속에 묻혀 나도 십리가 넘는 시골길을 한 십년 조석으로 누비다가 보니 피멍진 인생의 반생을 더듬거리며 살아 온 셈이다.

아침이면 저마다 책가방을 들고 대문을 나가는 5남매의 아버지…… 빈 주먹으로 40이 넘는 주제에 한 편의 시를 쓰느라고 몇 번이나 호롱불의 심지를 돋우고 끙끙거리며 밤을 지새우는 초라한 자신을 발견할 때, 40년 전 이 방에서 나를 낳으시느라고 아픈 진통을 치르셨을 어머니를 잊을 수 없으나, 한 줌의 흙으로 환원하신 어머니는 오는 가을에도 몇 송이 산국화를 피워내시리라.

32도의 땡볕이 내려쬐는 논두럭에 앉아 안사람이 따라주는 막걸리 잔을 받다가 보니 아내의 손이 내 손보다도 훨씬 크다. 15년 전만 해도 제법 고왔던 손가락 마디가 엄청나게 굵어지고 거칠어졌다. 그 동안 우리의 생활이 얼마나 고달팠는가 새삼 실감이 난다.

막걸리 잔을 드니 어머니보다 술을 더 좋아하시던 아버지 생각이 울컥 떠올라 눈시울이 뜨겁고 목에 메인다. 넋없이 아버지 산소를 바라보다가 나를 이상스럽게 쳐다보는 큰놈의 얼굴에서 옛날의 나를 발견하고 소스라치게 놀라 술을 단숨에 마시고 일어섰다.

예부터 농사는 천하지대본이라고 하지만, 뜻이 있어 흙으로 돌아가는 사람들을 두고서는 노동은 고된 인욕의 길이다.

1970년 최신형 자가용이 농촌을 횡단한 아스팔트길을 질주하지만, 농로도 제대로 못 내고 손수레 한 대 못 가진 농민들은 한 삼백 년 전 10대조 조상들이 짊어지고 다니던 원시한 지게로 지금도 그들의 가난한 생활과 인생을 운반하고 있는 것이다. 위정자들이, 실업가들이, 모든 지식인들이, 월급장이들이, 장사꾼들이 저마다 잘 살고 자녀들 교육도 척척 잘 시켜내지만, 농촌 형편으로는 어림도 없는 소리다.

숨이 막힌다. 일손을 멈추고 일어선다. 바람 한 점이 없다. 흙 묻은 손등으로 이마의 땀을 씻는다. 햇볕에 타고 벼잎에 씻겨 얼굴이 쓰리다. 뒤를 돌아다본다. 안사람보다 훨씬 뒤쳐진 큰놈은 부지런히 일손을 놀리는 모양이다. 벼 키가 커서 보이지 않으나, 벼 포기 움직이는 것으로 알 수 있다. 측은한 생각이 든다. 태어나기 전부터 유종 앓은 탓으로 젖도 못 먹고 미음으로 컸다. 그 흔한 우유 한 통 못 먹인 탓인지 열세 살이지만 아주 허약하다. 그놈에게 힘겨운 노동을 시키고 있다. 농촌에서 사는 한 온 가족이 일을 해야 한다는 것이 내 생활 신념이기 때문이다.

웬일인지 『푸우』 한숨이 절로 나온다. 피로에서 오는 것일까? 분명히 말할 수 없으나, 32도 땡볕보다 뜨겁고 아픈 회오리바람이 가슴속을 휩쓸고 지나간다. 나는 다시 일을 시작한다. 줄밭같다. 나는 나를 가르쳐주신 은사님들의 행방을 생각해 본다. 다정했던 친구들의 얼굴을 더듬어본다. 제자들의 이름들을 외워 본다.

인간은 인간 사회에서 가장 소중한 사랑과 믿음과 은혜를 저버리고 인간이 인간을 배신하지만, 사랑도 미움도 은혜도 도덕도 모르는 흙은 인간을 배신하지 않는 법이라고 나는 내 영혼에게 흙의 신화를 조용히 들려주고 있었다.

지혜로운 독서

시를 쓰는 것도 고역이지만, 이것은 스스로 택한 길이라 그래도 잘 견디어 낸다. 허나 산문을 쓰는 일은 참으로 견딜 수 없는 고역이 아닐 수 없다. 원고지 두세 장 메꿔내기에도 밤새도록 끙끙거리는 처지라서, 하룻밤 몇 십 장씩 거뜬하게 써내는 사람들을 보면 그저 경이와 선망의 대상이 된다.

나는 몇 해 전까지만 해도, 새해에 일기장을 곧잘 마련했지만, 열흘을 뽄 좋게 써본 적이 없다. 이것으로 볼 때, 산문과 내 생리와는 인연이 없는 것 같다. 그처럼 인연이 먼 산문을 1년에 한두어 번 어찌할 수 없이 쓴다. 그것은 꼭 청탁인 경우가 된다.

가을이 되면 으레 연중행사로 독서 주간이 있고, 독서 권장, 도서관 무료 개관, 갖가지 행사가 번지르하고, 각 기관 단체는 물론 거리의 게시판, 심지어는 버스 안까지 독서 주간 표어가 나붙고, 신문 잡지들은 각계 각 층의 중진들부터 가정주부까지 독서에 대한 고금의 숨은 진리까지 다 쏟아져 나오며, 라디오 텔레비전까지도 좌담회 대담 등, 다채로운 프로가 마련되지만, 대체 과중한 업무와 고달픈 생활에 쫓기고 몰리는 현대인들이 얼마나 눈을 주고 귀를 기울였던 것인가? 또한 그들에게 얼마만큼의 참신한 자극제가 되어 왔었던가?

이와 반대로 사람들은 날이 갈수록 결사적으로 책을 읽지 않는다. 밥벌이가 되는 직업 외에는 책을 읽지 않는 것이 정상이고, 읽는 것이 비정상의 시대가 온 것이다.

요즈음 학생들은 교과서류 외에는 책들을 안 읽는다. 장차 대문호 지망생들까지도 안 읽는 데는 손발을 다 들었다. 보충 수업까지 죽박는 수업과 고입, 학력고사, 대입시 등에 공부하는 학생은 숨 돌릴 새 없고 안하는 학생은 놀아도 책을 읽지 않는다.

학교 도서관의 책들도 진열장 속에서 낮잠 자기 일쑤이고, 그나마 한 해에 한 차례라도 제 구실을 하는 것은 고전책들이다. 그것도 고전 경시 대회를 대비해서 반 억지로 읽히기 때문이다.

방학 동안의 개관은 손님이 없다 해서 사서교사를 두고 정상적으로 운영하는 학교 외에는 손님이 없게 마련이고, 또한 파손으로 교외 대출이 안 되는 책들은 진열장 속에서 낮잠자기 마련이다.

이렇게 교과서 외의 책을 읽지 않는 학생들은 지식과 교양의 균형을 이루지 못하고 절름발이 인격 형성의 교육이 되게 마련이다. 비단 학생들만이 아니다.

교사들도 역시 마찬가지다. 소관 업무 학급 경영, 죽박는 수업 등으로 하루가 어떻게 돌아가는지 그저 분주하다. 틈나는 대로 읽는 것은 역시 교과에 딸린 책이나 신문들이다.

글을 쓴다는 나도 마찬가지다. 월부 전집에다가 월간 문학지 넷, 주간지 둘, 신문 하나를 정기구

독하고 있으나, 그저 읽는 것은 읽혀지는 시, 수필 그리고 몇 편의 단편이 고작이다.

월부로 들여놓은 전집은 단 한 줄도 못 읽었다. 이처럼 독서도 세분화된다고나 할까? 그러면서도 월부가 끝나면 새 월부가 어김없이 예약되고, 구독물은 다시 정기 구독 신청을 하기 마련이다. 그 뿐만 아니라, 새로 나오는 잡지들을 더 보고 싶다. 지금 나로서는 책과 거리만이라도 좁히고 언젠가 올 내 시간을 기다리며…….

현대와 같이 다양한 지식을 요구하는 시대에 독서를 잃고 살아가는 것도 묘하지만, 독서하기 좋은 계절을 운운하는 것도 몇 백년 쯤 거슬러 올라가 양반 세상의 선비나 가릴 일이지 현대를 사는 생활인의 지혜는 아니다.

공부하고 독서하는 데 좋은 계절, 알맞은 시간, 조용한 장소만을 어찌 가려서 읽을 수 있으랴? 가난해서 겨울밤 눈빛으로 책을 읽고, 반딧불로 학문의 뜻을 세운 송강과 차윤의 고사와, 나포레온의 진중문고는 좋은 예가 될 것이다.

우리는 직장에서 가정에서 언제 어디서나 수중에 책을 지니고 사는 생활 태도를 기르고 시간 있는 대로 한 줄, 한 장씩이라도 읽어가는 것이 지혜 있는 현대인의 독서법이라고 나는 생각한다.

『훌륭한 스승을 만나지 못하면 좋은 책을 구하라.』라는 중학교 때 읽은 한 구절이 이 밤에 생각나는 것은 무엇 때문일까? 책은 역시 만인의 스승이기 때문이리라.

득실 · 이임

세상은 하나를 얻으면 하나를 잃는 법이다. 하나를 잃으면 또한 하나를 얻는 법이다.

하나를 얻고 잃지 않는 사람은 다행한 일이지만 잃기만 하고 얻지 못하는 것 같이 적자나는 인생은 없다.

소학교 5학년 때, 그러니까 일제가 마지막 발악하던 해였다.

서른 마지기 논과 열 마지기 밭농사를 지어 송두리째 공출로 빼앗기고 호밀죽, 쑥죽, 콩깨묵밥, 심지어는 겨벼무리까지 잡수시면서도 돌아가시면 쓸 치상비는 궤 속 족보의 책갈피에 숨겨두었다가 임종 때사 말씀하신 할아버지께서 어찌 된 일이신지 쇠고기를 한 그릇만 훌훌 마시고 싶다고 하셨다. 그러나 끝내 한 그릇 대접 못한 채 아버지와 나는 고아로서 남의 집 깔담살이로 인생을 출발하여 자수성가하신 조부님을 잃었고, 절망의 반년 뒤 감격의 해방이란 커다란 새 역사를 얻었다.

그리고 중학교 4학년 때 6 · 25의 비극은 한 분밖에 없던 형님과 한 소녀를 한꺼번에 빼앗아 갔고, 비오는 캄캄한 어느 밤 태평동 골목에서 한 그루의 시의 묘목을 주어서 내 인생의 텅 빈 마음자리에 심었다. 그리고 스물여섯 때 안사람을 얻었고, 그 다음해 나는 3대 독신인 아버지를 잃었다.

한 평생 어머님의 방보다 주막을 더 많이 드나드셨고 어머님보다 더 좋아하시는 술을 내가 벌어들인 돈으로 10원 짜리 약주 한 잔 대접 못한 채 끝내 아버지를 잃고 말았다.

술로 인하여 두 번이나 병원의 신세를 지고서는 오래 사시고 싶어서였던지 좋아하시는 술도 끊으셨지만 결국은 헛일이었다.

아버님의 운명을 예감하신 어머님께서 돌아가시기 하루 전날 술을 한 잔 드렸더니 단숨에 마시고는

『세상은 다 변했어도 술맛은 제맛이다.』

라고 하신 말씀을 나는 잊을 수 없다.

지금도 그때 일을 생각하면 아쉬움과 부끄러움과 서글픔과 그리고 나를 향한 분노가 뒤범벅이 되어 뜨거운 불기둥으로 내 가슴을 치밀려 옴은 어찌 할 수가 없다.

허나 이제 후회한들 무슨 소용이 있으랴? 그 무덤에 핀 한 송이 산국화보다 더 무상한 흙으로 환원하신 아버지를…….

그리고 나는 마지막 어머님을 잃고 지금 10년이 넘었지만 어머님보다 소중한 것을 얻기는 고사

하고 아직까지 생각해 본 일조차 없다.

어머님께서 세상을 떠나신 뒤 오뉘를 더 얻었고 몇 십 편의 하잘 것 없는 시를 얻었지만 첫 시집『遠雷』를 내고서 10년이 지난 오늘날까지 한 권 엮어낼 만한 시가 없는 주제에 그것들을 어찌 어머니란 이름엔들 비하랴?

그러니까 6년 전.

운동장 변두리로 밀려나 쓸쓸하게 즐비 섰던 푸라타나스도 5월로 접어들면서 신록으로 물져 오고 있었다.

얼마 전까지만 해도 수업시간이면 화단에서 교실 앞을 기웃거리며 웃던 노랑 개나리가 연초록 여름살이로 단장하며 제법 점잔을 피운다. 유리창으로 빤히 보이는 국민학교 교정에서는 어린이 날의 축하 행사로 어미니들의 치맛바람이 술렁대고 스피커는 목 쉰 테너같이 열을 올리고 있지만, 지금 내 눈에는 보이는 것이 없고 내 귀에는 아무런 소리도 들리지 않는다.

책을 읽으며 설명하고 있지만 글자마다 책상 위에 얼굴을 파묻고 울먹이며

『선생님! 선생님!…….』

『우리들은 어떡해요…….』

『딴 학교로 가지 마요, 선생님…….』

울부짖던 까만 단발머리와 하얀 칼라와 금시라도 나를 숯덩이처럼 까맣게 불태워버릴 듯한 간곡한 호소와 뜨거운 고요가 지금도 나를 사로잡아 흔든다. 대체 떠난다는 것은 무엇일까? 나이가 들수록 잃는다는 사실이 내 영혼을 놓아주지 않고 사로잡는다.

상실 속에는 이 우주에서 다시는 영원히 만날 수 없는 것이 너무나도 많기 때문일까?

부임한 지 2년째, 꼭 모자라는 닷새를 아쉬운 여백으로 비워두고 딸같이 따르고 사랑하던 애들과 헤어져야 한다. 그렇다. 오늘 오전 수업만 끝나면 점심시간에 나는 이임 인사를 해야 한다. 전교생에게 인사하기 전에 그래도 내 반에는 먼저 알려주어야 할 것 같아 오늘 조회 때사 발설했던 것이다. 그랬던 것이 그만…….

만나면 헤어지고 헤어지면 다시 만난다고 사람들은 입버릇처럼 말하지만 헤어지는 것이 이처럼 어둡고 가슴 아플 때, 만나는 것 또한 얼마나 힘들고 어렵겠는가?

첫째 시간부터 내 반 교실에서는 조용한 바람이 불고 어린 학생들은 무엇인가 분주하게 서둘고 있었다. 나는 간절히 말렸으나 저희들의 마지막 정성까지 거절하느냐는 투에는 할 말이 없었다.

『선생님』이란 대명사가 내 고유명사같이만 절실하게 느껴진 것은 교단에 선 뒤 처음인 것 같았다.

점심시간부터 송별회는 시작되었다. 바닥없는 운동화를 신고 20리 길을 다니고 단돈 10원 한 장 때문에 부모님의 마음을 울린 가난한 학생들이 사랑으로 베풀어 준 송별회다.

나는 오늘만은 취하고 싶었다.

내 살아 온 반생을 나는 그 무엇인가에 항상 취해서 살아 왔고 또한 취해서 살아가고 싶은 것이 내 인생의 신념인지도 모른다. 하물며 오늘 같은 날에 어찌 저 뜨거운 인정에 취하지 않을 수 있으랴?

티끌 속 인생에서 얼 하나 물들지 않은 인간의 원시한 자연의 뜨거운 포옹을 두고 떠나는데 새로 발붙일 땅에는 이와 같은 인정의 강물이 흐르고 있을까?

나는 주는 대로 술잔을 비웠다.

아까부터 성화대던 즉흥시를 오늘만은 또 읊어야 할 것 같았다. 마셔도 마셔도 더욱 맑아오는 정신…….

허나 박수가 끝난 뒤 나는 일어서서 눈물어린 눈을 감고 무엇을 읊고 있었다.

—전략—

복례야 성재야 윤호야
오늘 술맛은 정말로 쓰구나
　왜 이렇게 쓴 술만 받아왔느냐
　허나 우리는 술보다 더 쓰디쓴 가난을 먹고살지……
　가난을 먹고 살아도 나무처럼
　푸르고 건강하게 자라자
　—중략—
페허다. 정말로 페허다.
꽃들이 흐드러진 이 簡易驛에서
울지도 못하는 한 나그네는
三等 人生들이 서성거리는
또 다른 簡易驛을 向하여
언제까지 期限인지 알 수 없는
다음 驛에서 못쓸지도 알 수 없는
차표 한 장을 꼬옥 손에 쥐고
불 꺼진 三等車에 오른다.

길조 이제

시골에 살면서도 한동안 참새들을 볼 수가 없었고 새소리를 들을 수가 없었다. 과학문명은 농촌이라 해서 자연 그대로 그냥 두지를 않는다.

문화가 발달하고 생활이 부유해진 탓인지, 물질문명에 짓이겨져 인간의 심성이 거칠어진 소치인지, 아니면 시대적인 기호에서 오는 탓인지, 쏟아져 나온 총기류에 동물들이 온통 수난을 당하지 않을 수가 없었다.

총기의 포로가 된 인간들은 나무하는 가난한 촌로를 산짐승으로 쾌적의 방아쇠를 당기고, 시냇속 학두루미를 잡고 보니 학두루미가 아니라 빨래하는 아낙네였다는 분노의 신문기사가 사회면을 메울 때, 하물며 덩치 큰 산짐승들은 물론 꿩 비둘기 물오리 기러기 학두루미 뜸부기 참새들 심지어 굴뚝새까지 오죽했으랴?

제 아무리 날개를 가진 이놈들도 6 · 25전란 때 어디를 가나 겨냥해 온 죽음의 총구를 피할 수 없었던 우리 40년대들의 젊은 때 신세를 면치 못했을 것이다.

하늘이 무너져도 솟아날 구멍이 있다더니 멸종에 가깝던 이런 새들에도 하나의 생명의 문이 열린 것이다. 그것은 다름 아닌 수렵금지령이었다. 세상사는 만사가 돈이네 권력이네 하지만 역시 법도 무섭구나 하는 실감을 나는 처음 느꼈다.

그 뒤 멸종 직전에 있던 새들을 다시 볼 수 있게 된 것은 마치 우리 일상생활에 긴한 생활필수품이라기보다는 우리 인간에 있어 보배롭고 소중한 그 무엇을 잃었다가 되찾은 것처럼 즐겁고 그저 마음이 흐뭇할 뿐이다.

춘천에서 참새 한 마리를 잡고 5천원의 벌금을 물었다는 사회면 토막기사는 하잘 것 없는 일 같지만 천연자연물 보호와 생명의 존엄 양쪽이 무참하게 짓밟혔다는 점에서 참으로 중요한 일이 아닐 수 없다.

근래에 와서 이른 아침에 눈을 뜨면 까치소리가 이불속 가슴속까지 파고들어 올 때가 종종 있다. 참말로 기쁘고 반갑고 다시 와주어서 얼마나 고마운지 모른다. 6 · 25전란을 치른 뒤로는 까치를 볼 수가 없어서 까치소리를 듣기란 아주 어려워졌었다.

한 30년 전만 해도 동구 밖 정자나무나, 하늘을 솟구친 미루나무 울타리의 쭉나무나 뒷울안 감나무나 앞뒤 동산의 노송에다 둥지를 치고 이웃이나 한 식구처럼 다정하게 살던 까치들…….

이른 아침 까치가 울면 반가운 손님이 오가는 할머님들의 전설이 사라져간 지도 오래고,

까치 까치 설날은 어제께고요.
우리 우리 설날은 오늘이래요.

신나게 노래를 부르면서도 까치가 무엇이냐고 묻는 꼬마들이 늘어가고 있는 것은 참으로 서글픈 일이 아닐 수가 없다.

그처럼 귀한 까치를 요즈음 다시 볼 수 있게 되고 다시 그 소리를 들을 수 있게 된 것은 오랫동안 그립던 친지나 살붙이들을 다시 이웃하고 사는 것 같은 큰 기쁨이 아닐 수가 없다.

낯선 마을길을 다가가도 까치둥지가 보이고 둥지 언저리를 쌍쌍이 까치들이 날며 청대 째는 듯한 그 경쾌한 소리를 들으면 고향에라도 온 것 같은 아늑한 마음이 들고, 닫아진 어느 사립을 밀고 들어가도 인자하시고 백발이 성성한 할머님께서 맨발로 툇마루를 내려서며 탕자로 돌아온 나를 반갑게 맞아줄 것만 같은 착각과 더불어 깊은 감동을 느낀다.

오는 새해에는 무슨 좋은 일이라도 꼭 있을 것만 같다. 아니 꼭 있어야겠다.

과학문명의 총구보다 인간들이 무서워서 인간의 마을을 떠난 지 오랜 길조들이 다시 되돌아온 것은 우리 마을에 좋은 길조라고 혼자 생각해 본다.

세상일이란 묘한 것이다. 아무런 이해관계가 없어도 주변에서 무슨 일이라도 생기면 입들을 모아 입방아를 찧고 열을 올리는가 하면, 주먹을 치고 핏대를 세워가며 신들이 나서 괜히 흥분들을 한다.

자연사의 경우에는 운명에 돌리거나 함구하게 미련이지만, 인간사의 경우에는 이상이리만큼 흥분하게 마련이다. 한 10여년 간을 직장 따라 10리가 넘는 시골길을 조석으로 오가다 보면 별의별 일들을 다 보고 듣고 겪는다.

허나 인간사란 대개 내 마음을 슬프게 하고 괴롭게 하고 더러는 절망케 하는 일도 많았지만 대자연은 나이가 들수록 지난날에 무심했던 사소한 것들까지도 나를 감동시키고 때로는 나를 깜짝 놀라게 하는 것들이 많아지고 있다.

가을걷이가 끝나고 짓이겨 질대로 짓이겨진 산야같이 삭막한 것도 없다. 한 평생 소원인 제 논 한 마지기를 끝내 가져보지 못한 채 남의 머슴살이만 하다가 죽어간 배 서방의 절통한 울부짖음 같은 거친 바람만 모여 사는 텅 빈 벌판도 나를 감동시키지만, 하루 밤새에 온 산야를 은세계로 이룬 것도 나를 사로잡는다. 첫눈을 밟으며 흥겨운 맘으로 출근하다가 산등성이에서 열댓 마리도 넘는 꿩들이 눈 속의 먹이를 열중하여 가리고 있는 것을 보 순간, 나는 그만 발길을 멈추고 말았다.

불과 20미터 안의 거리에서 오랫동안 내가 서 있어도 총구 안에 한 번도 들어가 본 적 없는 놈이라 나 같은 인간쯤은 아랑곳없는 듯 초연하고 평화롭기만 한 꿩들을 볼 때 실로 흐뭇하였다.

대자연이 아니고서는 그릴 수 없는 한 폭의 생동하는 화폭…….

첫눈 위에 막 퍼지는 아침햇살!

그 햇살을 받고 더욱 선명한 장꿩들의 오색찬란한 아름다운 깃털……. 그 꿩떼의 등 너머 하얀 대숲에 묻힌 하얀 초가에서 모락모락 피어오르는 한 줄기 아침 연기…….

나는 어느 새 그 화폭의 물감으로 풀어지고 그 화폭 속에 한 仙童같이 세속을 초월한 듯 근래에 느끼지 못한 자연의 큰 감화를 받았다.

열댓 마리의 꿩…….

고기로 따지고 돈으로 환산하면 얼마 되지 않는 이 하잘 것 없는 것들이 지금 내 영혼을 사로잡고 놓아주지 않는다.

그리고 마흔이 넘은 나는 큰 기적이라도 보는 소년같이 흥분하고 있었다. 마치 선경에라도 든 듯 마음이 해밝아지고 날개라도 돋아난 듯한 기분으로 출근하면서 나는 줄곧 꿩 생각으로 흥분하고 있었다.

그날 출근부에는『지참』이라는 파란 도장이 내 도장보다 먼저 찍혀 있었지만 꼭 무슨 기쁜 일이 있을 것만 같아서 나는 하루 종일 흥분하고 있었다.

자서

돌에도 10년간 공들이면 신통하고, 피리도 10년간 불면 입신한다고 한다. 어떤 업일지라도 한 번 손대면 10년간은 밀고 나가라고 요즘 대기업주들이 자기 자제들에게 가훈처럼 말하는 것도 종종 듣는다.

과연 일리가 있는 말이다. 사내대장부가 제 좋아하는 일이라면 한 10년쯤은 밀고 가서 끝장을 볼 일이다. 그러나 이 말 속에는 10년간 노력의 결과가 없을 때는 서슴없이 물러설 줄 아는 슬기와 용단이 필요하다는 함축성도 곁들어 있다.

헌데 나는 10년도 아닌 20년을 매달려도 승산 없는 싸움을 계속하고 있으니 참으로 딱한 일이다. 하기야 지금이라도 용단을 내려 물러서는 것이 현명한 처사인지 알 수 없는 상황에서 또다시 한 10년쯤 더 목숨을 걸겠다고 나서는 내 꼴이 좀 초라하기도 하지만, 한편으로는 장하기도 하다.

『바람들의 世上』은 제1시집 『遠雷』를 내고서 꼭 15년 만에 내는 시집이다. 더구나 『遠雷』는 500부 한정판으로 세상에 남은 것은 아마 증정본의 70여 부 정도일 것이다. 시집이 서점에 나가기 전에 출판사는 파산됐고, 『遠雷』의 행방은 송두리째 영영 알 길이 없었기 때문이다.

해서, 제1부는 『遠雷』에서 여덟 편을 골라 옮겼고, 나머지는 15년 동안 쓴 것들 중에서 가려 연대순없이 닮은 것들끼리 모았을 뿐이다.

남들은 한 달에 몇 편씩 쓰고, 늦어도 2, 3년 안에 꼬박꼬박 시집을 엮어내는 세상에 시 한 편 가지고 몇 달씩 끙끙거리는 것은 보통이오, 시어 한 개가 걸려 몇 해를 초고집 속에 짓이겨져 있는 것에 비하면 15년 만에 시집을 내는 부끄러움은 그래도 견딜만하다.

이쯤 되고 보면 과작이라기보다 역량이 부족한 소치로 솔직하게 말해서 내 시는 발상에서 발표하기까지는 거의가 3, 4년쯤은 실히 걸린 셈이다. 옛날에도 삼단(三端)을 지키는 것은 선비의 당연한 도(道)라고 생각해 왔었다. 이제 남은 일은 내 여생을 걸고 칼집에서 다시 칼을 뺀 이상 쳐야 할 일이다.

서(序)를 주시기로 하시고 떠나신 박남수(朴南秀) 선생님의 옥고를 내 게으름 때문에 얻지 못한 대신 이 궁색한 변명을 쓴다. 끝으로 『바람들의 世上』이 나오기까지 여러모로 도와주신 여러분들께 진심으로 감사를 드린다.

서

한 그루의 화초를 가꾸면서 그 성장 과정을 지켜보는 것은 즐거운 일이 아닐 수 없다.

하물며 한 인간의 육체적 성장을 우리의 육안으로 하나하나 지켜보는 것은 얼마나 즐거운 일이겠는가?

그러나 그보다 더 즐거운 것은 눈에 보이지 않는 한 인간의 다양한 정신적 성장을 눈여겨 지켜보는 일이 아닐 수 없다.

순호(順浩) 님이 학생모를 쓰고 처음 나를 찾아온 것은 20년도 훨씬 넘은 저쪽 일이다.

그날로 하여 우리는 서로 마음을 주는 사이로 오늘에 이르렀다. 세상사가 몰라보게 변하고 인사(人事)도 많이 변하였지만, 변하지 않은 것은 아마도 순수한 순호 님의 시심인 것 같다.

시심은 그 시인의 인간성을 한 열 번쯤은 거르고 거루어 낸 진수일진대, 어찌 세속적인 것처럼 변할 수가 있으랴?

순호 님은 1960년대에 『코스모스를 위한 抒情』을 낸 시인이다. 『코스모스를 위한 抒情』의 시인 박순호 군은 코스모스처럼 순수하다.

『박 군에게 있어서 우러러보는 하늘과 스쳐가는 바람과 빛나는 별은 그대로 시심에서 찾은 박 군의 새로운 발견임에 틀림없다』라고 신석정 선생님은 「서문」에서 밝히셨다.

순호 님은 다양한 면에 소질을 가진 시인이다. 시로써 인생을 만족할 수 없었지만, 아니면 조상들의 슬기와 쩌른 땀내와 울먹이는 한숨소리가 한 되어 풀어주고 싶었던지, 민요 연구에 몰두하여 이제는 민속학에 일가를 이루고 있는 것으로 알고 있다.

해서 이제 순호 님은 민속학에 안주했는가 하였더니 뜻밖에 찾아와 제2시집 『雪原』을 발간한다기에 그저 반가운 바람에 격에 맞지 않는 이 글을 쓴다.

『雪原』을 계기로 해서 순호 님의 시도(詩道)에 빛나는 내일을 기원할 뿐이다.

시작 노트 · 1

새삼스러운 일이 아니지만 시를 읽으면서 더러 회의를 느낀다.

그것은 시가 인간을 상실해 가고 있다는 공허감 때문이다. 인간 부재의 시. 성한 피 한 방울, 성한 살 한 점이 없는 인간. 아무리 해체 분해하고 재조립을 해봐도 녹슨 쇠가루와 폐유 냄새밖에 나지 않는 시. 시마저 컴퓨터의 화신으로 타락한다면 우리는 어디에서 박탈당한 인간의 현주소를 찾을 것인가.

성한 것을 찾는 것만이 내 시의 길이다. 상실한 성한 피, 썩지 않은 성한 살덩이, 아니 조상들의 청빈한 가난, 한숨까지 전부 되찾아야 한다.

산 사람에게 없는 것은 저승의 사자에서까지 찾아내고 싶은 것이 내 시의 길이다.

남북

지난 어느 일요일 오후였습니다.

앞뒤의 꽃밭들을 손질하고 울안에 있는 몇 그루 배, 사과나무 가지를 쳐주고 마지막 복숭아나무를 전지하고 있을 때, 국민학교 1학년짜리 손녀년이 다람쥐같이 쪼르르 쫓아와서 앵무새처럼 코웃음을 섞어 가며 지껄이는 것이었습니다.

『할아버지!』

『왜?』

『북쪽 가지만 하나도 남기지 말고 모두 다 끊어버리지…….』

『왜?』

『이북놈들은 전부 다 나쁜 놈들이니까…….』

『…….』

나는 전기에 감전이나 된 사람처럼 깜짝 놀라면서 전지하던 일손을 멈추고 나를 올려다보고 있는 1학년짜리 손녀를 내려다보았습니다.

앞니가 두 개 빠진 이빨을 드러내고서 천진난만하게 웃고 있는 연주란 년의 귀엽고 예쁜 얼굴은 분명히 한 송이 꽃보다 더욱 더 예쁘고 귀여웠습니다.

돌덩이처럼 굳어가는 할아버지의 표정 같은 것쯤이야 아랑곳없이 웃고 있는 손녀의 얼굴을 얼마 동안 멍하니 바라보다가 나는 분단의 비극을 또 다시 뼈저리게 느끼지 않을 수 없었습니다.

세상에서 가장 아름답고 착하고 참하고 천심 같은 동심을 지녀야 할 저 어린것들의 마음속에 단군의 핏줄을 이어받고 태어난 동족을 향하여 시퍼런 비수보다 무서운 증오와 저주가 움트고 있다니……. 생각만 하여도 무서운 일이 아닐 수 없습니다.

이제 갓 입학한 1학년짜리 국민학교 학생이 한 송이 꽃, 한 그루 나무까지 남북이란 적대 감정으로 본다면 이것은 분명히 분단된 민족만이 치루어야 할 비극이 아닐 수 없습니다.

과연 이 책임은 누구에게 있는가 혼자 곰곰이 생각하여 봅니다. 인간 교육과 반공교육을 민족의식과 주체성을 생각하여 봅니다. 북한에 있는 선량한 주민까지 송두리째 미워하고 저주하는 의식구조는 어떤 이유에서든지 다시 한 번 반성해 볼 문제라고 조용히 생각하여 봅니다.

큰 나라들의 등쌀에 끼여서 어른들의 잘못으로 6 · 25 동족상쟁을 불러일으켜 어느 민족보다도 아픔을 가진 민족으로서 마음속으로나마 서로의 상처를 달래주지 못할망정, 어른들의 감정을 어린 후세들의 가슴속에까지 물려준다는 것은 우리 민족의 앞날을 위해서는 정말로 이율배반적인 가슴 아픈 일이 아닐 수 없습니다.

나는 이북에 부모형제를 두고 월남한 실향민들을 생각해 봅니다. 헐벗고 굶주리고 있을 이북에 혈육을 두고 온 실향민들의 혈서보다 진한 글도 많이 읽어 보았습니다. 사랑하는 부모형제들을 잃고 울지도 못하고 제 아버지의 얼굴도 모른 채 어른들이 된 이 민족의 비극을 생각하여 봅니다.

나는 돌아가신 어머님을 생각해 봅니다. 3대 독신에 형제를 얻으신 어머니. 시집와서 10년이 지난 뒤에야 초산을 했고 득남을 하신 어머니. 한 여인으로 자격을 상실한 줄로 알고 절망했다가 얻은 첫 아들. 할머니는 옥동자를 낳자 온 마을을 뛰어다니시며『우리 집도 아들 났네』하시며 외장을 쳤다는 그 간절한 소원…….

그러나 6·25사변 때 그 큰 아들을 잃고 명절이 돌아오면 하루 종일 대문만 바라보시다가 해가 저물면 대성통곡하시던 어머님의 모습. 끝내 돌아오지 않는 사람은 바로 내 형님이었고, 저 연주란 놈의 친할아버지였습니다. 철이 들어서 제 아버지의 얼굴도 못 본 두 조카들을 생각해 봅니다.

피는 물보다 진하다는 말이 있습니다. 작은 빗방울들은 언제 어느 곳에 떨어지든 낮은 곳으로 흐르고 흘러서 강물이 되고 강물은 또 다시 바다로 모여 망망한 대해를 이루는데, 6천년 동안 도도히 흘러 온 우리 민족의 핏줄의 흐름을 어찌 남북이란 가증스러운 두 글자가 막을 수 있겠습니까.

만일 연주란 년의 생각대로 모든 것이 이루어진다면 남한이나 북한의 모든 꽃나무들은 병신나 무들밖에 없게 될 것입니다. 나는 꼭 해주어야 할 말이 있었으나 그만두고, 다름과 같은 「南北」이란 시를 써놓고 연주가 크기를 기다리기로 했습니다.

몇 그루
울안 果木을 剪枝하고 있을 때,

1학년 짜리
손녀가 쫓아와 나는 당부.

〈할아버지!
北쪽 가지만 전부 끊지……〉
〈왜?〉
〈以北은 전부 나쁜 놈들이니까……〉

할 말이 없구나
할아버지로도
教壇에 半生을 바친 先生으로도.

불쌍한 핏줄들아!
너희들은

이제 한 그루 꽃나무도
南北이 있구나.

가늘게 떨리는 北쪽 가지 끝
낮달이 파르르 떨고

한 마리 철새는
北에서 南으로 날아오고 있다.

시험

시험 감독에 들어가 답안지를 열심히 쓰고 있는 학생들의 표정을 하나하나 바라보면서 까만 제복을 입은 학생들 속에 한 30여 년 전 나를 생각해 본다.

대체 나는 어떤 타입의 학생이었을까?

자신만만하고 희열에 찬 학생, 좀은 초조한 학생, 불안한 표정의 얼굴, 풀릴 듯 풀릴 듯한 실마리에 얽혀 고개를 갸웃둥거리는 학생, 슬슬 선생님의 눈치나 보며 곁눈질하는 안쓰러운 학생, 낙서만 열심히 하는 낙서족, 시험지를 받자마자 얼굴을 시험지에 묻고 꿈나라로 직행하는 만사태평형…….

그 중에서 나는 어느 타입의 학생이었을까? 곰곰이 생각하여 본다.

실마리가 풀리듯 풀리지 않아 갸웃둥거리는 학생쯤이 아니었을까 하고 혼자 씁스레한 웃음을 웃어 본다. 왜냐하면 나는 시험을 싫어하는 편이었기에 공부엔 자신이 없는 것은 분명한 일이기 때문이다.

오늘날 좋은 환경과 좋은 여건이라지만 나는 지금 태어나지 않고 그때 태어난 것을 천만다행으로 생각한다. 그때도 물론 시험을 보았지만 지금과는 다르고 또 학교생활의 차이는 오늘날과는 너무나도 달랐기 때문이다.

요즈음은 조조학습, 본수업, 보충수업, 야간학습, 거기에다가 학관이나 개인그룹지도까지 받는 것을 보면, 학생들이 공부를 하는 것인지, 형벌을 치루는 것인지, 아니면 전쟁 속에서 치열한 백병전을 하는 것인지 학교에서나 가정에서나 지식 주입의 공부에 짓깔려서 마치 지옥으로 가는 예행연습을 하는 것 같은 착각이 들어 절로 한숨이 나온다.

그리고도 재수생, 삼수생, 사수생까지 나오고 입학기가 끝나면 자살소동까지 나니 통탄할 일이다. 과연 이 땅에서 언제쯤이나 입시지옥의 옥문이 닫힐 것인가 생각하여 본다.

우리가 학교를 다닐 때는 검정 물감을 들인 무명베 교복을 입었고 만년필 하나 갖지 못한 채 펜을 쓰고, 기차가 아니면 트럭으로 통학했고, 참고서는 말할 것도 없이 벌집같이 구멍 난 선화지로 된 교과서를 가지고 배웠지만 과외지도나, 개인지도나 보충수업이란 단어는 아예 없었고 그저 하루에 6교시 본수업 밖에 없었다.

방과 후의 시간은 학생 개개인의 자유로운 시간이었다. 마음껏 독서도 하고 운동도 하고 뜻 맞는 친구끼리 어울려 산에 오르고 들을 헤매고 강언덕에 앉아 푸른 꿈을 꾸고, 미래를 설계하고, 문학과 인생을 논하며 정서 함양과 소질 개발을 할 수 있는 충분한 시간이 있었다.

헌데 오늘날은 어떤가를 생각해 본다. 학생들의 시험점수가 나쁘다고 울상이 되고 심성이 거칠어 간다고 고민하는 선생님들이 아름다운 꽃을 보고도 목석같고, 더러운 것을 보고도 더러운 줄을 모르고 불의를 보고 눈감아도 즐거운 새소리를 듣고 대자연의 무궁한 조화와 신비를 보고서도 경이와 감동을 느낄 줄 모르는 학생들을 보고서는 태연자약하니 말이다.

꿈과 경이와 감동을 잃은 청소년들은 노래를 잃은 카나리아와 같고, 죽지 꺾인 새와 같다. 그리고 우등생이나 명문대를 바라는 학부모들도 이와 같다는 것이다.

요즈음 신문 사회면을 장식하는 청소년들이 저지르는 어마어마한 범죄의 원인이 어디에 있는가 생각하여 본다. 그것은 교육의 두뇌 교육에 편중하고 인성 교육을 등한한데 있다고 생각한다.

그래서 청소년들의 정서를 올바르게 육성하고 순화하여 주지 못하는 한, 현대가 요구하고 교육이 바라는 전인적인 교육은 불가능하며 교육은 기형적인 불구인간의 산실이라고 한다면 지나친 독단이라고 할 것인가? 지금 학생들은 33도의 땡볕으로 불 달은 콘크리트교실에서 구슬땀을 뻘뻘 흘리며 마치 인생의 답안지나 쓰듯이 시험을 치루고 있다.

시험! 시험!

학생 시절에도 그랬지만 나는 지금도 지독하게 시험을 싫어하는 사람 속에 속한다. 한 장의 시험지로써 한 인간을 저울질하고 측정하고 단정한다는 것은 얼마나 서운하고 위험하고 무서운 일인가!

우리는 시험지의 쥐꼬리만한 지식보다는 그 학생의 마음속 깊숙이 감추어진 보배로운 심성을 더욱 더 아끼고 사랑해야 할 것이다.

시작 노트 · 2

나는 버스나 기차를 타고 여행할 때, 많은 사람들 속에서 허전함을 금할 수가 없다.

붐비는 서울 거리, 인간의 홍수에 떠밀려 육교나 지하도를 건너면서 나무 한 그루 없는 사막 같은 고독감을 울컥울컥 느끼고 칠흑의 한밤중 같은 무서운 전율에 사로잡힘을 어찌할 수 없다.

어떤 때는 아내와 나란히 누워 있으면서도 3등열차 한 의자에 앉은 낯선 동행처럼 느껴지는 때가 있다. 생각할수록 더욱 서운할 뿐이다.

영원한 세월에 비하면 사람의 한평생은 너무나도 순간적이다. 그저 한 두어 군데 기웃거리다가 보면 이승의 해가 저문다.

이상에서 저승으로 가는 동행들끼리 따뜻한 눈웃음이라도 나누어 주고, 언 이마라도 짚어줄 일이다.

마음의 기도

크리스마스가 언제부터 우리나라의 축제로 우리의 안방까지 밀려 들어왔는지 알 수 없는 사이에 이제는 우리의 축제로 생활화되어 가고 있다. 오랫동안 우리 조상들의 신앙 깊숙히 뿌리내린 유교, 선교, 불교는 물론 원시토속적인 신앙심까지 밀어제치고 말이다.

우리나라의 명절이나 풍습에는 자녀들이나 어린애들에게 선물을 주는 일이 아주 인색하리만큼 적어서 크리스마스는 어린이나 어른들에게까지 환영을 받는 것 같다.

하기야 서양이라고 다 그럴 리는 없겠지만 어떤 나라, 어떤 도시에서는 1년간 매상량의 상품 가운데 그 중 3분의 1이 크리스마스 전후에 팔린다고 하니 말할 것도 없거니와 근래 우리나라에서도 크리스마스가 되면 백화점마다 붐비고 상품들이 날개가 돋힌 듯 팔린다고 하니 반가운 일이 아닐 수가 없다.

더구나 서민들을 상대하는 시장이나 상점들은 한산하고 백화점에서만 손님들이 몰린다니 이것은 바로 우리의 생활이 그만큼 향상되었다는 증거도 되거니와 서민층보다는 다소 부유층에서 크리스마스를 즐긴다는 증조가 아닐 수 없다. 어쨌든 기쁜 일이 아닐 수 없다. 크고 작고 간에 주고받는 선물 속에는 사랑과 정이 담겨져 있으니 오늘날같이 삭막하고 메마른 현실을 더 기름지고 살찌게 하는 활력소가 아닐 수 없기 때문이다.

지난 크리스마스날이다. 소설을 쓰는 S형의 출판기념회가 J시에서 있었다. 문단에 나온 지가 거의 20년이 다 되고, 세 권의 창작집을 내고서 처음 갖는 출판기념회라 시간에 늦지 않게 종업식이 끝나는 대로 출발했었다. 옛날 우리 祖上들은 훌륭한 문무백관이 되기에 앞서 훌륭한 한 인간으로서 도를 갈고 닦아 선비로서 갖추어야 할 舌端, 筆端, 劍端의 三端을 제 목숨보다 소중하게 지켜 왔었다.

제가 쓴 글은 자기의 목숨을 걸고 책임짐을 당연한 율법으로 알고 생활해 온 조상들의 얼을 생각할 때 글쓰는 일은 제 살과 뼈를 깎아내는 얼마나 아픈 영혼의 작업인가 새삼 무서운 생각이 들었다.

J시가도 벌써 크리스마스 축제 분위기로 술렁대고 있었다. 더군다나 주말이 겹쳐서 더하는 것 같았다.

네 시가 지나서 출판기념회는 시작되었지만 간단한 다과회까지 곁들여 끝내고 나올 무렵에는 벌써 어둠이 내리고 하느님의 축복을 받기 위하여 호화찬란하게 장식된 크고 작은 아취들만이 밤하늘에 꽃밭처럼 흐트러지고 있었다.

나는 회관 층계를 빠져나오다가 계단 옆에서 한 물체를 바라보는 순간 놀라지 않을 수 없었다. 어둠 속에서 그 물체는 서서히 움직이더니 산발된 머리를 털며 일어서서 어깨에서 땅바닥까지 전신을 담요로 둘러쓰고 어둠 속으로 서서히 사라져 가는 것이었다.

그 엄숙한 모습은 마치 예수가 인간의 속죄와 구원을 위하여 멸시와 굶주림과 박해로 시험을 당할 때의 한 폭 성화를 연상케 했었다.

버스를 타고서 백여 리 길을 되돌아오면서 나는 투르게네프의 「거지」라는 산문시가 생각이 났다. 온 천지가 꽁꽁 얼어붙은 어느 추운 겨울밤, 한 사나이가 오버 깃을 세우고 호주머니 깊숙이 손을 집어넣은 채 한길을 걸어가고 있었다. 그때 남루한 누더기를 걸친 한 거지가 두 손을 벌리며,

『나릿님! 한 푼만 적선해 주십시오.』

하고 애걸하였다.

사나이는 외투, 양복 호주머니를 하나하나 다 뒤졌다. 한주머니까지……. 그러나 가진 것이라곤 때 절은 손수건 한 장뿐.

아무것도 없었다.

사나이는 얼어 터져 온통 피고름투성이가 된 거지의 손을 꼭 쥐었다. 그리고 말했다.

『동포여! 미안하네. 나에게 가진 것이라곤 아무 것도 없네.』

그때 거지는 눈물을 주르륵 흘리며

『나릿님! 제가 바라는 것은 돈이 아니라 그 따뜻한 사랑입니다.』

라고 한 내용이다.

이 얼마나 뜨거운 인정과 동포애와 인류애가 가슴에서 가슴으로 흐르고 있는가!

차창 밖 어둠 속에는 수없는 마을들이 명멸해 가고 있었다. 그 명멸해 간 마을에도 또 많은 사람들이 지금 인정이 그리워 몸부림치고 있을 것을 생각하며, 나는 눈을 감았다. 몇 분이라고 아니 단 1분만이라도 아까 만난 그 거지를 위해서 마음의 기도를 드리고 싶어서였다.

내 고향

내 고향 정우면은 변두리론 평야이지만 동서론 정토칠봉과 남쪽엔 덕재산이 도사린 비산비야이다. 크고 작은 마을들은 모두 다 산기슭에 이룬 셈이다.

풍수설론 조리터로 알려진 회룡리 교촌마을도 정토산 남쪽 구릉 깊숙이 자리잡고 있다. 마을 앞에는 맑은 시내가 흐르고 있다.

내 아름다운 추억은 이 시내에 얽혀 있다고나 할까?

버들피리를 처음 만들어 신나게 불며 해 저무는 줄도 모르고 삘기를 뽑던 곳도 바로 이 시내 언덕이다.

겨울방학은 친구끼리 모여 놀 방 하나 없어 제 집안에 처박혀 풀죽어 지내지만 여름방학 때면 비 오는 날 말고는 거의 시내에서 보내기 마련이다.

미역을 감다가 싫증이 나면 콘크리트 깨진 흙 속에서 석축 틈새에서 왕거미만한 사시랑게를 잡고 수문이라도 열면 냇물을 거슬러 올라가며 덤풀을 더투어서 고기를 잡았다.

유달리 물손이 건 나는 언제나 남보다 큰 메기·장어·붕어가 한 꿔미씩 꿔어지고, 재수 좋은 날은 게도 대여섯 마리씩 잡았다.

그런 날 밀대방석 위에 차려진 저녁밥상은 비록 꽁보리밥이지만 성찬이 된다. 고추장에다 풋고추 넣고 빨갛게 끓인 남비는 아버지의 몫이요, 게는 풋호박에 얼큰하게 지져 놓으면 할머니는 물론 온 식구들의 여름 식욕을 돋우었던 일들은 지금도 잊을 수 없는 추억들이다.

그런 밤에는 반딧불이 유난히 날고 사랑채 지붕 위 박꽃이 더욱 하얗고, 어스럼 속 박덩이는 보름달같이 고왔다.

나는 누워서 잠을 쫓으려고 별을 세다가 쇠죽솥에다 삶은 풋콩을 까먹던 일도 잊을 수 없다.

허나 이젠 메뚜기 한 마리, 게 한 마리, 버드나무 한 그루 없고, 옛날 물뱀같이 생동하던 시냇물은 자취도 없고, 고기가 숨을 덤풀이나 개구멍 하나 없는 강 언덕이 모두 콘크리트로 포장되고 항상 기름으로 오염된 탁한 물만 괴어 있다.

정토산 빼꾸기와 동진강 풀꽃과 쭉나무에 둥지 친 까치가 한 가족처럼 평화롭게 살던 옛 고향이 그리워진다.

하늘나라의 새가 되어

숙아!

스물다섯 꽃다운 나이로 네가 벽제화장장에서 한 주먹 재가 되고, 네 영혼은 한 마리 새가 되어 하늘나라로 영영 가버린 지도 한 철이 다 되고 벌써 또 계절이 색바뀌는구나.

지난 여름 유난히도 불꽃 튀던 땡볕, 그 지루했던 장마, 또 폭우와 태풍, 너무나도 어지러웠던 이승의 마지막 너의 여름이었다.

이젠 가을. 지금은 한밤중이다.

추녀 끝에는 한가위 보름달이 등불같이 떠있고, 온갖 풀벌레소리는 텅 빈 들을 메우고도 방안까지 물밀려온다.

외삼촌은 잠을 이루지 못하고 가엾은 네 인생을 이 밤 생각한다. 이 세상에 태어나서 기쁘고 즐겁게 한 번 살아보지 못하고 그늘에서 그늘로, 슬픔에서 슬픔으로 굴뚝새처럼 옮아다니며 쓸쓸히 살다간 숙아.

너는 어두운 네 육신이 싫어서, 숨 막히는 외로움이 싫어서 하늘나라로 날아갔느냐? 뇌를 앓지도 않았는데 정신박약아가 되어 국민학교 문 앞에도 한 번 가보지 못한 채 빈방에서 빈상으로 그리움을 찾아 돌아다니고, 항상 빈집을 지키며 조롱 속 새처럼 살다간 숙아.

스물다섯 고운 나이에 곱게 화장 한 번 못하고, 양장 한 번 못하고, 그 흔해빠진 뾰족구두 한 켤레 못 신고 가버린 가여운 숙아.

방학 때, 볼 일이 있어 서울에 사면 저 혼자만 외삼촌을 가진 듯이 1학년짜리 어린애처럼 좋아 날뛰던 너. 외삼촌 따라 외갓집 간다고 좋아하다가도 엄마 눈치를 보다가, 아빠 눈치를 보다가 눈치 속에 풀이 죽어가더니, 이젠 그 눈치는 아픈 화살이 되어 엄마 아빠 가슴을 뚫고 외삼촌 가슴팍에 수없이 꽂혀 오는구나.

이른 아침 애들을 데불고 뚝섬 쪽으로 산책이라도 갈 양이면 부자연스러운 몸과 흐린 정신에도 앞장서던 너.

> 한 10년에
> 서울 아침 散策을 한다.
> 내 四肢에
> 싱싱한 풋과일처럼
> 매달린 애를
> 이 世上 오직 하나뿐인

外三寸이라
이렇게도 좋은가.
—「서울 참새」 일 절

이제 「서울 참새」 시 한 구절 속에 너는 살아있구나.

숙아!

사람도 사람도 많은 서울거리를 이젠 하루 종일 헤매어도 너를 만날 수 없고 『삼춘』, 『삼춘』 하고 부르던 울음 같은 네 목소리는 들을 수 없구나.

웃는 듯 우는 듯한 그 슬픈 눈동자도 이 하늘 아래서는 볼 수 없구나. 한평생 천심 같은 동심 속에서 동심을 살다간 너는 하늘나라를 날으는 날개가 돋아 꽃나무에서 꽃나무로 훨훨 훨훨 날아 다니며 살기를 이 밤 외삼촌은 손 모아 손 모아 빈다.

어느 흉년에

내 시는 어머니의 가슴속에서 영영 풀리지 못한 채 응얼진 핏덩이거나, 아니면 한밤중 반딧불 같은 호롱불 앞에서 반쯤 석불이 되어 어깨를 울먹이던 어머니의 속울음이다.

내 시는 어머니의 피응어리를, 그 속울음을 꽃으로 쪼아내는 아픔들이다. 세상도 역시 그 안에 있다. 해서 쉰이 넘은 지금도 나는 시를 쓸 땐 어린애 되어 꼭 어머니를 떠올리며 詩를 쓴다. 가슴속 피를 쥐여 짜서.

한 평생 동행 하나 만나기도 힘드는 세상에, 여기 남남이 아닌 혈육 같은 두 동행을 만난 것도 어머니의 눈짓이리라.

나의 역작

시인에 있어 어떤 작품을 꼬집어서 역작이라고 말할 수 없다. 왜냐하면 어떤 작품치고 심혈을 기우리지 않는 작품이 없기 때문이다. 역작이라면 시인의 입장에서 대표작이란 말로 바꿀 수도 있다.

하룻밤 자고 났더니 자기가 세계적으로 유명한 시인이 되었더라고 호언을 한 천부적인 시인 바이런 같은 사람은 한 번 써서 서랍 속에 처넣으면 절대 최고 같은 것은 했다고 하고, 소동파의 「적벽부」의 퇴고 일화는 유명하며, 우리나라 시인들도 하룻밤에 한 편 쯤은 거뜬히 써내는 사람이 많다지만, 나는 한 편의 시를 완성하는 데까지는 몇 달 걸리는 것은 예사요, 더러는 하루 해, 심지어는 3년까지 걸리는 것도 많다.

졸시 「나이가 드는」(『사상계』, 1961)이나 근작으론 「放學」은 해마다 바뀌는 습작 초(抄)에서 세 번이나 새것으로 옮겨졌으니 3년 이상 걸린 셈이다.

이런 작품은 대개 몇 개의 시어가 걸려서 그러기 마련이다. 이렇게 오랜 기간을 걸려 썼지만 역작이라고 할 수 없고 대표작이라고는 더욱 말할 수 없다.

「나의 역작」은 온 힘을 기울인 작품이면서도 수작 또는 대표작의 뜻까지 광의적인 함축성을 요구하고 있을 것이다. 사람들은 내 시에 대하여 역사성, 현실성, 토속성 등, 다양하게 말한다.

여기 나의 역작이란 작품에 「탈에게」(『한국문학』, 1979. 10)를 든다. 나는 탈을 두 측면으로 본다. 옛날의 탈과 오늘날 사람마다 쓰고 다니는 보이지 않는 탈, 즉 두 개의 탈이다.

> 탈아
> 눈만 살아 있는 탈아
>
> 입은 아꼈다가
> 어느 흉년
> 벼슬 빌어먹을래,
> 이 깊은 골짜기 속
> 너럭바위 위에
> 다시는 집안소리 못하게
> 너럭바위로 눌러 놓고
>
> 네 두 귀는
> 이 높은 절벽 위
> 나뭇가지 옹이에 꿰어

다시는 세상소리 못 듣게
소금 절인 바닷바람으로
꿰어 놓고,

탈아
눈만 살아 있는 탈아
옛날 영험한 탈같이
한 천리 밖 귓속말도 듣고,
한 백년 뒤 참말도 하고.

내가 「탈에게」에서 탈이란 옛 조상의 탈을 노래했지만 그 탈보다는 오늘날 사람들이 쓰고 있는 속세의 탈이다. 사람이 살아가는데 무슨 탈이 그렇게도 필요한 것일까?

탈투성이의 사회는 윤리 도덕이 땅에 떨어지고 양심과 정의와 진심이 저버림 당하고, 불신과 불의와 위선이 서로 얽어 짜고 합세하여 인간 부재의 사회를 만들기 마련이다.

사람이 무서운 죄를 꿈꿀 때, 무슨 죄를 저지르고 불안하고 초조하고 쫓기고 묻힐 때 인간은 탈을 쓰게 마련이다. 이것이 타락한 현실적 탈로서 그의 표본으로 다음 졸시 「病身」을 소개한다.

마을은
온통 탈투성이.

한두 개는 못난 것들
한 대여섯 개쯤 가져야
世上을 잘 살아 간다.

제 철까지
어느 病身이 기다려,
朝夕으로 탈바꿈하며
한밤중이면
또 탈을 꿈꾼다.

食口들도 모르는,
더러는 저도 모르는
무서운 탈의
무서운 탈.

탈 하나 없는 성한 사람
洞口 밖에 떠밀려
病身으로 살아간다.

성실하고 진실한 인간에게는 탈이 필요 없고, 앞으로도 또한 영원히 필요 없을 것이다. 그러나 탈투성이의 사회에서는 버림받고 떠밀리고 소외당하고 숨 막혀 죽기 마련이다.

이러한 탈투성이 속에서 헤어나고 싶어서 쓴 작품이다. 그러나 이와 반대로 옛날 탈에는 나의 애정이 깃들어 있다. 언젠가 어느 박물관에서 본 탈은 두 눈만 있고 입과 귀는 음각과 양각으로 만들어져 있었다. 왜 눈만 있을까? 말할 수 없고 들을 수 없는데 보기만 하면 무슨 소용이 있을까 회의를 느꼈다.

그러나 그 생각은 오늘날과 같이 절실하지도 않고 오히려 신비롭고 영원한 힘이 있을 것 같았다. 양각된 귀는 천년 전 조상의 은은한 속삭임도 다 들을 것만 같고, 음각된 입은 30년, 50년, 1백년 전의 역사를 증언하고 또 백년 후를 예언할 수 있는 신통력과 영험한 힘이 있을 것 같았다.

허나 오늘날 사람의 입과 귀는 분명히 있는데도 옛날의 탈보다 더 병신들이다. 옛날 탈에는 인간의 말 못할 서민들의 아픔과 인간의 간곡한 소원이 서려 있다. 「탈에게」에 대하여 말할 수도 없고 또한 어떤 명목으로도 시작 해설이나 노트는 사족임을 부인하고 싶지 않다. 탈의 두 측면을 비교하면서 읽어 보면 「탈에게」라는 작품을 쉽게 이해할 것이다.

좀 더 대담한 표현을 위하여*

너무 어렵다는 것이다. 쉽게 쓴다고 쓰지만 어렵다는 것이다. 40여명의 동료 중에서 시를 읽는 사람은 불과 몇 명, 그 중에서 고개라도 끄덕이는 이는 한 명이나 있을까 말까다. 그렇다고 독자를 무시해버려도 좋을까? 독자를 아예 생각지 않고 쓴다는 시인도 있지만 나는 소심한 탓인지 그렇지 못하다.

지난날엔 나도 그런 고고한 자세로 시작한 때도 있었지만, 이 어려운 시대에 시인이 해야 할 일이 무엇인가를 생각할 때 양심의 눈까지 감을 수 없다.

그러면 시인은 끝내 시인과 시인 지망생과 자기도취 행위로 시를 써야 할 것인가? 쉬우면서도 깊은 감동을 주는 시를 쓰고 싶다.

시어 선택, 구성에 너무 연연하고 세심한 것 같다. 좀 더 대담한 주제 선정, 거칠고 비약적인 시어 선택, 과감하고 참신한 표현을 하지 못한 것이 불만이다. 허나 어떤 이유에서든지 난해시는 거부한다.

시가 너무 길어진다는 것이다.

詩道에 있어서 언어 연금술도 중요하지만, 언어의 경제학도 중요한 과제다.

시는 열 마디로 할 것을 다섯 마디로, 다섯 마디로 할 것을 세 마디로, 세 마디로 할 것을 한 마디로, 한 마디로 할 것은 침묵을 지키는 것이 시다라는 옛날에 읽은 어느 시인의 구절이 잊혀지지 않는다.

말하고 싶은 말을 끝내 못했을 때다.

시인만은 말해야 하지 않을까? 이 땅의 한 송이 이름없는 풀꽃부터 이 민족의 자유와 정의를 지키기 위하여 시인의 붓끝이 녹슬어서는 안 될 것이다.

* 이 글은 '나의 시의 불만은 무엇인가'에 대한 답

씨앗

나는 요즘 어렸을 때 할머니한테 들은 민요를 곰곰이 생각해 본다.

몇 해 거듭 겹치는 대흉년에 사람들은 하나 둘 고향을 떠나기 시작했다. 더 날 먹고 더 잘 살기 위해서 떠나는 것이 아니라 당장 목구멍에 풀칠이라도 해서 죽지 않기 위해 대대로 살아온 고향을 버리고 떠돌이 인생으로 떠난 것이다.

그런데 한 가족만은 떠날 수가 없었다. 왜냐하면 병을 앓는 극로(極老)하신 아버지가 계셨기 때문이다.

다음해 봄이었다. 임종을 눈앞에 둔 아버지는 아들을 불러 앉히고 말을 했다.

『얘야! 농사 채비를 해야지…….』

효성이 지극한 아들은 깡마른 아버지에게 씨앗이 없다고 차마 말할 수가 없었다.

『예 예. 해야지요.』

하고, 빈말로 대답만 했다.

아버지는 아들의 손을 꼭 쥐며

『얘야! 내 베갯속에…… 내 베갯속에…….』

하고, 말을 잇지 못한 채 눈을 감았다.

아들은 베개를 따 보니 분명히 왕겨를 넣어 만든 그 속에는 금빛 조가 가득 들어 있었다. 아들은 남들이 버리고 간 씨앗을 아버지가 한 톨씩 모은 덕분에 그것이 씨앗이 다시 되어 농사를 짓고 다시 옛날처럼 행복하게 살았다는 내용이다.

헌데 요즘 세상은 씨앗의 중함을 모르고 씨앗 속의 영원한 생명력은 더욱 모르는 것 같다.

뿌리를 이야기하고 잘려나간 뿌리도막까지 찾는 어른들도 매한가지인 것 같다. 뿌리는 과연 어디에서 나왔는가?

거목을 보고 놀라 감탄하는 사람들도 한 톨의 씨앗의 존재를 까맣게 잊고 있다. 미개한 원시인들도 밀림 속 열매를 따먹고서는 씨앗을 묻는다는 말을 들었다.

하늘을 솟구친 몇 아름드리 거목도 바람에 날리는 한 톨의 작은 씨앗이다. 씨앗의 소중함을 모르는 민족은 애국이 희박한 민족이다.

5월

『4월은 잔인한 달』이라고 엘리옽은 노래했지만 5월은 일선 교사로서는 가장 가슴 아픈 달이다.

신록이 우거지고 보리누름이 드는 5월에는 학생들 가출이 가장 많은 시기이기 때문에 문제성을 가진 학생들의 학부모는 말할 것도 없고 담임선생은 나름대로 초조와 불안 속에서 5월을 보낸다.

5월에는 어린이날, 어버이날, 스승의 날, 청소년의 달 등, 기념일도 많다.

해마다 어린이날만 되면 어린이의 공화국이나 된 듯이『어린이는 어른의 아버지』란 워즈워드의 절구를 프랑카드처럼 내걸지만 얼마가 지나면 동화 속에 나오는 부모 없는 천사들이 된다.

어버이날에는 중학교에 다니는 놈이 있으면 어머니 가슴에 꽃 한 송이, 고등학교 놈은 조그마한 선물 하나다. 그것도 대개는 여학생들의 경우다.

스승의 날은 어떤가? 좋든 싫든 학생들은 의무적으로 돈을 내야 하고 그 돈으로 간부들은 꽃과 선물을 마련 식장에서 전달하고 음료수로 노고에 대접한다.

어버이·스승의 은혜가 어찌 꽃 한 송이, 선물 하나로 보답되랴? 사부가 바라는 것은 흐트러지고 빗나가는 청소년의 마음을 바로잡아 주는 일이다.

모든 행사는 반짝이로 끝나고 만다. 학교, 가정, 사회가 온갖 심혈을 기울여도 출석부는 결석이 불고 교실에는 빈자리가 늘어간다. 돈 밖에 모르는 상점, 만화점, 튀김집, 오락실에서는 흡연·음주를 일삼고 노상에서 금품 갈취를 태연하게 자행하고 있어 해마다 청소년 선도의 달을 무색케 하니 한탄할 노릇이다.

청소년은 그 나라 역사를 잴 수 있는 자요, 그 민족의 번영을 달 수 있는 저울추다. 과연 그들의 어둔 가슴속에 누가 빛을 밝혀주고, 누가 참된 용기와 희망을 넣어줄 것인가? 그들의 타는 목에 생명수가 되고 불타는 육체를 시원한 그늘로 덮어주며, 누가 길을 잃고 헐벗고 떨고 있는 그들 영혼의 따뜻한 봉우리가 될 것인가?

5월이 되면 빛나는 훈장도 없는 일선 교사의 가슴엔 아픔의 훈장이 무겁다.

가정방문

모든 것에는 제 터전이 있다. 꽃은 꽃밭에서, 새는 나무둥우리에서, 고기는 물에서, 호랑이는 굴에서, 사람들은 집에서 자연과 적응하면서 살고 있다.

학생들은 거의 하루를 학교생활로 보내지만, 가정과 사회의 바람을 타는 어린 가지들이다. 그래서 새 학기만 되면 학교에서는 연간 계획으로 가정방문을 빼어 놓을 수가 없으며, 담임으로서 한 해 학생을 지도하려면 방문을 하지 않을 수 없다.

도시와 읍면 지역과 농촌은 형태는 다르지만 학생 생활지도상 중요한 영역을 차지하는 것이 가정방문이다.

학생이 지식을 얻기 위해서 생활하는 것은 학교지만, 학생이 인간적 생활을 영위하는 곳은 가정이다. 일선 교사가 학생을 지도하고 가르치는 것은 세상을 살아가는데 원만한 인간으로 만들기 위해서 지도하는 것이지, 지식을 주입하기 위해서 지도하는 것은 아니다.

이렇게 볼 때, 학생을 가장 잘 이해하려면 그 부모와 가정환경을 잘 아는 길밖에 없다. 이러고 보면 가정방문의 필요성이 따른다.

오랜 이야기지만 매스컴에 가정방문에 따른 금품 이야기까지 곁들여 금지니 허락이니 등 소란을 피운 일이 있었는데, 가정방문이란 학생지도상 필요에 이루어지는 일이지 당국이 왈가왈부할 성질의 것이 아니다. 우리나라 교육행정의 자의 눈금은 언제나 대도시를 표준하는 것부터가 무엇인가 석연치 않고 눈에 거슬린다.

하기야 옛날에는 서울에서 중요 과목을 담당하면서 3년 안에 집 한 채 마련 못하면 병신이라 했다고 한다. 또한 샀다고 하면 어쩔 것인가? 다른 사람들 편안히 쉴 때 새벽부터 밤늦게까지 뛰어 허리띠를 졸라매고 저축해서 말이다.

더구나 제자들을 사랑하는 교사는 그 민족의 양심이라면 지나친 말일까? 농촌의 일선 교사는 흙을 다스리며 살아가는 학부모같이 학생들의 꿈을 키워주며 산다.

죽음

석가는 왕자의 영화를 버리고 인간의 사고(四苦) 때문에 설산 고행을 했다.

지명(知命)의 언덕을 눈앞에 바라볼 때는 죽음의 뒷모습이 아른아른 보이는 것 같더니, 지명을 넘어 두어 해가 지나니 죽음의 얼굴이 환히 보이는 것 같다.

내 딴에는 성실하게 열심히 살아왔지만, 곰곰이 생각해 보면 고작 시집 몇 권이 내가 살아온 인생의 전부라고 생각할 때 너무나도 초라하고 허망하다.

얼마 전 일이었다. 두 아이를 잃고 세 번째로 죽어 갈 아들의 얼굴을 바라보며 속울음 우는 아버지가 가슴속 생피 한 방울 한 방울 쥐어짜서 쓴 수필을 읽어주면서 여러분들의 목에 무슨 목걸이가 걸려 있는가 한 번 만져보라고 엉뚱한 질문을 한 일이 있었다.

그랬더니 학생들은 자기의 목을 몇 번씩 더듬어보더니 아무 목걸이도 없다고들 일제히 말했다.

그런데 한 학생이

『이것밖에 없어요.』

하고 말해서 쳐다봤더니 불룩 튀어나온 제 목대줄을 잡고 있었다.

내가 맞다면서 그 학생을 칭찬해주자, 다른 학생들은 일제히 웃음을 터뜨렸다. 나는 흑판에 가로 긴 선을 하나 긋고 시발선상 쪽에 눈금을 하나 찍었다. 그리고 짧은 쪽 선 위에 『生』자를 쓰고, 긴 선 아래에 『死』자를 썼다.

삶과 죽음은 별개의 것이 아니고 하나다. 숨 쉴 때는 삶이지만, 숨이 멎는 순간부터는 죽음인 것이다. 사람들은 살아 있는 동안 눈에 보이지 않는 죽음의 목걸이를 저마다 달고 다니는 것이다. 사람들은 단 한 번 자기에게 주어진 짧은 삶을 어떻게 사는 것이 가장 보람있는 삶인가를 한 평생 생각하며 살아가야 한다.

나는 지난해부터 이상하게도 죽음이란 무엇인가에 대한 생각에 많은 시간을 앗기고 있다. 안방에서 뜰 건너 사랑방으로 가는 것이라고 할까? 아니면 작은 방에서 큰 방으로 건너가는 것이라고나 할까?

길을 가다가도, 잠을 자다가도 울컥 울컥 죽음 생각이 난다. 아니 때문일까? 아니면 건강 탓일까? 남의 일 같지 않고 절실하게 느껴진다. 사람은 너나 할 것 없이 죽음에 부끄럽지 않는 삶을 살아가 갈 일이다.

한 개의 은행알

내가 고등학교를 갓 졸업하고서 태인 시정(詩亭)에 잠깐 머물고 일을 볼 때이니까 30여년 전 일이다.

시정의 자연의 경관이야 태인 고을에서 당연히 으뜸이다. 시정엔 두 그루의 아름드리 은행나무가 있어 묘목도 귀하던 참이라 은행을 손수 심고 가꾼 묘목 몇 그루를 가져다가 집에 심은 것이 꼭 한 그루가 살아서 지난해부터 은행이 열기 시작하더니 올해는 더 많이 열렸다.

생각해 보면 꼭 30여년 전에 한 개의 은행알이 저렇게 큰 나무가 되다니…….

생활이 안정될수록 은행나무를 바보면 대견스러운 때가 많았다. 더구나 그때는 6·25 직후라 세상은 아주 살벌하고 생활들은 말이 아니었다. 그 어수선한 세월 속에서도 용하게도 저놈만은 생생하게 잘 자라서 지금 밑동은 거의 아름이 되고 줄기차게 하늘을 솟구친 것을 보고 있노라면 사람의 운명이나 세상사란 마치 아리송해서 알 수 없는 일이다.

그때 내가 살던 집은 네 칸 가옥이었는데 헐고 조그마한 양옥을 신축하고 내 소년시절부터 소원이었던 가난한 시인이 되어 기나긴 밤을 지새우며 가슴속에 성한 피를 쥐여 짜고 생명을 조금씩 불사르며 시를 쓰다가 아내가 구워 온 은행 안주에 소주를 마실 때, 어떤 진수성찬을 이 은행 몇 알에 비하랴!

낙엽지는 달 밝은 가을밤도 좋지만, 함박눈이라도 펑펑 오는 날은 제격이고, 은행맛도 쫄깃쫄깃 더욱 미각을 돋운다.

젊어서 손수 심은 은행알 한 알에서 30여년이 지난 반백의 초로에 그 은행나무에서 열매를 따서 술안주로 삼으며 시를 쓸 줄이야 누가 알았으랴…….

초가을만 해고 무성한 잎새에 가리어 보이지 않던 것들이 이젠 노란 방울같이 매달려 예쁘기만 하다. 30여년 만에 거두어들인 열매라고 생각할 때, 더욱 더 소중하다.

나는 안방에서 텔레비전을 보고 있는 애들을 생각해 본다. 어느 놈 하나 씨 뿌리고 가꾸는 놈이 없다. 화단에 꽃 한 포기, 나무 한 그루 심고 가꾸는 일이 없다.

지금은 가을이다. 모두가 제 열매를 거두어들여야 할 때다. 씨 뿌리고 땀 흘려 가꾼 사람은 거두어들일 것이요, 뿌리지 않고 가꾸지 않은 사람은 텅 빈 두 주먹 속에 어둠이 가득 차있을 것이다.

책머리에

내가 맨 처음 『문학예술』에 시 「山」을 추천받은 해가 1955년이니까 문단에 발을 디밀고 시작생활한 지도 올해로 꼭 30년이 된 셈이다.

30년이라면 한 세대, 한 사람의 생애 전부라 해도 지나친 말은 아니다.

신의 선택을 받아 이 세상에 사내대장부로 태어났으면 세상 사람들을 깜짝 놀라게 할만한 일도 많으련만, 한 소녀의 그리움 때문에 문학을 시작한 것부터가 내 인생의 그릇된 출발이요, 게다가 3대 독신의 가문에서 오직 한 분밖에 없던 형님을 6 · 25동란에 빼앗긴 분노와 슬픔 때문에 문학의 세계를 영영 벗어나지 못하고 내딴에는 시에 인생을 걸고 온 심혈을 기울여 왔다.

그 동안 『遠雷』(1961), 『바람들의 世上』(1976), 『어느 凶年에』(3인 공저, 1982) 등 3권의 시집을 냈지만, 30년 동안 쏟아 온 정성과 노력에 비하면 너무나 초라하고 허망하기도 하나, 이제 와서 후회하지는 않는다.

왜냐하면 내가 선택한 길이요, 한평생 내가 좋아서 하는 일이기 때문이다.

이번 시선집을 내게 된 것은 지난 1월에 담석 수술을 하기 위해 대학병원에 입원하고 있을 때, 도서출판 청사에서 시선집을 내주겠다고 하여 쾌히 응낙했다.

이순도 못 되어 시선집을 낸다는 것은 나 자신도 좀 주제 넘는 짓이라 생각되나, 근래에 건강도 좋지 않고 수술 직전이라 다소 불길하고 불안한 예감 등이 심경을 굳혔는지도 모른다.

나는 내 시세계에 대하여 왈가왈부하고 싶지 않다. 시인을 떠난 시는 어디까지나 사회의 것, 독자의 것이기 때문이다. 다만

『내 시는 어머니의 가슴속에서 영영 풀리지 못한 채 응얼진 핏덩이거나, 아니면 한밤중 반딧불 같은 호롱불 앞에서 반쯤 석불이 되어 어깨를 울먹이던 어머니의 속울음이다. 내 시는 어머니의 피응어리를, 그 속울음을 꽃으로 쪼아내는 아픔들이다. 세상도 역시 그 안에 있다.』 ─ 『어느 凶年에』

『이제 남은 일은 내 여생을 걸고 칼집에서 다시 칼을 빼 이상 쳐야 할 일이다.』 ─ 『바람들의 世上』

등등이 다시 한 번 되씹고 싶은 말들이다.

허나 어머님은 당신의 한들을 속으로만 끝내 내 가슴속에 묻고 갔다.

그 동안 나를 눈여겨 지켜보고 채찍해 준 문단 선후배에게 감사드리며 더 아픈 채찍이 있기 바란다.

끝으로 바쁜 가운데 해설을 쓴 鄭洋 시인에 감사하며 겹치는 불황 속에서도 이 시선집을 선뜻 맡아 주신 도서출판 청사의 여러 사우님들께도 감사를 드린다.

신태인종합고등학교 설립자 吾雲 朴琮勳 동상 건립 취지문

하늘을 솟구친 아름드리 거목도 바람에 날리는 한 톨의 작은 씨알이요, 작은 물방울들도 낮은 곳으로 모여 실개천 시내가 되고 강물이 되어 망망한 대해를 이루도다.

吾雲 朴琮勳 선생은 知命에 큰 뜻을 세우시고 신태인학원 이사장으로 부임하셔서 『우리는 이 건물을 만들지만 이 건물은 앞으로 우리를 만들 것이다』라는 육영의 진리를 터득하시고 많은 사재를 쾌척하셔 중고 교사를 새로 지으시고 또한 내적 충실을 꾀하여 해마다 시설을 확장하시며 20개 성상을 하루같이 심혈을 기울여 이 고장 교육에 헌신하셨도다.

꽃 한 송이 나무 한 그루 건물의 벽돌 한 장까지도 선생의 숨결이 도는 이 吾雲 동산에 고희를 맞은 선생의 높으신 육영의 뜻을 찬양하고 길이길이 빛내기 위하여 신태인학원 한 식구들이 마음을 모아 여기 동상을 세우도다.

약속

사람에게 복이 한꺼번에 터지면 좋지 않다고들 한다.

촌 시인한테 무슨 상복이 터지는지 알 수 없다. 아직 길흉을 가리기에는 너무 빠르다.

작년에 문화상을 받고 나는 후회했다.

이왕에 못 탄 상 차라리 후배들에게 넘겨야 떳떳할 것을.

그날 수상 소감을 말해 달라는 기자한테 『그저 덤덤하다』고 말한 것 같다.

상을 받은 사람이 어찌 덤덤하겠는가.

그 후 「수상소감」이란 시에서 "상받은 것도/다 남일같이 시들하고/한 詩人이/또 무너지고 있다" 라고 쓴 기억이 난다.

지난 2일 아침, 제1회 표현문학상을 받게 됐으니 수상소감을 써서 보내달라는 전화를 받고 수화기를 든 채 말문이 막혔다.

나는 선배나 역량있는 후배들에게 주어야 한다고 말했다.

상에는 권위가 있어야 한다.

누구나 다 인정되고 참신하고 역량있는 새 사람을 찾아내는 상이어야 된다고 나는 생각한다. 그런데 그와는 달리 제1회 표현문학상을 내가 받는 것이 덤덤해서가 아니라 남의 것을 가로채는 기분이다.

역량있는 선후배들도 많은데 미안할 뿐이다.

이번 상을 주는 것은 어둠 속에 또는 병마에 쓰러지지 말고 더 좋은 작품을 쓰라는 채찍으로 알며 심사위원들에게 감사들 드린다.

벌초

귀향한 지 벌써 한 주일 다 되는데도 아직 아버님의 산소를 다녀오질 못해 언짢던 참에, 마침 집에 있는 成이란 놈이 벌초하러 간다기에 나도 나섰다.

햇볕은 아직도 쨍쨍 내려 쪼이건만 추석달로 접어든 탓인지 시원한 바람의 감촉이 옷 안으로 스며들어 빠져나가곤 했다.

아침이슬을 머금은 연잎같이 생생하고 윤기가 자르르 흐르는 하늘은 벌서 슬기로운 가을하늘을 잉태하고, 나는 참으로 어려운 일을 끝내고 난 홀가분한 기분으로 골목을 누비며 마을 어귀를 빠져 나왔다.

앞잔등에 올라서 바라보니 서남간으로 트인 골짜기 사이로 산소가 한눈에 내려다보인다.

성이는 커다란 바지게를 졌기 때문에 상반신은 보이지 않으나 앞장을 서서 걸어가는 성이의 뒤를 따라가며 성이의 두 발가락이 쭈욱 머리를 빼어 들고 나온 오른쪽 검정고무신과 그 검정고무신보다 더 까맣게 탄 두 종아리를 보며 걷다가 웬일인지 울컥 서러움 같은 것이 솟아올랐다.

우리들은 언덕을 내려서 좁다란 들길로 접어들었다. 어디선지 새 쫓는 소리가 조용한 시골의 침묵을 흔들어 산산이 놓았다가 다시 가라앉는다.

우리는 말없이 걸었다. 성이는 말없는 내가 민망하였을 것이고, 나는 나대로 분명히 무엇이라고 대답할 수는 없었으나 헝클어진 생각 속에 얽힌 실마리를 찾느라고 여념이 없었다.

아버지의 산소에 당도하였을 때는 벌써 해가 중천에 떠올랐다. 나는 아버님의 산소에 엎드려 인사를 했다.

『너 왜 왔느냐?』

고 단 한 마디의 말씀도 없지만 아버지의 육성이, 따뜻한 체온이, 가쁜 숨결이, 숨결 속에 기침소리가 무덤 속에서 아니 내 마음 가장 깊은 곳에서 자꾸만 들려오는 것만 같아서 감았던 눈을 뜰 수가 없었다.

아까까지만 해도 산란했던 마음이 무서우리만큼 가라앉는다. 아직 잔디도 채 두루 번지지 못한 황토빛 그대로인 아버지의 무덤을 보고, 다시 보고 분명히 무덤이라고 느껴올 때, 나는 죽음이란 것과 뜨거운 포옹을 하면서 죽음을 실감하고 있었다.

내 머리 속에서는『父子』『生死』라는 두 낱말들이 검붉은 흙탕물이 되어 한 가람 가득히 흘러오고 흘러가고 있었다.

아버지와 나 사이, 삶과 죽음의 사이에 한 가람 가득 흘러가는 저 흙탕물…….

내가 살아 있는 동안 끊어진 다리. 이제 영원히 다리를 놓을 수 없는 죽음의 계곡. 내가 설령 죽는다고 해도 그 검은 계곡에 외줄기 다리가 놓여져서 내 영혼이 다시 아버지를 만난다고 누가 보장하랴?

가난한 가문에서 3대 독신으로 태어나서 고독과 피땀어린 노동과 불행했던 한평생을 살아가시기에 고달파서 어머니의 방보다 주모도 없는 시골 주막을 더 많이 드나드셨던 아버지를 생각할 때, 다시 무거워 오는 머리를 가눌 수가 없어 나는 아버지의 산소를 떠나 성이가 벌초하고 있는 할아버지 산소로 가서 낫을 들고 풀을 베기 시작했다.

지금 내 마음을 두루 덮은 억새풀은 누가 벌초하여 줄 것인가? 산 아래 골짜기에서 무엇에 놀랐는지 한 나절 산꿩이 질겁하여 운다.

작년만 하여도 환갑이 지나고 몸이 불편하신데도 불구하시고 할아버지, 할머니의 벌초만은 꼭 내 앞장을 서셔서 손수 하시던 아버님. 어쩌면 아버님께서 나에게 가르쳐주신 조상 숭상에 대한 교훈의 마지막 시간이었는지도 모른다. 그런 뒤 40여일 만에 세상을 떠나셨으니까…….

그 아버지가 지금은 할아버지의 산소 아래서 고요히 잠들고 있다. 그리고 돌아가신 지 얼마 되지 않은 아버지를 이 세상 사람들은 까맣게 잊어버렸다는 것이다. 무상이란 평범한 낱말이 새로운 진리처럼 뼈저리게 느껴지지 않을 수 없다.

꽃 한 송이 피지 않고 가시 센 산찔레 넝쿨과 억새풀들이 심어 가꾼 잔디보다 더 많이 우거진 아버지의 무덤은 파란 많은 생애를 말해주는 것만 같았다.

우리는 무디어진 낫을 갈며 잠간 쉬고 다시 벌초를 시작했다. 말이 없던 성이는 내 얼굴에서 무엇을 읽었는지

『나는 벌초할 때마다 마음이 지랄 같으라우…….』

불쑥 말머리를 꺼낸다.

『왜?』

나는 성이의 얼굴을 쳐다보았다.

분명히 그의 마음에는 한 줄기 어두운 그늘이 지나가고 있다는 것을 그의 눈망울에서 읽을 수가 있었다.

『우리 아버지 묘는 이북에 있다는데 누가 벌초나 하겠으라우……. 풀밭 됐지…….』

『참 그렇겠구나. 황해도에 있다니까…….』

나는 언젠가 성이의 아버지에 대하여 이야기를 들은 기억이 났다. 성이는 내 대답은 들은 체도 않고 부지런히 낫손을 놀리고 있었다. 그러나 나는 더욱 더 힘을 주어 성이에게 다른 누구엔가까지도 들으란 듯이 말했다.

『암! 암! 그런 마음을 가져야지…….』

그렇다고 아버지는 파란 많은 평생 속에서도 단 한 번도 고향을 등지지 않았고, 농토와 조상과

부모를 하늘처럼 섬기며 우리를 키워 왔고, 돌아가시는 해까지 손수 벌초를 하셨고, 나도 지금은 이렇게 아버지의 산소를 벌초하고 있지만 언제 어떻게 고향을 떠나 잃어버리고 저 성이의 처지가 될지 모를 때, 하물며 어찌 내 자손들에게 벌초를 바랄 수가 있으랴. 너그럽게 이해는 가나 그래도 마음 한 구석에는 무언가 우리 인간의 소중한 그 무엇이 무너져가는 것만 같아서 서글펐다.

시작 노트 · 3

사는 것이 이상하다.
세상이 좀 아니꼽다고 생각하지만 그것을 탓할 것 없이 웃으며 살아가는 것이 사내답지 않을까.
내 성미는 그런 포용력을 갖지 못해서 극과 극의 갈등을 빚기 마련이다.
시를 쓰는 것은 어둠 속에서 빛조각들을 건져내는 일들이다.

화목이 아쉬운 방학 여행

한 달 전부터 중고등학생들은 물론 대학생들까지도 손꼽아 기다리던 여름방학이 이제 시작되었다.

그리고 학교는 겨울방학이건 여름방학이건 방학을 앞두면 마치 기차가 출발하기 직전의 플렛트홈같이 분주하기가 말할 것이 없다.

가뜩이나 여름철 없어진 입맛에 이렇게 난리를 치루고 나면 마치 유행성 독감이라도 앓고 난 뒤같이 입맛은 아주 싸악 가시고 정신까지 휘청거리게 마련이다.

물론 학생들은 흥분에 들떠 있으며 공부밖에 모르는 학생이건, 죽어라고 공부를 안 하는 학생이건, 또는 적당히 공부도 하고 적당히 놀기도 하는 학생이건 여름방학은 어느 학생에게나 대환영을 받게 마련이다.

대학생은 대개는 농촌봉사활동으로 고향으로 내려가지만 중고등학생들은 거의가 할아버지를 찾아서 또는 큰집에, 외가에, 작은 집에, 고모집에, 누나집에, 아저씨집 등 도시에서는 시골이나 두메산골로, 두메나 시골에서는 도시나 도시 아닌 다른 시골로 저마다 가까운 혈육을 찾아서 무지개 같은 꿈을 안고, 지겹도록 무거운 책가방 속에서 풀려나 둥둥 떠가는 흰 구름처럼 자유로운 마음으로 여름나들이를 떠날 수 있기 때문이다.

헌데 근래에 와서 어른은 물론 어린 아이들까지도 사고방식이나 피서 방법이 새로운 양상들로 눈에 보이게 변하여 가고 있음을 느끼게 된다.

얼마 전까지만 해도 여름방학 때면 피서 겸 문안을 겸하여 방학나들이로 친척집을 찾아가는 것을 당연한 것처럼 생각하던 아이들이 정반대의 현상을 보이고 있질 않는가.

이제 친척집 나들이는 저만큼 제쳐 두고 가족을 동반하거나 혹은 저희들끼리 산이나 바다를 다녀오지 않으면 직성이 풀리지 않고 마치 피서를 못간 것처럼 불평불만들이 대단하다.

그리고 생활이 조금씩 나아지자 부모님들도 무더운 여름이니 일박이일이나 아니면 당일치기라도 해서 애들의 욕구불만을 풀어 주려고 하는 이들이 날로 늘어가는 것 같다. 이는 일가친척에 누를 끼치지 않으려는 생각이라고 한다.

선의적으로 생각하면 가장 슬기롭고 지혜롭고 현명한 처사이며 자타를 위해서 또한 실리적은 생활 태도임에 틀림이 없다.

그러나 그 마음의 밑바닥을 굽어다보면 제 집 식구들도 귀찮은데 거기에다 친척집 애들까지…. 가장 당연한 일이고 가장 인간적인 상정이라고 생각된다.

허나 우리들이 쫓기도 몰리는 어려운 이 시대에서 신성한 생존이 아니라, 투쟁하다시피 저만 믿고 살기에 바쁜 생활을 하는 탓에 그 같은 풍조가 생기는 것이라 여겨진다. 자연 우리의 미풍양속의 근본이 되던 부모에 대한 효행이 부실해지고 경로사상이 진흙 속에 짓이겨질 수밖에 없으며 낯선 타국이 아닌 제 조국에서 조차 고향을 잃은 실향민처럼 살게 된 것이다. 사람들과 들끓으며 사느라 진즉 형제자매간에는 화목이 없다면 어찌 자식들의 우애를 바랄 수가 있으며, 어찌 일가친척의 따뜻한 정이 이어지기를 바랄 수가 있으랴. 그것은 나무 위에서 마치 고기를 구하는 것과 같을 것이다.

산타클로스

우리나라 크리스마스의 축제는 교회나 성당에서보다 손님을 꼬여내는 상가에서부터 시작된다. 12월로 접어들면서부터 상가의 전축들은 『징글벨』의 목청을 뽑기 시작하고, 중순으로 접어들면서는 한층 더 열을 올린다.

초조로운 퇴근길에 서로 얼려 대포 몇 잔씩 들고 나면 송곳같이 날카로운 신경과 하루의 피로가 풀리고, 우리를 위해 크리스마스 캐롤은 한층 더 흥을 돋우는 것같이 마음들이 너그러워진다.

거기에 함박눈은 제격이다. 이런 밤에는 마음씨 좋은 주모들이 기다리는 것만 같아 주막의 순례가 시작된다. 눈이 오는 탓일까? 아니면 가난한 이 땅에서 오는 허기일까?

해마다 크리스마스 무렵이면 주기적으로 오는 열병같이 한 소녀의 빨갛게 언 맨발이 내 영혼을 밟고 놓아주지 않는다.

거덜난 서울 생활을 청산하고 크리스마스 며칠 전, 나는 낡은 가방 하나를 들고 초라한 몰골로 훌훌 귀향하고 말았다.

한 3년 만에 정겨운 고향 산하를 두리번거리며 가다가 강언덕에서 만난 소녀. 구멍 난 머슴애 검정고무신을 신은 그 빨갛게 언 맨발. 그때 그 소녀가 내 자신같이 안쓰럽고 초라하게만 보인 까닭은 웬일이었을까.

십팔구 년이 지난 지금도 크리스마스 무렵만 되면 그 빨간 맨발을 잊을 수가 없다. 그러니까 아마 1957년 12월의 일이다.

비장한 각오로 서울로 뛰었다가 반 토막 시인으로 귀향하는 판이었으니까…….

J읍도 소읍이지만, 상가의 거리는 색색으로 장식된 크리스마스트리들의 일색이었고, 호화찬란하게 장식된 성당과 교회들의 아치와 스피커에서 흘러나오는 멜로디로 들떠 있었다. 읍내 거리를 벗어나자 허허로운 텅 빈 들판은 썰렁하였다. 강언덕길은 더 바람만 세차게 불었다. 그때, 내 앞에 한 소녀가 가고 있었다. 유달리 눈썹이 길고 눈이 까만 소녀였다. 그런데 양말을 신지 않은 그 소녀의 발은 빨갛게 얼어 있었다.

『춥지 않니?』

소녀는 놀란 듯 유달리 긴 눈썹에 눈망울만 굴릴 뿐 말이 없었다.

나는 한 걸음 소녀 옆으로 다가서며 다시 물었다.

『몇 학년이지……?』

『3학년이에요.』

『춥겠구나. 왜 양말을 안 신었니?』

『있었는데 다 떨어졌어요.』

『아빠더러 또 사달라고 해야지…….』

『없는데요.』

『세상에 아빠 없는 놈이 어디에 있어…….』

『있었는데 군대 가서 죽었어요.』

6·25의 비극은 이 소녀의 가슴속에서도 도사리고 있다는 것을 생각할 때, 그만 가슴이 내려앉았다.

『그럼 엄마 보고 사달라고 해야지…….』

『돈 벌러 서울 가버렸대요.』

『그럼 누구하고 살지?』

『할머니하고요.』

어른들의 잘못으로 세상에 태어나서 아버지 얼굴 한 번 못 보고 『아버지』란 이름 한 번 불러보지 못한 채 자라고 또 살아가야 하는 이 가여운 한 소녀의 운명 속에 우리 민족의 비극은 그대로 살아 있고, 가난 때문에 마지막 어머니까지 잃어버린 이 소녀의 생활 속에서 한스러운 우리 민족의 가난이 건재하고 있음을 보았다.

나는 무엇인가 소녀에게 꼭 물어보아야 할 말이 있고, 해주어야 할 말이 있을 것만 같은데 잘못하면 아직 눈뜨지 않은 소녀의 아픔 상처를 건들일 것만 같아 그냥 묵묵히 걸었다. 하기야 언젠가는 아픈 눈을 뜨겠지…….

헌데 말머리가 풀리자 담임선생님 얘기, 할머니 이야기, 산타클로스 할아버지 이야기까지 번져갔다. 소녀는 담임선생님의 이야기가 못내 아쉬운 듯

『아저씨! 양말이나 장갑이 없으면 산타클로스 할아버지가 정말로 선물을 안 준대요?』

내가 말이 없자 소녀는 다그쳐 물었다. 나는 곤경에 몰리는 기분이었다.

무심히 한 담임선생님의 말을 그대로 전부 받아들인 이 순진한 소녀에게 나까지 악의없는 거짓말을 해서 소녀를 실망시킬 수도 없고, 또 그렇다고 담임선생님의 말을 부정할 수도 없었다.

『아니야. 그것은 양말이나 장갑을 아끼라는 말이란다. 산타클로스 할아버지는 마음이 좋아서 착한 애들에게는 그런 것 없어도 선물을 준단다.』

소녀의 눈은 빛나기 시작하였다. 초롱초롱 샛별처럼 빛나는 소녀의 눈망울 속에는 안도와 기쁜 미소가 감돌고 있었다. 나는 그러나 두려운 생각이 들었다. 산타클로스 할아버지는 양말도 신지 못한 아이에겐 혜택을 주지 않기 때문이다. 왜냐하면 그의 부모들이 대신 산타클로스를 통해 선물을 해줄 그런 여유가 있을 까닭이 없기 때문에…….

18, 9년이 지난 오늘도 꽁꽁 언 그 빨간 맨발을 잊을 수가 없다. 반짝반짝 빛나는 그 눈망울을

더욱 잊을 수가 없다. 지금 애들 같으면 어림도 없는 말이다. 3학년이 아니라 1학년짜리에게도 통하지 않는 수작이다.

옛날 대환영 받던 산타클로스 할아버지도 이제 가난한 집 애들에겐 거짓말 할아버지로 타락해 버린 지 오래다.

허나 그 소녀는 지금쯤 한 지아비의 아내가 되고, 착한 엄마가 되어 어느 안방에서 산타클로스 할아버지의 마음을 간직하고 애들의 따뜻한 털양말이나 장갑이 아니면 어른들의 잘못으로 소녀의 인생에 뚫린 추운 구멍들을 한 코 한 코 정성껏 뜨고 있을지…….

나의 추억의 땅

정토산은 7봉이 나란히 어깨를 끼고 있는 내 마을 뒷산의 이름이다. 60 평생을 한 고향에서 자라고 늙었으니 어찌 살붙이나 혈육의 정을 느끼지 아니 하랴!

허나 타향살이를 해보지 않는 사람은 고향에 대한 그리움을 모른다고 한다. 낯선 이국 생활을 해보지 않은 사람은 진정한 조국애에 대하여 모른다고 한다. 학창시절 이외에는 고향을 떠난 적이 별로 없지만, 고향에 대한 그리움이 날로 더하는 것은 나이 탓일까?

내 고향은 정읍군 정우면 회룡리 변두리로 평야도 많지만 동서로는 주봉인 정토 칠봉과 남쪽으로는 덕재산이 있어 비산비야를 이루고, 그 한 봉우리 아래 풍수설로는 조리터라고 하는 회룡리 교촌(校村)이 내 그리운 고향이다.

명릉참봉의 외아들로 태어난 조부님은 남의 집 꼴담살이부터 인생을 시작했다. 철이 들면서부터 시작한 포목행상의 상술 덕택으로 일제시대에도 괜찮게 살았으나, 일제 말기의 발악에는 돈을 두고서도 어쩔 수가 없었다.

나는 10리 길이나 되는 소학교를 맨발로 뛰어다녔다. 아픔과 슬픔이 응어리져도 송진이나 고운 흙을 잘 가두어서 바르면 명약처럼 나았다. 식량을 구할 수가 없으면 보리고개에는 시래기밥이나 쑥죽이나 호밀죽을 쑤어 먹었다.

그런 밤에는 더욱 반딧불이 유난히도 어지럽게 날아다니고, 사랑채 지붕 위에 박꽃이 더욱 희게 보였다. 아니 달덩이 같은 박들을 보면 더욱 배가 고팠다.

그런 밤에는 할머니는 마실을 가시고 어머니 친구분들은 반딧불 같은 등불 곁에 모여 모시를 째거나 삼으면서 어두운 세상 이야기들로 한숨을 띄우시고, 누나와 나는 쇠여물 가마솥에서 한창 익어가고 있을 햇콩가지와 탐스러운 수수모개를 삶아 먹던 일을 지금도 잊을 수가 없다.

내 고향 앞에는 맑은 시냇물이 흐르고 있었다. 이 시냇물은 정우와 태인의 면 경계이다. 나의 추억은 이 시내를 싸고 얽혀져 있다. 이 시내 언덕에서 봄내 버들피리를 만들어서 신나게 불어대며 놀았고, 해가 저무는 줄도 모르고 삘기를 뽑던 곳도 바로 이 시내 언덕이었다.

시냇물은 역시 여름철이라야 제격이다. 우리는 방학 때가 되면 모정 옆 정자나무나 마을 앞 팽나무에 올라가 놀다가 그것도 싫증이 나면 약속이나 한 듯이 시냇가로 몰려가 보냈다.

무덥고 물이 많을 때면 미역을 감으며 콘크리트 째어진 흙속에나 틈새에 숨어 있는 왕거미만한 사시랑게를 잡고 굴멧산 공골(콘크리트로 만든 일제 때 큰 다리) 수문이라도 열면 우리들은 냇물을 거슬러 가며 덤풀과 게구멍을 더투어서 물고기를 잡았다.

유달리 물손이 건 나는 언제나 메기, 붕어, 뱀장어 같은 것이 한 꾸미씩 꿰어지고, 재수 좋은 날은 게도 10여 마리씩 잡기 마련이다. 그 물고기를 고추장에다 풋고추를 넣고 빨갛게 냄비를 해 놓으면 아버지께서 제일 좋아하시고, 게는 풋호박에 얼큰하게 지지면 할머니는 물론 온 식구들의 여름 식욕을 돋우었다.

할머니께서는 유독 게를 좋아하셨다. 어린 시절을 할머니방에서 자란 탓인지 할머니의 편식성이 유전되었는지, 고기는 좋아하시지 않지만 참게와 새우는 아주 좋아했다. 그래서인지 우리 집안에는 여름철에도 게장이 떨어지지 않았다.

게란 놈은 벼이삭이 숙이기 시작하면 아래로 내리기 때문에 추석이 지나면 이 시내에다 아버님은 친구 몇 분과 게살을 쳤다. 게는 밤에 내리고 그믐밤에는 더 많이 내리지만, 비가 와서 붉덕물만 나면 대낮에도 더 많이 내렸다. 허벅지가 넘는 물이지만 게 잡는 재미로 추운 줄을 모른다. 어떤 날에는 몇 항아리도 잡아서 가마니를 갈라놓는다. 허나 게 잡는 진짜 재미는 가을일도 다 끝난 늦가을 게막에서 담요를 둘러쓰고 웅크리고 앉아서 잡는 재미가 제일이다.

세상은 정적에 쌓여 흐르고 있다. 아버님의 코를 고시는 것이 한 평생이 흐른 것 같고, 한밤중 혼자 앉아 있으면 물쥐란 놈이 그러한지 뚬벙뚬벙거릴 때 등골이 오싹했다. 가도 큰 물고기가 아닌가 생각하면 정신이 초롱초롱해지고 그때 누렇게 알찬 암게란 놈이 멍청스럽게 엉금엉금 기어 내릴 때, 지금도 정말로 신나던 어린 추억이 잊을 수가 없다.

이제 가버린 날들을 생각한들 무슨 소용이 있으랴? 게장을 좋아하시던 할머니도 가시고, 물고기 매운탕을 좋아하시던 아버지도 가시고, 이것들을 잘 간 맞추어 지져드린 어머니도 가셨으니…….

게다가 그 흔한 게 한 마리 볼 수 없고, 옛 시내는 시멘트로 덧씌워져서 몸살을 앓고 있으니 이순을 바라는 내 삶이 무상할 따름이다.

정극인의 안빈낙도 생활

「상춘곡」은 어느 때 어떤 사람이 지었는가에 대해서 그리 큰 문제가 되지 않는다라는 생각이 든다. 「상춘곡」에 있어서 그렇게 오랜 세월 속에서 많이 읽혔다는 사실이 중요한 일이다. 한 작가나 한 시인이 위대한 작품을 남겼다는 사실 자체가 유명하지, 시시콜콜한 작품들을 아무리 남겨 놓았다고 한들 소용이 없다. 오늘날까지 「상춘곡」이 독자를 많이 확보하고 있었다는 점은 정극인 자신이 風月主人으로 자연인으로서 완벽한 너그러움을 갖추었기 때문이다.

그리고 또 한 가지는 안빈낙도의 생활 그리고 또 한 가지는 안빈낙도의 생활을 사는 속에 인생을 살아가는 표현을 하였을 것 같다.

정극인 선생은 만년 전북 정읍 태인에서 부귀공명을 다 털어버리고 한갓 자연인으로서 안빈낙도에 몰입하게 된다.

가사문학 작품에는 속세를 떠나 대자연 한가한 삶을 즐기면서 봄의 흥취를 누리면서 춘경의 가경을 한때의 부귀공명의 뜬 구름 같은 영화로 비유하면서 안빈낙도를 이상향으로 찾으며 살겠다는 심지가 나타나 있다.

정극인(丁克仁, 1401~1481): 조선 초의 문인, 학자. 자 家宅, 호 不憂軒, 茶軒, 多角.

약력: 세종 11년(1429년) 생원이 되고, 문종 때 종사랑, 단종 때 정언에 이르렀으나 세조의 왕위 찬탈을 보자 고향인 태인으로 내려와 후진 양성에 전념을 다했다. 세조가 이를 가상히 여겨 삼품 교관을 내리시니 「불우헌가」와 「불우헌곡」 등을 지었음. 사후에 예조판서를 추증받았으며, 현재 정읍군 태인면에 있는 무성서원에 제향되었다.

그러면 「상춘곡」은 어떠한 글인가?

◇연대로써 가사문학의 첫 작품으로 성종 때(15세기)

◇간행: 정도 때(18세기) 정효목 간행

◇문체: 3·4, 4·4조 가사체, 운문제(흔히 운문체)

◇주제: 봄의 완상과 안빈낙도

◇가사문학의 효시로 「상춘곡」→「면앙정가」(송순)→「성산별곡」(정철)로 이어 갔다.

우리의 고전으로서 이만큼 수사력에 뛰어난 작품은 없다. 고전으로서가 아니라 현대문학에서도 이만큼 특이한 표현을 한 작품들은 그리 드물다.

조용한 미소로 읽어가며 편안한 미소가 입술에 벙그러지고, 음독을 해가면서 깊은 선율을 고를 수 있고, 그러한 속에서 눈을 감으면 대자연 속에 풍류의 기쁨을 맛볼 수 있다.

조선 전기에는 연군, 음풍농월 등의 서정가사들이 양반층에서 불리었다. 조선 후기에는 민학사상을 기반으로 생활에서 소재를 구한 서사적 사상이 유행되었다.

정극인 선생의 「상춘곡」을 효시로 송강가사에 이르러 정상을 이루었고, 후기 노계가사가 벽두를 장식하고, 말년에는 기행가사와 유배가사로 명맥을 이어 왔다. 후기에는 내방가사와 평민가사도 유행하였다.

그러면 다음에는 서사, 본사, 결사 등을 감상해 보자. 고전이나 현대문이나 많이 읽는 일이 가장 현명한 일일 것이다.

> 紅塵에 뭇친 분네 이내 生涯 엇더ᄒᆞᆫ고 녯사ᄅᆞᆷ 風流를 미ᄎᆞᆯ가 ᄆᆺ 미ᄎᆞᆯ가. 天地間 男子 몸이 날만ᄒᆞᆫ 이 하건마ᄂᆞᆫ 山林에 뭇쳐 이셔 至樂을 ᄆᆞᄅᆞᆯ 것가. 數間茅屋을 碧溪水 앏픠 두고 松竹 鬱鬱裏예 風月主人 되어셔라.

여기까지가 서사이다. 여기까지 작가의 기풍은 어디 한 군데가 이그러진 자취가 없이 옛 사람들의 풍류를 따를 것인가 못 따를 것인가를 묻고 있다.

나만한 몸이 산림에 묻혀 있어 지락을 어찌 모를 것인가. 수간모옥에 벽계수를 앞에 흘려두게 하고 소나무와 대나무 속에 살고 보니 풍월주인이 되었구나.

여기까지 서사 속에는 인간에 앞서서 원초적인 인간의 본능에 접촉된다. 이승에서 인간의 본연에 앞장서서 동서양을 넘어 뛰어서 태초의 시초의 광활한 천지가 열리는 것이다.

> 엇그제 겨을 지나 새봄이 도라오니 桃花杏花ᄂᆞᆫ 夕陽裏예 퓌여 잇고 綠楊芳草ᄂᆞᆫ 細雨中에 프르도다. 칼로 ᄆᆞᆯ아 낸가, 붓으로 그려 낸가 造化神功이 物物마다 헌ᄉᆞᄅᆸ다. 수풀에 우ᄂᆞᆫ 새ᄂᆞᆫ 春氣ᄅᆞᆯ ᄆᆺ내 계워 소ᄅᆡ마다 嬌態로다.

여기까지가 겨울이 자니고 봄이 오는 발자국 소리이다. 옛날에나 오늘에는 시골의 봄은 복숭아꽃이나 살구꽃, 앵두꽃, 개나리꽃 밖에 없다. 이러한 꽃들이 뜰 구석이나 마당귀에 서서 한나절 피어주는 정성은 참으로 아름답다. 하루 종일 텅 비인 집을 보고 있는 판에는 좋은 친구가 되어 준다.

> 物我一體어니 興이ᄋᆡ 다ᄅᆯ소냐. 柴扉예 거러 보고 亭子애 안자 보니 逍遙吟詠ᄒᆞ야 山日이 寂寂ᄒᆞᆫᄃᆡ 閒中眞味ᄅᆞᆯ 알 니 업시 호재로다. 이바 니웃드라 山水 구경 가쟈스라. 踏靑으란 오ᄂᆞᆯ ᄒᆞ고 浴沂란 來日 ᄒᆞ새. 아ᄎᆞᆷ에 採山ᄒᆞ고 나조ᄒᆡ 釣水ᄒᆞ새.

자연과 내가 하나가 되니 흥이야 다를손가?는 옆에 있는 사람을 은근히 꼬집어서 앙탈을 부리는 것 같기도 하다.

그러다가도 또 심심하면 사립문까지도 나가서 먼 서울로 가는 나그네길도 보기도 하고 다시 정자에 되돌아 앉기도 한다.

> 곳 괴여 닉은 술을 葛巾으로 밧타 노코 곳나모 가지 것거 수 노코 먹으리라. 和風이 건 듯 부러 綠水를 건너오니 淸香은 잔에 지고, 落紅은 옷새 진다. 樽中이 뷔엿거든 날드려 알외여라. 小童 아희드려 酒家에 술을 믈어 얼운은 막대 잡고 아희는 술을 메고 微吟緩步 ᄒᆞ야 시냇ᄀᆞ의 혼자 안자 明沙 조ᄒᆞᆫ 믈에 잔 시어 부어 들고 淸流를 굽어보니 써오ᄂᆞ니 桃花ㅣ로다. 武陵이 갓갑도다, 져 ᄆᆡ이 긘 거인고. 松間細路에 杜鵑花를 부치 들고 峰頭 에 급피 올나 구름 소긔 안자 보니 千村萬落이 곳곳이 버려 잇ᄂᆡ. 煙霞日輝ᄂᆞᆫ 錦繡를 재 폇ᄂᆞᆫ 듯 엇그제 검은 들이 봄빗도 有餘ᄒᆞᆯ샤.

『和風이 건듯 불어 綠水를 건너오니 淸香은 잔에 지고 落紅은 옷에 진다.』

15세기에 이런 표현을 할 수 있었다는 것은 놀라운 일이 아닐 수 없다.

우리가 본사의 내용을 알아보면 상춘곡에 해당한다. 산수 구경을 권유하면서 답청, 욕기, 채산, 조수 등, 대조적으로 나타냄으로써 연쇄적 반응을 일으키고 있소 감동적이다.

취락과 취흥에 있어서는 아주 제 맛이 난다. 냇가의 청향을 이만큼 살린다는 것은 얼마나 큰 어려움이 겹쳤을까도 생각해 볼 일이다. 한 잎의 복사꽃에서도 무릉도원을 저 마을이 그것인가 하고 감탄하고 있다.

> 功名도 날 ᄭᅴ우고 富貴도 날 ᄭᅴ우니 淸風明月外예 엇던 벗이 잇ᄉᆞ올고 簞瓢陋巷에 흣 튼 혜음 아니 ᄒᆞᄂᆡ 아모타 百年行樂이 이만ᄒᆞᆫ들 엇지ᄒᆞ리.

결사에서는 안빈낙도를 노래하고 있다. 벼슬도 날 싫어하고 부귀도 날 싫어하고 청풍명월 외에 어떤 벗이 있어 올꼬마는, 단표누항에 허튼 잡념을 아니 하니 아모타 백년행락이 이만한들 어떠리 라고 자기 인간의 백년행락을 즐길 수 있는 삶을 누린다는 것을 다짐하는 굳은 뜻이 발휘되어 있다.

정극인 선생은 태인의 자연만이 아니라 앞으로도 천년 이천년의 자연인으로 이승에서 살아남을 것이다.

부 록

(해설)

서정성과 지역성의 심미적 혼화
—정렬론

최 명 표

Ⅰ. 서론

문학은 사회적 제도의 일종이다. 말할 것도 없이, 사회는 그것을 구성하는 사람, 사람이 만드는 사회, 사람과 사회의 화석에 해당하는 역사를 아우른다. 이토록 엄연한 사실은 서정조차 사회적 구성물인 줄 알려준다. 그러므로 시는 사회를 반영하고 서정은 역사성을 담보하지 않으면 안 된다. 두 가지 중에서 하나라도 경시하거나 홀대할 게 없으므로, 겸장해야 시인 축에 들 수 있다. 모름지기 시의 서정성과 역사성은 시인이 양 어깨에 지거나 두 발에 얹어서 함께 나아가야 할 운명인 것이다. 더욱이 이 나라는 근대에 접어들면서부터 숱한 비극사를 체험하지 않았던가. 갑오년에 고부에서 반외세 민주투쟁으로 발화한 갑오동학농민전쟁은 정읍을 한국 민주주의의 발상지로 자리매김하는 대신에, 지역의 산천에 씻을 수 없는 피비린내를 안겨주었다. 지금도 정읍의 산야에는 동학농민군들의 원혼이 승천하지 못한 채 황토빛으로 남아 있다. 그로부터 정읍 출신 시인들은 태어날 때부터 서정성과 역사성의 육화에 배전의 노력을 기울여야 한다는 과업을 숙명인 양 받아들이게 되었다. 정읍의 시인들이 감당할 무게가 여느 곳에서 난 이들과 달리 무거운 이유이다. 그들은 지역의 특수성과 시적 보편성을 동시에 획득하도록 태어났다. 두 가지의 임무를 탁월하게 수행한 시인으로 정렬을 꼽을 수 있다.

정렬(雲月 鄭烈, 1932~1994)은 정읍의 정우면 회룡리 교촌마을에서 태어났다. 그의 본명은 하열(夏烈)이다. 그는 전주상업고등학교를 졸업하고 나서 1955년 9월호부터『문학예술』지의 등단 과정을 통과하여 1958년 당선 소감문까지 보냈으나, 잡지가 폐간되는 통에 등단을 인정받지 못하는 사고를 당했다. 그 다음해에 그는 국학대학에 입학하고『사상계』11월호에 시「얼굴」,「無花果

」, 「꽃」 등이 추천되어 공식적으로 데뷔하였다. 1961년 그는 이름에서 '夏'자를 뺀 '鄭烈'을 필명으로 삼아 첫 시집 『遠雷』(정치문화사)를 펴냈고, 1976년 시집 『바람들의 世上』(범우사)을 발간하였다. 1982년에 그는 이병훈 · 정양과 공동시집 『어느 凶年에』(인동)를 간행하고, 1985년 시선집 『할 말은 끝내 이 땅에 묻어두고』(청사)로 시 생애를 정리하였다. 그는 1986년 제1회 표현문학상을 받고, 1990년 제2회 자유문학상을 수상하여 시업에 대한 공로를 인정받았다. 시작생활 중 그에는 '표현', '서세루 시', '남향(석정)문학' 동인으로 활약했다.

정렬은 평생 동안 향리의 중등학교에서 교편을 잡았고, 학창시절을 제외하고는 한 번도 고향 밖으로 나가지 않았다. 이 사실은 그의 시세계를 이해하는 단계에서 필히 전제되어야 한다. 그는 정읍 사람답게 고장의 역사적 배경을 잊지 않고 살았을 뿐더러, 여러 편의 시에서 향리의 장소를 배경으로 삼거나 고향에서 벌어진 사건을 소환하여 애향심을 곧잘 표출한 바 있다. 아울러 정렬이 농사를 지었다는 사실도 강조될 필요가 있다. 교사, 농부, 시인, 이 세 가지 직업에 종사하는 이들은 법 없이도 사는 사람들이다. 셋 다 다정하고 따뜻하고 여린 사람들의 세계로, 황막한 세태에 상처받기 쉬운 직업군에 속한다. 그러다 보니 역사적 장면에 곧잘 불려나오고, 그로 인해서 내면에 말 못할 상흔을 갖고 살아간다.

이런 측면에서 정렬의 시는 가족사적 사건과 지역사 그리고 한국 현대사가 상호 교직하여 사람들의 생애를 구성하고 재단하는 줄 생생하게 시화하고 있어서 값지다. 그의 노력에 힘입어 시와 시인이 하나인 줄 알게 되고, 시와 삶이 둘이 아닌 줄 확인할 수 있다. 특히 정읍 태생의 시인이라면 숙명적으로 짊어지게 되는 서정성과 역사성의 무게를 정면에서 다루면서도 그는 시의 형식적 요소를 훼손하지 않았다는 점에서 정읍을 대표할 만한 서정시인으로 불릴만하다.

Ⅱ. '눈물'의 삶과 '허기'진 그리움의 형상화

1. '울음'의 기원

울음은 인간의 원초적인 감정 표현이다. 울음에 수반되는 눈물은 감수성의 척도로서, 당자의 감정을 구체적 결정으로 표출시키는 한편, 주위 사람들의 동정을 불러일으키는 촉매이기도 하다. 눈물은 인간의 감각기관을 자극하여 당면한 사태에 반응하도록 자극함으로써 주체의 현상에 대한 인식의 정도를 가늠케 한다. 벵상 뷔포가 『눈물의 역사』에서 말했듯이, 진정한 감성적인 인간은 "마음이 여리고 눈물을 잘 흘리는 사람이 아니라 다른 사람들이 무관심하게 보아 넘기는 바로 그것에서 감각을 받아들이는 사람"이다. 그러므로 시인을 가리켜서 감수성이 여린 사람이라고 칭하는 것은 정곡을 찌른 말이 못 된다. 그는 다만 뭇사람들이 건성으로 흘려버리거나 지나치는 것에 연민을 느끼고 감싸는 사람이다. 이웃들의 외면으로 소외된 대상이 시인의 감각을 자극하는 원천이다. 그는 대상의 처지에 동정하여 우는 것이 아니라, 대상이 사람들의 시선으로부터 벗어나 있다는 사실에 가슴 아파 운다. 시인의 울음이 보통 사람들의 누선을 잡아끄는 것은 그 때문이다.

정렬의 시를 읽노라면 "병모가지까지 넘쳐 오는 매운 눈물"(「부질없는 생각」)이 흥건하여 놀란다. 그의 시작품에서 눈물은 원형질적 정서를 구성하는 감정의 인자이다. 그는 울음으로 범벅된 채 시를 쓸 뿐더러, 시편들은 "울어도 울어도 가시지 않는 허기"(「뱀딸기」)로 가득하다. 그의 울음은 허기가 충족되지 않아서 생기는 것이고, 그는 울어서 허기진다. 이 '허기'의 순환이야말로 정렬의 시를 구성하는 회로이다. 그가 울음을 그치기 위해서는 허기를 달래야 한다. 그러나 그의 허기는 개인적 사정에 기인한 것이 아니라서 문제이다. 그의 시행에서 돌출하는 울음들은 사회적 맥락 속에서 절로 우러난 것이다. 정렬은 울어서 언표화함으로써 시인의 책무를 다한다. 그의 울음에 은닉된 의미를 샅샅이 살펴야 할 이유이다. 그에 앞서서 정렬의 시작품에 울음이 난자한 사례를 살펴보자면, 아래에 든 바와 같이 풍부하다.

제자들은 울고들 있다(「몰매」)
관 속에서 울먹이는(「곡소리」)
목멘 상주들의 피진 호곡소리(「구걸·1」)
나는 울고 있다(「갯쭉나무」)
쑥꾹쑥꾹 애지게 울고(「뚝배기 속에」)
짐승처럼 울고 있는 한밤중(「옷감」)
고향이 그리워 울부짖고(「待春賦」)
한밤중 속울음을 울고(「한밤중」)
내 헌 구두 속에서 운다(「주먹」)
언제부터인가 한 소년이 울고 있다(「얼굴」)
마구 짓이겨져 생동하는 울음이다(「농악은」)
속울음은(「부모」)
속울음 울먹이다 보면(「知名」)
애들이 없어 실컷 울 수가 있어(「答狀·2」)
옛뜰 가득 나를 울고 있다(「귀뚜라미」)
서로 끌어안고 울먹이며(「秋分」)
영혼이 일렁이는 속울음 같은(「바람 소리」)
긴 목을 뽑아 외마디로 울어도(「仙鶴」)
제 속울음 한 번 울지 못한(「타령조」)
남북 하늘을 오가며 울고(「지금은」)
육신으로 울고 있을 때(「형제 바람」)
울고 있는 창녀의 부푼 아랫몸(「낙화 속에」)
춥고 속아린 속울음으로 떨고 있다(「스무 해가 넘어도」)
온몸으로 울부짖는(「父子之間」)

인용례를 보면 알 수 있듯이, 정렬의 시에는 울음이 가득하다. 그의 시는 울음 없이 존재하기 힘들다고 말해도 지나치지 않다. 그는 세상의 울음을 감별하고, 시적 여과장치로 거르기를 반복한다. 그의 울음은 대부분 '속울음'이어서 여느 울음과 변별된다. 속울음은 "이글이글 타오르는 분노"(「내 가을은……」)가 녹아내리지 못하고 가슴속에 켜켜이 적층되어 울리는 떨림이다. 그것은 "그리운 얼굴 하나 볼 수 없"(「하늘이 보고 싶었다」)어서 생겨난 것으로, 시인이 세상과의 불화로 야기된 분노를 삭이며 자아내는 불협화음이기도 하다. 속울음은 우는 자의 안과 밖이 자아내는 알력이다. 그것은 내면의 도저한 '분노'를 해소해주지 못하는 외부의 상황 때문에 발생한다. 그의 허기는 외적 조건의 척결이 단행될 기미조차 없어서 '분노'로 표출되지만, 그래도 해소되지 못한 채 '속'울음으로 켜켜이 저장된다. 울음은 그의 외면을 갉고, 내면을 할퀸다. 이와 같은 속울음의 생리적 한계는 곧잘 제의적 의미를 생성한다.

> 고독한 가족보. 늘 마음 한구석이 비어 그것을 메꾸기 위하여 할아버지는 눈 속에 묻힌 밤길을 헤매였고, 아버지는 술집으로 돌아갔으며, 형님은 어린 몸으로 현해탄을 건너 방랑의 길을 떠났으며, 나는 왼통 피투성이 되어 시의 풍토에 들어섰읍니다.
>
> 그리고 어머님은 영영 돌아올 수 없는 형을 기두리며 짓는 눈물과 한숨 속에 늙어가셨읍니다.
>
> 남이야 무어라 하든 이렇게 처절한 상황속에 생성해 온 나의 시는 이 숨막히는 고독에의 탈출이 아닐 수 없읍니다.(「『遠雷』 뒤에」)

정렬의 눈물 많은 사정이다. 그는 '고독한 가족보' 때문에 눈물을 달고 산다. 그의 가족사가 유별난 듯하나, 그렇다고 그에게만 한정된 비극사는 아니다. 근대사에서 한국은 다난한 나라였기에 집집마다 사연 하나씩은 갖고 있다. 단지 그것을 겉으로 드러내지 않을 뿐이다. 그런 차원에서 그의 가족사는 보편적 차원으로 승화될 요건을 갖추고 있다. 특히 정읍처럼 갑오년의 민중 봉기가 일어났던 곳에 사는 이라면, 저마다 상처 하나쯤은 간직하고 살아야 당연하다. 그 뒤에 일어난 국망의 사태는 젊은이들로 하여금 가난을 벗어나고 신식 학문을 습득하고자 현해탄을 넘도록 조장하였다. 정렬의 형도 그 대열에 따라나섰다가 끝내 "돌아올 수 없는 소년"(「해바라기」)이 되고 말았다. 이에 정렬은 남들과 어울려 놀 나이에 집안의 분위기에 눌려 '시의 풍토'로 진입한다.

장자의 가출은 한 가문의 멸절을 거론할 만큼 충격적인 사건이다. 그의 행위는 할아버지와 아버지의 방황을 심화시킬 뿐만 아니라, 나이 어린 정렬에게 전이되어 막중한 기대감을 가중시켰다. 우선 그는 '영영 돌아올 수 없는 형'을 기다리는 어머니의 '한숨'을 듣지 않으면 안 된다. 그가 가문을 일으킬 운명을 인식하는 순간, 그것은 영원히 채워지지 않는 허기를 가져온다. 그는 '영영' 돌아오지 못하는 형인 줄 알고 있을 뿐더러, 어머니가 '돌아올 수 없는 형을 기두리며 짓는 눈물과 한숨 속에 늙어가'고 말 줄도 알고 있다. 그 극단의 절망감과 기다림의 불일치는 시간의 흐름 속에서도 달라지지 않는다. 이 점을 알고 있는 시인이기에 인생이 곤비하고 허기진다. 그의 허기가 부를수록 눈물은 '속울음'으로 층층이 쌓인다. 왜냐하면 소리내어 울지 않는 어머니 앞에서 자식이 통곡할 수는 없기 때문이다. 세상의 어떤 자식도 어머니의 "간곡한 그리움"(「무화과」)을 능가할 수 없다.

한국의 어머니는 "가슴에 몇장이 얹혀도 풀리지 않는다던 恨"(「所願」)의 화신들이다. 어머니들은 굴곡 많은 역사의 뒷길에서 신산스러운 삶을 살아내며 일생을 이루었다. 어머니는 내면에 빼곡하고 촘촘하게 한을 아로새긴 채 삶의 이력을 채운다. 이것이야말로 수동적인 듯하지만, 어머니가 주체적으로 삶을 영위하는 방식이다. 그녀는 "항상 문구멍만 바르시다 세상을 떠나신 할머니"(「독감」)의 생을 무료히 반복하는 여성이면서, 동시에 집 나간 큰아들이 돌아올 날을 기다리는 모성의 소유자이다. 말하자면, 그녀는 전형적인 한국의 여성상으로 특별할 것도 없고, 내세울 만한 것도 없는 범부에 지나지 않는다. 이 점은 그녀의 생을 송두리째 포박한 끈질긴 비극이 온전히 역사로부터 말미암은 것인 줄 언표한다. 더욱이 정렬의 '고독한 가족보'처럼 온가족이 상처에서 헤어나지 못하는 처지라면, 어머니의 '한'은 역사와 사회의 자화상이 된다. 시인 아들은 어머니의 고통스러운 '속울음'을 "정토산 뻐꾸기 울음"(「부모」)과 동일시하여 자신의 것으로 수용하는 것이다. 이 지점에서 그녀의 '속울음'은 심미적 전기를 마련하게 되는데, 그녀의 비극적 삶은 아들에게 되물림된 '속울음'으로 되살아나서 미학적 경험으로 편입되기에 이른다. 그것을 정렬은 시우들과 시집을 같이 내는 자리에서 자신의 시작업이 어머니를 향한 간절한 정에 다름 아니라고 표백한 바 있다.

> 내 시는 어머니의 가슴속에서 영영 풀리지 못한 채 응얼진 핏덩이거나 아니면 한밤중 반딧불 같은 호롱불 앞에서 반쯤 석불이 되어 어깨를 들먹이던 어머니의 속울음이다. 내 시는 어머니의 그 피응어리를 그 속울음을 꽃으로 쪼아내는 아픔들이다. 세상도 역시 그 안에 있다. 해서 쉰이 넘은 지금도 나는 시를 쓸 땐 어린애 되어 꼭 어머니를 떠올리며 시를 쓴다. 가슴속 피를 쥐어짜서. 한 평생 동행 하나 만나기도 힘드는 세상에 여기 남남이 아닌 혈육 같은 두 동행을 만난 것도 어머니의 눈짓이리라.(『어느 흉년에』)

정렬의 시작품을 관통하는 '속울음'의 정체가 밝혀졌다. 그의 시에 장전된 속울음은 "제 속울음 한 번 울지 못한"(「타령조」) 어머니로부터 남상했다. 곧, 그는 "선혈이 낭자한 어머니의 육성"(「뚝배기 속에」)을 이 세상에 대신 전하는 복화술사였던 셈이다. 그는 같이 시집을 만든 시인들과의 만남마저 '어머니의 눈짓'으로 자리매김할 만큼 어머니에 대한 정이 각별하다. 그로서 정렬은 자신의 슬픈 가족사를 타인들과 공유할 발판을 마련한다. 그들과의 '동행'은 정렬로 하여금 자신의 시가 '세상도 역시 그 안에 있다'고 단언할 수 있도록 부추기는 힘이다. 그는 더 이상 고독하지 않다. 그는 '혈육 같은 두 동행'과의 동행 속에서 시업을 계속할 수 있는 원기를 회복한다. 그것은 '한밤중 반딧불 같은 호롱불 앞에서 반쯤 석불이 되어 어깨를 들먹이던 어머니의 속울음'을 시화하는 일이다.

이런 사연을 따라가노라면, 정렬의 시편에 배어 있는 눈물의 의미가 개인사적 차원을 초월하여 사회적 의미를 내포하고 있는 줄 알게 된다. 말하자면 그의 시작품에서 눈물이나 울음은 서정의 사회화 정도를 가늠케 해주는 미학적 심급인 셈이다. 아비가 시대와 부조화하여 주막에 출입하듯, 그는 헤어날 길 없는 존재론적 고독에 울부짖는다. 세대를 이어 유산처럼 계승되어 재생산되는 개인과 사회의 알력으로 말미암은 가정환경과의 어색한 조우는 정렬을 시인의 길로 내몬 동인이다. 그는 "한밤중 내 詩 속의 속울음들"(「꽃밭」)을 마련해 놓고 부자간의 단절된 관계를 복원시키려고 시도한다. 정렬은 눈물을 매개로 타인과의 관계를 설정하려고 노력하지만, 그 역시 아버지의 길을 걷고 있기에 자식 앞에서 "아빠는 선운사 울지 못한 매미"(「선운사 매미」)라고 인정하지 않으면 안 된다. 울고 싶어도 마음대로 울지 못하는 매미에게는 내밀하고도 심각한 곡절이 있기 마련이다. 그의 억제된 눈물은 묵묵히 감내하는 고뇌의 깊이를 말해준다. 그와 같이 정렬의 시편들은 가슴마다 '울지 못한 매미'의 '속울음'을 하나씩 갖고 행간을 구성한다.

2. '묶음'의 사회적 함의

정렬의 시를 읽노라면, 민초들의 한이 절절히 배어 있는 줄 알게 된다. 그가 탯줄을 묻은 정읍은 호남평야의 한복판에 위치하여 역사적 형극을 온 땅에 각인하고 있는 곳이다. 그런 탓인지 정렬의 시에는 한국사의 단면들이 도처에 매장되어 있다. 그의 시편에 등장하는 이웃들은 "대대로 물려받은 천수답을 넘겨주고 빈 털털이로"(「白畓」) 살아가는 농투산이들이다. 그로 하여금 시작품 속에 역사적 사건이나 사실들을 반영하도록 부추긴 것은 영 개선될 기미가 없는 역사 때문이었다. 그는 가난하고 갈라진 나라에서 태어난 업죄로 인하여 평생토록 지나간 삶을 연민하며 살았다. 그의 시편마다 구석구석 스며든 민초들의 애환은 가공하지 않은 역사의 일부로 적층되어 있다. 민초들은 힘없는 나라에 태어난 업죄로 인해 각종 사태에 '묶여' 노출되었다. 그들에게 덧씌워진 밧줄은 그대로 정치적 박해이자, 위정자들의 과오를 대속하는 올가미이다. 자신의 과실로 인한 구속이 아니라, 순전히 남의 탓으로 묶이는 민초들의 신세는 지금까지의 인류사에서 변하지 않고 반복되는 진실이다. 특히 정읍과 같은 벌판의 민초들은 수천년 동안 이리 빼앗기고 저리 내몰리며 역사의 법칙을 시연하는 장본인들이다.

> 나를 동아줄로 묶어 놓고(「故鄕」)
> 맨 처음 오는 내일의 사지를 묶어 놓고(「내년」)
> 한 오랏줄에 묶여(「이조 때 봉화」)
> 다박솔에 묶여 있고(「응달」)

인용례에서 보듯이, 정렬은 '묶여' 있음에 주목한다. 그것이 무엇이건 간에 묶여 있다는 것은 자유를 속박당하고 있는 상태이다. 정렬은 그들이 묶여 끌려간 상황을 시적 배경으로 장치하여 자신의 작품을 사회현상으로 편입시킨다. 그의 시도에 힘입어 시는 사회적 산물로 결정난다. 가령 박재삼이 그의 시를 평하는 자리에서 "전쟁의 상흔 말고도 한국적인 의미의 토시에 묻은 것 같은 가난, 억울한 질병, 시대적 울분, 허망한 것 같은 상황이 골고루 노래되고 있음을 볼 수 있다"(「때 안타는 순정으로」)고 지적할 때, 그것은 온전히 정렬의 시편들이 사회적 상황에 '묶여' 있는 줄 가리킨다. 아울러 그 점은 개체의 서정적 반응을 최우선으로 삼는 시형식에 집단적 정서를 장치하도록 그에게 강제한다. 그로 인해 그의 시적 몸부림은 '묶음'을 시행한 '보이지 않는 손'의 정체를 폭로하느라 부산하다. 그의 시편들을 세심하고 주의깊게 읽어야 할 이유이다.

정렬의 작품에는 웃음이 없다. 당초부터 그는 가족사적 비극으로 시의 길에 들어섰으므로, 도처에 만연한 슬픔을 수용하느라 공을 기울인다. 그의 시편을 읽으면서 가슴이 뭉클해지는 까닭이 그로부터 연유한다. 그가 고유한 슬픔을 사회적 맥락 안에서 표현하기에, 작품의 서정은 개인적 차원을 초월하여 역사의 장면과 겹쳐진다. 그것은 한국사의 이면에 새겨진 굴곡 탓이다. 동학혁명이 일어난 곳에서 태어난 그는 이 사실을 선험적으로 인식하고 있다. 더욱이 한국의 현대사는 급격한 산업 발전에 따른 농촌의 피폐화를 수반하였으므로, 사회의 구성원마다 치열한 생존경쟁에서 밀리지 않으려고 몸부림쳤던 줄 부인하기 힘들다. 그 기원은 정치군인들이 무력으로 정권을 찬탈하면서 불법적으로 시작되었다. 군부는 그것을 '가난'의 원흉으로 지목하고, 서구식 근대화를 지고의 정책으로 천명한다. 그로서 유사 이래 한반도 도작문화권의 버팀목이었던 농촌은 하루아침에 구습의 온상으로 전락하고 말았으므로, 누천년간 농사를 업으로 삼았던 정렬의 고향은 근대화의 세력들에게 달갑지 않았다. 그런 까닭에 한국의 근대화는 허울뿐이다. 유사 이래 사람들이 목숨을 바쳐 일구었던 농사판을 거들떠보지도 않는 것이 부끄러운 줄도 모르는 일군의 세력들에게 근대화는 반겨졌다.

일제가 패퇴하고 가면서 남긴 악습 중에 으뜸은 부끄러움을 수거해 간 것이다. 그들에게 아부하여 일신의 영달을 꾀하고 천금을 도모하던 자들은 을유해방이 되자 그 동안 축적한 벼슬과 돈으로 자신이 자행한 죄업을 덮었다. 마침 허물투성이의 '국부' 이승만이 대통령의 직위에 있었기에 가능하고도 남을 일이었다. 그 뒤를 이은 군사정권은 한민족이 수천년간 지켜오던 덕목인 '믿음'을 삭제해버렸다. 그들은 무력을 앞세워 공적을 차지한 자들이기에 같은 무리조차 믿을 수 없었다. 그 와중에서 같은 학교나 동네를 따지는 패거리정치가 횡행하게 되었으니, 그들은 총으로 정권을 강탈한 범죄 말고도 벌받을 게 무수하다. 군인들에 의해 한반도는 지금까지도 도농간 · 지역간 · 세대간 불신의 골을 안고 있거니와, 그들의 총칼 앞에 살아남기 위해서 민초들은 저마다 '탈'을 갖지 않으면 안 되었다. 탈은 '부끄러움'을 모를 뿐더러, 상호간에 '믿음'이 개입할 구실조차 삭제한다.

마을은
왼통 탈투성이.

한두 개는 못난 것들
한 대여섯 개쯤 가져야
세상을 잘 살아 간다.

제 철까지
어느 병신이 기다려,
조석으로 탈바꿈하여
한밤중이면
또 탈을 꿈꾼다.

식구들도 모르는,
더러는 저도 모르는
무서운 탈의
무서운 탈.

탈 하나 없는 성한 사람
동구 밖에 떠밀려
병신으로 살아간다.
—「병신」 전문

군사정권은 자신들의 불법성을 상쇄하고자 '조국의 근대화'라는 허울을 내걸었다. 그들의 선동은 억압된 언론과 다수의 침묵하는 지식인들의 원조로 순식간에 시대적 대의로 둔갑하여 국토를 도포해버렸다. 그것이 경제개발이라는 명목으로 전국을 강타하자, 국민들은 저마다 자본주의적 환상에 포박되어 군부가 제시한 '근대화'를 추종하게 되었다. 정권이 노린 바는 그것이었고, 일군의 권력지향적 지식인들은 군인들에게 결여된 지적 논리를 채워주는 댓가로 출세가도를 달렸다. 위 시는 그 시대를 목격했던 시인의 고백이다. 그처럼 '탈 하나 없는 성한 사람'은 '병신'으로 치부되던 왜곡의 시대에 '병신으로 살아간다'고 맞서 살았던 시인의 페이소쓰가 압권이다. 차라리 한 편의 서사물이라고 해야 어울릴 법한 인용시는 시인된 자의 몸가짐을 묻는다.

날마다 얼굴을 마주하는 마을사람들조차 '왼통 탈투성이'가 되기를 강요한 불신의 시대에는 탈을 '한 대여섯 개쯤 가져야' 세상을 잘 사는 축에 들 정도로 윤리의식은 뒤틀려 있었다. 사람들은 '저도 모르는' 탈의 재미에 빠져 끝내 '탈 하나 없는 성한 사람'을 '병신'으로 취급하여 동구 밖으로 내쫓는다. 실제로 군사정권은 각 군별로 나환자 집단촌을 조성하여 강제 수용한 바 있고, 정렬의 향리로부터 멀지 않은 이평에 정읍 지역의 나환자촌이 있었다. 군사정권은 자신의 패악을 덮기 위해서 민중들의 이중적 원망(怨望/願望)을 교묘히 이용한 것이다. 그것은 극악한 폭력 정권의

'탈'이었다. 군사정권은 자신들의 민낯이 드러나기를 저어한 나머지 사람들에게 '탈'을 권했다. 그리하여 국민들은 정권이 기획한 탈놀이의 대상으로 전락되고, 정권은 국민들을 조종하느라 혈안이 되었다. 정권의 폭력행위에 가위눌린 민초들은 속셈을 드러내지 않으려고 다투어 '탈'을 썼다. '탈'을 쓴 자는 말하지 못하는 법이어서 세상일에 침묵하지 않으면 안 된다. 이 점에서 정치적 함의를 지닌 아래 시편은 상당한 의미를 거느리고 있다. 또한 시 자체가 시인이 씌워준 탈을 쓴 화자가 말하는 이야기판이란 문학적 사실을 동시에 떠올리면, 정렬이 말하고자 하는 바를 간파하기에 어렵지 않다.

달팽아 달팽아 집없는 달팽아
눈없는 우렁이도 대수리도 말조개도
물 속 깊이 숨어서 大門 걸고 속문 걸고
혀 빼어 장롱 속에 감추고
귀를 막고 사는데,
달팽아 달팽아 눈 있는 달팽아
집도 발도 없는 너는,
왜 풀 한 포기 없는 한길에 나와
짓밟히는 全身을 귀로 쫑깃거리며
피흘리는 全身을 눈으로 껌벅거리며
世上事 끝까지 다, 다아 보고
할 말은 끝내 이 땅에 묻어 두고,
살아남은 귀먹고 눈먼 것들을 위하여
성난 구두발에 스스로 짓이겨져
할 말로 할 말로 달게 죽은 달팽아.
—「할 말」 전문

정렬의 시작품들은 "산 사람들은 성한 피 한 방울 없"(「곡소리」)는 정읍사의 단층을 형상화하고 있어서 시인의 사회적 관심과 서정의 형상화 정도를 살피기에 알맞다. 정읍은 3.15부정선거의 실체를 처음으로 폭로한 소위 '정읍환표사건'이 일어난 곳이다. 단 한 표의 부정조차 눈감지 못하는 정읍인들의 민주 정신은 지역 차별을 감수하면서도 굽어질 줄 몰랐다. 그것은 추호의 불의조차 용납하지 못하는 동학혁명의 후손들이 지니고 있는 민주의식에서 비롯된 것이다. 그렇다고 정렬은 정읍인들의 '할 말'을 시화하고자 시형식까지 유린한 것은 아니다. 그는 도리어 시적 장치를 동원하여 폭력정권 하에서 가위눌린 보통사람들의 일상을 '껌벅거리며' 보여주었다. 정치적 상황을 맥락에 장치한 시편에서 우의성이 중요한 이유를 시인은 몸소 궁행하였다. 그의 솔선에 힘입어 '깊이 숨어서' 살던 소시민들의 주눅들린 비겁한 삶의 모습이 적나라하게 드러났다.

달팽이는 '우렁이도 대수리도 말조개'와 달리 보지 말아야 할 것을 보고, '世上事 끝까지 다, 다아 보고'난 죄로 죽음을 맞는다. 그것은 달팽이의 "바위같이 차마 입 다물지도 못한 죄"(「여백」)

로 말미암았다. 달팽이의 운명은 도저한 침묵이 횡행하고, 세상사에 귀 막고 살기를 강요하던 시대의 음화이다. 달팽이는 이 대목에서 고도의 정치적 상징성을 확보한다. 달팽이는 '살아남은 귀먹고 눈먼 것들'을 '위하여' 죽음을 두려워하지 않는 용기를 보여준다. 그의 유시는 결국 '할 말은 끝내 이 땅에 묻어두고' 남아서 다수가 선택한 '살아남은 자의 슬픔'을 거부한 자의 빛나는 말로이다. 또한 그러지도 못하는 자들을 힐난하고 있어서 우의적이다. 시인은 달팽이의 행위를 '달게' 죽었다고 마감하여 자신의 정치적 신념을 드러내었다. 그것은 "오한같은 침묵"(「방학」)으로 평생을 살아간 어머니의 '할 말'이 자식에게 이어져 행간에 장치된 것이다. 그와 같이 정읍사람들의 '할 말'은 세대를 뛰어넘어 연면히 계승되면서 '할 말'을 다할 수 있는 대동세상이 도래하기를 꿈꾼다. 그것이야말로 정렬의 시편에 배경으로 놓여 있는 정서의 본질일 테고, 이 점에서 그는 정읍시사에서 서정성과 역사성을 동시에 획득한 시인으로 우뚝 서게 된다. 앞의 인용작은 서정시인들이 역사적 조건을 슬기롭게 처리한 범례이기도 하다.

3. 고향의 역사성과 서정성

고향은 소년의 이미지를 갖고 있다. 고향은 어린 시절의 추억이 흠뻑 젖어 있는 곳일 뿐더러, 인간의 가장 행복했던 유년기의 시간을 재구할만한 장소이다. 고향과 소년의 친밀성은 소박한 이미지와 순수한 인상의 도움을 받아 정밀한 입체감을 이룬다. 소년이 고향을 떠나지 않은 경우라면, 고향은 소년에게 독점화된 공간으로 의미를 고착시킨다. 소년은 외부적 요인의 틈입을 예방하고, 애초의 모습이 보존된 고향을 꿈꾸고 가꾼다. 그의 소망은 과거지향적 시간의 개입을 불러오기 마련이어서 고향사람들조차 "지열이 식은 지구보다 더 많은 균열을 품은 얼굴"(「얼굴」)을 지닌다. 이 지점에서 정렬의 고향사랑은 단순한 공간애의 발로를 초월하여 역사적, 사회적 의미역을 구성하고도 남는다. 그런 측면에서 정렬의 고향시편에 장치된 사건들은 정읍의 역사적 장소성을 보편적 차원으로 승화시키는 데 유효하다.

고향은 사람들에게 원시적 질서가 살아있는 공간으로 기억된다. 따라서 고향은 도회지의 자본주의적 법률이 아닌 농본적 도덕률이 존재하지 않으면 안 된다. 그러나 이미 '탈'을 쓴 사람들이 점령해버린 고향에는 종전의 질서가 존재할 수 없다. 다만 탈 하나 갖지 못한 '병신' 같은 사람만이 남아서 세월을 견딜 뿐이다. 고향을 떠나지 못한 '병신'은 저와 같은 '병신'을 찾아나선다. 그들은 자신보다 월등한 줄 알았던 출향인들이다. 그들은 지금껏 고향으로 돌아오지 못한 '병신들'이다. 그 안에 현해탄을 건너간 형이 포함되어 있음은 물론이다. 두 '병신'의 만남은 앞선 자와 남은 자의 터울에 따라 시간을 초월하며 진행된다. 그 와중에 민족적 비극 사태가 돌출하기는 당연스럽다.

잎새 하나 없는
즐비한 가로수를 보고 가면
6 · 25사변 때,
제가 꼰 새끼줄에 제 손을 묶여
진눈깨비 설치는 저문 들길을
묶인 손들고 읍내로 끌려가던
마을사람들 생각이 난다.
나이가 들수록 더 생각이 난다.

더러는 살아서 돌아오고
몇은 30년이 되어도
병신들 병신들같이
제 고향도 모르는가
돌아오지 않는다.

진눈깨비 설치는 날
즐비한 가로수를 보고 가면
꺾일 듯 휘갈리는 가지끝마다
돌아오지 않는 사람들의
마지막 피진 육성들이 걸려 있다.
—「진눈깨비」 전문

시편을 관통하는 '생각'은 어린 시절에 목도했던 비참한 장면에 대한 기억에서 솟아난다. 시인은 '제가 꼰 새끼줄에 제 손을 묶여' 가던 낯익은 얼굴들을 불러내어 "조국의 한밤중"(「살구나무」)을 증언한다. 그의 인도로 초대된 군상은 이름조차 불러내기 미안한 '마을사람들'이다. 시인은 "엽록소가 볕은 낙엽처럼"(「나이가 드는」) 끌려가던 그들을 떠올리며 지나간 역사의 비통을 노래한다. 정렬의 슬픔은 즐비한 가로수의 수직성에 얹어져 구천에서 떠도는 '병신들'의 원한을 대신하여 이승에 강림한 것이다. 그가 듣는 '피진 육성들'은 양립한 가로수의 사이를 수놓기에 좀체 그칠 기미를 보이지 않는다. 그의 '생각'은 시작 순간에 떠오른 것도 아니고, 시작 후에 끝날 성질의 것도 아니다. 그의 '생각'은 '저문 들길'을 나설 적마다, 또는 "사변 전, 귀촉도 소리"(「옛잠」)를 들을 때마다 상기된다. 그의 시에 "험상궂은 부스럼투성이"(「모란」)가 도드라지게 줄지어 출현하는 까닭이다. 그는 삶의 여러 단면 중에서 굴절된 이면을 포착하기를 선호하는 것이 아니라, 어려서 들었던 '귀촉도 소리'가 '부스럼투성이' 사람들을 데불고 온다.

대낮에도
바람들이 모여서 머리 풀고 우는
호박 구덩이 속
우렁껍질같은 고향

애들은 다 떠나고
4代의 핏줄이 끊길지도 모를
뜨락에 혼자 서서
한 평생 마음 속 詩語 하나
이승에서 끝내 찾지 못하고
빈 칸으로 고향에 남겨 둔 채
빨갛게 빨갛게 타는 노을 앞에 서서
하얀 갈꽃머리를 날리며
동구 밖을 서성거리는
한 시인의 뒷모습이 얼핏얼핏 보인다
—「故鄕」 부분

'우렁껍질같은 고향'을 떠나지 못한 가난한 시인은 '제 고향도 모르는'지 여태 돌아올 줄 모르는 그들을 마냥 기다린다. 고향은 우렁 속처럼 은밀하게 따뜻한 자궁이어야 하나, '탈'에 점령된 기억을 잊지 못하는 고향은 시인에게 '우렁껍질'처럼 음산하고 쓸모없는 곳에 지나지 않는다. 고향을 제 것인 양 웃고 떠들던 '애들은 다 떠나고', 다만 '하얀 갈꽃머리를 날리'는 노 시인만 남아 있는 곳이다. 이미 아늑한 본래적 의미를 상실한 고향이나, "가난한 나라 俗된 詩人"(「詩人」)은 그조차 떠나지 못한다. 그가 '껍질'같이 남아 있는 대목에 이르러 정렬의 시편들이 한결같이 고향사람들의 편린을 담아내고 있는 사정이 밝혀진다. 그의 시적 여정은 '제가 꼰 새끼줄에 제 손을 묶여' 떠난 이들이 돌아올 때까지 계속된다. 그러나 그들의 귀향은 여전히 불확실하기에 시인은 동구 밖을 서성거린다. 그의 기다림은 "사철 허리를 동여매고 사는 지어미"(「한 개비 성냥불로」)의 행위를 전습받은 것이다.

정렬이 '진눈깨비 설치는 저문 들길'로 떠나간 그들을 기다리는 이유는 필생의 과업으로 찾고자 하는 '시어' 때문이었다. 그러므로 그들의 귀환은 '이승에서 끝내 찾지 못'한 시인의 숙망을 이루어 줄 터이다. 시인은 그들이 끝내 돌아올 기미를 보이지 않자 자신의 시마저 부정해버리고 만다. 그렇다면 이와 같은 시인의 부정은 어디에서 기원하는가. 그것은 바로 '4代의 핏줄이 끊길지도 모를' 형의 가출에서 찾아진다. 할아버지와 아버지의 주막 출입이야 세대를 건너 연면히 내려오던 고질일 뿐만 아니라, 소년 정렬에게 절실하거나 이해할 만한 곳이나 짓이 아니었다. 하지만 장형의 느닷없는 가출은 "지어미 가슴 속 기진한 속울음"(「쑥국새 소리」)을 야기한 직접적 원인이다. 그로서 시인은 평생 어머니의 '속울음'을 시화하지 않으면 안 되는 부채의식에 사로잡혀 고향집을 떠나지 못한다. 그가 '애들은 다 떠나고'라고 읊었을 때, 그것은 친구를 따라 상경하지 못한 소년의 동경의식이 남아 있는 줄 알려주는 동시에, 막무가내로 형을 기다리며 인생을 허송하는 어머니에 대한 부채감의 잔여분을 확보할 수 있다. 그 시절부터 그는 '하얀 갈꽃머리'가 된 지금까지 '동구밖을 서성거리는' 무료한 어머니의 기다림을 반복한 것이다.

정렬의 삶은 '한 평생 마음 속 詩語 하나'를 찾느라고 생애 내내 헤맨 방황과 기다림의 연속이었다. 그러나 그가 찾은 것은 '빈 칸'이었을 따름이다. 시인은 늘그막에 이르러 자신의 삶을 반추하는 동안에야 자신의 시작업이 숙명적 환영에 불과한 줄 깨닫게 되었다. 시작업이 당초부터 자신의 의지와는 무관한 '고독한 가족보'로부터 말미암았듯이, 정렬은 가문의 비극적 사태를 당대에서 그치고 싶은 가장으로서의 책임감과 함께 형의 '빈칸'을 메꾸지 않으면 안 되는 아들의 봉양 의무를 잊지 않았다. 그 위에 동학당에 연루된 할아버지와 전쟁에 나갔던 아버지의 유업이 가중되면서 정렬에게 고향은 역사적 장소성을 '얼핏얼핏' 시화할 것을 주문한 동기였다. 그것은 정렬로 하여금 '빨갛게 빨갛게 타는 노을 앞에 서서' 자신의 시업을 회고하는 순간, 기껏 '호박구덩이 속'을 맴돌던 '속울음'에 다름 아니었다는 사실에 허기지도록 만들었다. 그러나 그의 시세계는 '바람들이 모여서 머리 풀고 우는' 정읍의 역사를 빼어난 서정성과 결합시킴으로써, 독특한 장소성을 확보했다는 점에서 현저히 남다르다. 즉, 정렬의 시는 "井邑들, 泰仁들, 古阜들, 배들(梨坪)"(「藝脈의 長江되어」)의 논 속에 은닉된 "피로 얼룩진 내 詩語들"(「破紙 한 조각으로」)을 찾기 위한 지순한 몸부림이었다.

Ⅲ. 결론

정렬은 정읍 출신의 시인으로, 등단 이후 한 번도 고향을 떠나지 않았다. 그것은 가족사의 비극적 장면이 낳은 결과이지만, 그의 삼대에 가해진 '고독한 가족보'는 한국 현대사의 굴곡과 겹쳐지면서 궁벽한 마을의 한 집안조차 역사의 소용돌이로부터 자유로울 수 없다는 진리를 보증하고 있다. 정렬은 자신의 가족사와 고향 정읍의 역사적 사건들을 간단없이 시작품에 끌어들였다. 그의 분주한 노력에 힘입어 정읍은 일반화된 공간이자 특정한 장소로 기표화되고, 그의 시세계를 지탱해주는 고유한 배경으로 자리매김되었다.

정렬은 평생간 '속울음'을 삼키며 살았던 어머니에 대한 채무의식이 남달랐다. 그는 장형의 가출로 생겨난 어머니의 울화를 자신의 효심으로 무마시켜 보려고 헌신했다. 하지만 장자의 자리는 그가 대신하기에는 너무 커서 도저히 환원불가능한 슬픔이었다. 그것이 그로 하여금 역사적 사건들을 고향의 개인사와 결부시키도록 부추긴 요인이다. 그의 노력에 힘입어 정읍의 도처에 각인된 역사성은 개별적 장소성과 합치되어 서정적 공간으로 기능하였다. 이 점이야말로 정렬의 시가 지닌 강점이다. 그만치 그의 시세계는 정읍과 육화되어 있어서 고향을 벗어나 존재할 수 없다.

정렬 시의 서지 상황

최명표

Ⅰ. 시집별 서지 상황

정렬은 생전에 간행한 4권의 시집에 총 209편의 시를 수록하였다. 첫 시집 『遠雷』는 시 25편을 수록하고 있다. 『遠雷』는 1961년 서울특별시 영등포구 문래동 3가 1번지에 소재한 정치문화사(政治文化社)를 발행소로 삼고, 삼남출판사(三南出版社)를 인쇄처로 하여 나왔다. 간기를 볼 양이면, 인쇄일은 단기 4294년 11월 10일이고, 발행일은 단기 4294년 11월 30일이다. 발행인은 이기완(李奇宛)이며, 인쇄인은 적지 않았다. 삽화는 장주상(張周相)이 맡았다. 시집의 정가는 900환이다. 시집의 체재는 '겉표지-속표지-신석정(辛夕汀)의 서문(「『遠雷』 앞에」)-목차-작품-후기-간기' 등으로 구성되어 있다. 시인의 후기는 목차의 제목(「詩集 『遠雷』를 내면서」)과 실린 제목(「『遠雷』 뒤에」)이 다르다. 시집의 어디에도 시인의 약력은 소개되지 않았다.

이 시집은 단기 4295년 2월 1일 인쇄되고, 4295년 2월 10일 재판이 발행되었다. 불과 3개월 만에 시집을 다시 찍은 것이다. 발행사항(발행인, 인쇄인, 목차)은 초판본과 같다. 뒤편에는 시인의 후기 「詩集 『遠雷』를 내면서」와 「다시 『遠雷』 뒤에」가 실렸다. 시인의 약력이 소개되지 않은 것은 전과 동이나, 이전과 달리 저작권 표시란에 시인의 낙인이 찍히지 않았다. 시집은 온통 검은색 표지의 하드커버로, 시집 제목이 음각되어 있다. 시집의 크기는 가로 13㎝, 세로 11㎝로 되어 있어서 마치 포켓북을 연상케 한다.

둘째 시집은 『바람들의 世上』이다. 시집의 발행소는 서울특별시 종로구 도염동 115번지에 위치한 범우사(汎友社)이고, 발행자는 윤형두(尹炯斗)이다. 시집은 1976년 4월 10일을 초판 인쇄일로 적고, 1976년 4월 15일을 초판 발행일로 삼았다. 153쪽 분량의 시집 가격은 1,000원이고, 50편의 작품이 수록되었다. 시집의 제자는 최정균(南汀 崔正均)이 썼고, 장정은 소설가 백시종(白始宗)이

맡았다. 시집은 '겉표지-저자 근영-자서-문학평론가 장백일(張伯逸)의 발문(「情愛의 목소리」)-목차-작품-신석상의 시인 소개-간기'로 이루어졌다. 부안 출신의 소설가 신석상(辛錫祥)의 글은 목차의 제목(「鄭烈 詩人의 프로필」)과 뒤에 실린 제목(「土俗的 人情이 넘치는 詩人」)이 같지 않다. 저자 약력란에는 '1932. 전북 정읍 산, 1962. 우석대학교 국문과 졸업, 1955. 『문학예술』에 「山」, 1956. 「默禱」로 2회 추천, 1959. 『사상계』 신인 당선 「얼굴」·「無花果」·「꽃」, 1961. 제일시집 『遠雷』 발간, 현재 전북 신태인종합고등학교 재직'으로 적혀 있다. 이로서 국학대학이 우석대학교로 이름을 바꾼 게 밝혀졌다.

셋째 시집은 『어느 凶年에』이다. 시집은 이병훈(李炳勳), 정양(鄭洋)과 같이 낸 3인 시집이다. 각자 사이좋게 22편씩 추려서 전북 정주시 장명동 116-9의 '도서출판 인동(忍冬)'에서 냈다. 발행인은 당시 정읍 호남고등학교 교사로 근무하던 소설가 이영옥(李永玉)이고, 전주의 대흥정판사에서 인쇄했다. 초판 인쇄일은 1982년 3월 30일이고, 초판 발행일은 1982년 4월 19일이다. 인쇄일과 출판일 사이의 기간이 여느 시집보다 길고, 출판일이 경자년에 일어난 민주시민혁명일인 점은 고의적이다. 시집의 구성은 '겉표지-속표지-목차-서문-작품(이병훈, 정렬, 정양 순)-박재삼(「때 안 타는 純情으로」)과 김용직(「어둠속에 심지내린 불꽃들처럼」)의 발문-후기-간기'의 순으로 되어 있다. 서문(「풀잎에 사는 바람」)은 이병훈(李炳勳)이 쓰고, 후기(「후기」)는 정양(鄭洋)이 썼다. 앞날개에는 유경환(劉庚煥), 오세영(吳世榮), 원형갑(元亨甲)의 단평을 정렬, 정양, 이병훈의 순으로 발췌하여 실었다. 뒷날개에는 이병훈, 정렬, 정양의 나이순으로 약력을 적어두었다. 뒷표지에는 천이두(千二斗), 정희성(鄭喜成), 이보영(李甫永)의 단평이 순서대로 죽 늘어섰다. 정렬의 약력에는 '1932년 전북 정읍 출생, 1955년 『문학예술』지에서 조지훈의 추천으로 데뷔, 1959년 『사상계』 시 신인상 당선, 1961년 제1시집 『遠雷』 발간, 1976년 제2시집 『바람들의 세상』 발간, 본명 鄭夏烈'이라고 표기되어 있다. 총135쪽 중에서 정렬이 차지한 부분은 43쪽부터 82쪽이고, 시집의 값은 2,000원이다. 시집은 하얀색 표지에 비닐로 다시 둘렀다.

넷째 시집은 『할 말은 끝내 이 땅에 묻어두고』라는 제목을 달고 나왔다. 이 시집은 서울 종로구 명륜동 2가 176번지에 자리한 청사(靑史)에서 발행했다. 시집은 '청사민중시선 12'으로 묶였고, 발행자는 함영회(咸泳會)이다. 초판의 인쇄일은 1985년 8월 5일이고, 초판의 발행일은 1985년 8월 15일이다. 총 224쪽의 분량에 2,000원의 정가가 매겨져 있다. 시집의 발행일을 나라의 경사스러운 날에 맞춘 시인과 출판사의 의도가 가상하다. 시집의 체재는 '겉표지-속표지-목차-시인의 서문-작품-정양의 해설(「情범벅, 피범벅의 속울음으로」)-간기'로 채워졌다. 겉표지의 날개에는 시인의 사진과 약력이 소개되어 있다. 사진 속에서 시인은 먼 곳의 '遠雷'를 응시하며 달관한 표정이다. 사진의 밑에 붙여 둔 약력란에는 '1932년 전북 정읍에서 출생하여 국학대학을 졸업한 詩人 鄭烈은 1953년 『자유문학』 신인 작품 모집에 당선하면서 詩作 활동을 시작, 시집 『遠雷』(1961), 『바람들의 世上』(1976), 『어느 凶年에(凶年의 오기)』(공저, 1982) 등을 간행하였다. 그는 전북 신태인종합고등학교에 재직 중이지만 현재는 병상에 누워 있다.'고 적혀 있다. 정렬은 건강이 악화되는 중에 낸 시집의 의미를 감안하여 무려 112편의 시를 골라 '자선시집'을 채웠다. 그가 살아서 낸 마지막 시집이다.

이처럼 정렬은 생전에 4권의 시집을 발행하여 작품을 수록했다. 그러나 그가 병석에 오래 있었을 뿐더러, 시골에서 농사를 짓는 시인-교사로 생활하다 보니 시집을 제때 펴내지 못하여 사후에 남겨진 시편들이 상당하다. 여느 시인들의 경우에도 벌어지는 안타까운 사태이다. 더욱이 그처럼 고향의 역사적 조건을 뚜렷이 의식하며 개인적 서정을 형상화한 시인이라면, 아끼는 독자들이 감당하는 아쉬움은 오래 간다. 그의 시작품이 수록된 갖가지 서지들을 찾아내고 비평하는 작업이 서둘러져야 할 까닭이다.

Ⅱ. 시작품의 발표와 시집 수록 상황

1. 중복 발표 작품

정렬의 중복 발표작은 시와 산문으로 나뉜다. 그의 시력에 비추어 보면, 중복 상황은 그리 복잡하지 않다. 그것은 그가 상대적으로 줄기차게 시작 활동을 전개하고 있었다는 반증이다. 또한 그가 작품을 발표하기까지 수없는 퇴고 과정을 거치면서 완결성을 더하려고 힘쓴 줄 알려주는 증표로 해석해도 무방하다. 정렬의 시편에서 중복 사항은 연차가 더할수록 증가하는 추세를 보인다. 이것은 그의 명성이 문단에 알려져 청탁 횟수가 늘어나면서 수반된 현상으로, 높아진 책임의식을 반영한 것이라서 자연스럽다. 그는 재발표하면서 시제를 더러 바꾸기도 했다. 정렬이 중복하여 발표한 내용을 소개하자면 다음과 같다.

(1) 시

「山」, 『문학예술』, 1955. 9.→『신시70주년기념한국시선집』, 성문각, 1978; 『전북문화』, 1984. 1; 『표현』, 1984. 9.

「戀歌」, 『遠雷』, 1961. 11. 30→『여학생』, 1977. 12.

「내 가을은」, 『전북일보』, 1967. 11. 5→『신문학60년대표작선집』, 1968.

「血楓 內藏」, 『시문학』, 1971. 12.→『벽골문학』, 1973. 11.

「한 개비 성냥불로」,『시문학』, 1972. 11.→『한국현대시선』, 성문각, 1973.

「極老人」, 『신동아』, 1972. 11.→『한국현대시선』, 성문각, 1973.

「下直 人事」, 『벽골문학』, 1973. 11.→『한국현대시선』, 성문각, 1973.

「어머님께」, 『바람들의 世上』, 1976. 4. 15→『삼남일보』, 1978. 5. 8

「중개」, 『신동아』, 1976. 6.→한국현대시인협회 편, 『'79 한국현대시선』, 1979.

「할 말」, 『새교육』, 1976. 6.→한국현대시인협회 편, 『'79 한국현대시선』, 1979; 『농민시선집』, 실천문학사, 1985; 『원대신문』, 1988. 1.

「梅花」, 『포토전북』, 1976. 11.→『표현』, 1980. 4.

「解冬期」, 『전북매일』, 1970. 8. 14; 『전북신문』, 1977. 3. 8→『전북일보』, 1987. 4. 25(「解凍期」로 개제).

「쑥국새소리」, 『여성세계』, 1977. 5.→민영 외 편, 『한국현대대표시선 Ⅱ』, 창작과비평사, 1992.

「뭇소리」, 『월간중앙』, 1977. 8.→『'79한국현대시선』, 한겨레출판사, 1979.

「꽃이름으로」, 『사상계』, 1963. 2.→『여학생』, 1977. 12; 『그대 푸르른 사랑이여』, 자유지성사, 1990.

「所願ㅡ南北」, 『주간조선』, 1978. 4. 30→한국현대시인협회 편, 『'79한국현대시선』, 1979; 『시문학』, 1988. 8(「南北」으로 개제); 민영 외 편, 『한국현대대표시선 Ⅱ』, 창작과비평사, 1992.

「同行」, 『수상』, 1978. 10.→『표현』, 1990. 9.

「試驗」, 『진학』, 1979. 7.→『종』, 1986. 12

「農老의 벌판」, 『신동아』, 1979. 7.→『농민시선집』, 실천문학사, 1985(「農老의 가을」로 개제).

「삐비꽃」, 『월간문학』, 1979. 9.→『한국철도』, 1987. 5.

「탈에게」, 『한국문학』, 1979. 10.→『현대시151인의축제』, 전위문학사, 1981.

「투성이타령」, 『한국문학』, 1979. 10.→『농민시선집』, 실천문학사, 1985.

「매운 재」, 『표현』, 1970. 12.→『서세루의 시』, 1983. 8.

「東學革命塔」, 『전북신문』, 1980. 5. 13→『민중시』, 1987. 2(「東學革命紀念塔」으로 개제); 『정읍문예지』, 1987. 10; 『뿌리』, 1998. 5.

「金山寺」, 『내장문학』, 1981. 2.→『불교를 위한 문학』, 1987. 6.

「진눈개비」, 『월간문학』, 1981. 3.→한국현대시인협회 편, 『현대시 200인집』, 1982.

「冬栢꽃」, 『김제예총』, 1981. 11.→『심상』, 1985. 8; 한국현대시인협회 편, 『木神 그리고 서울의 낮달』, 1988;

「父母」, 『한국문학』, 1982. 1.→한국현대시인협회 편, 『현대시 185인의 축제』, 1983.

「秋雷」, 『한국문학』, 1982. 2.→김현 편, 『살아있는 詩들』, 문학과지성사, 1983. 5.

「한밤중」, 『표현』, 1982. 6.→『전북문단』, 1989. 8.

「故鄕」, 『한국문학』, 1983. 11.→『애향전북』, 1985. 12. 17.

「問喪」, 『표현』, 1984. 3.→『월간문학』, 1990. 1.

「꽃밭」, 『한글새소식』, 1984. 3.→『서세루 시』, 1984. 12.

「極樂」, 『내장문학』, 1984. 6.→『시와 의식』, 1986. 12.

「打令調」, 『시문학』, 1985. 3.→『석정문학』, 1985. 5.; 『뿌리』, 1998. 5.

「南北·10ㅡ응달」, 『시문학』, 1985. 3.→『이 밤이 너무 길지 않습니까』, 1985. 5.

「주먹」, 『이 밤이 너무 길지 않습니까』, 1985. 5. 30→『시문학』, 1986. 9.

「귀뚜라미」, 『할 말은 이 땅에 묻어두고』, 1985. 8. 15→『전북일보』, 1993. 10. 8

「멍석」, 『서세루 시』, 1985. 12→『월간문학』, 1986. 12.

「한여름 내 꽃밭에는」, 『서세루 시』, 1985. 12.→『새벽을 기다리는 마음』, 1986. 8(「雜草」로 개제).

「터미널에서」, 『서세루 시』, 1985. 12.→『민중시』, 1987. 7.

「아픈 껍질 벗고」, 『월간 예향』, 1986. 1.→『새벽을 기다리는 마음』, 1986. 8; 『표현』, 1993. 12.

「內藏寺」, 『시문학』, 1986. 1.→『새벽을 기다리는 마음』, 1986. 8; 『정읍문예지』, 1987. 10.

「畵家ㅡ어느 老 畵家에게」, 『예술계』, 1986. 1.→『새벽을 기다리는 마음』, 1986. 8; 『뿌리』, 1998. 5.

「斗升山」, 『예술계』, 1986. 1.→『뿌리』, 1998. 5.

「부처님 한숨소리」, 『예술계』, 1986. 1.→『남향문학』, 1987. 12(「內藏寺 大雄殿」으로 개제); 『살다가 살아가다 문득』, 전주대출판부, 1999.

「烏竹의 노래」, 『월드 테니스』, 1986. 1.→『노령』, 1988. 12; 『남향문학』, 1988. 12.

「떠돌이」, 『예술계』, 1986. 1.→『신아문예』, 1986. 8.

「서울 가는 길에ㅡ朴鳳宇 詩人에게」, 『전북일보』, 1986. 1. 23→『예술계』, 1986. 1.

「산새」, 『전북문단』, 1986. 3.→『남향문학』, 1987. 12.

「아내」, 『새마을금고』, 1986. 5.→『노령』, 1986. 5.

「서러운 봄」, 『표현』, 1986. 5.→『백제문예』, 1987. 2(「살아서 서러운 봄」으로 개제).

「목소리」, 『사원』, 1987. 2.→『한국문학』, 1987. 12; 『심상』, 1990. 8; 『표현』, 1993. 2.

「하늘이 보고 싶었다」, 『표현』, 1987. 6.→『심상』, 1990. 8.

「이웃四寸들아」, 『민중시』, 1987. 7.→『뿌리』, 1998. 5.

「막걸리 반 병 사들고」, 『민중시』, 1987. 7.→『뿌리』, 1998. 5.

「천년, 몇 천년 살아가라」, 『정읍문예지』, 1987. 10.→『전북문단』, 1991. 10; 『뿌리』, 1998. 5.

「綜合病院 建物」, 『남향문학』, 1987. 12.→『전북문단』, 1987. 12.

「곰배춤」, 『전북수필』, 1987. 12.→『금호문화』, 1989. 2(「꼽사춤」으로 개제); 『석정문학』, 1989. 12; 『뿌리』, 1998. 5.

「배들평 농민」, 『남향문학』, 1987. 12.→『남민』, 1987. 12.

「朱奉求 詩人」, 『황토 한 줌』, 1988. 3.→『서세루 시』, 1988. 8(「풀냄새」로 개제).

「年賀狀」, 『표현』, 1988. 6.→『전북문단』, 1988. 8.

「탈춤」, 『월간 경향』, 1988. 7.→『표현』, 1989. 1.

「大屯山 酒母」, 『시문학』, 1988. 8.→『서세루 시』, 1988. 8(「南北·12ㅡ大屯山 酒母」).
「배접」, 『동양문학』, 1988. 9.→『석정문학』, 1989. 12; 『표현』, 1993. 2; 『뿌리』, 1998. 5.
「女人」, 『시와 의식』, 1988. 12.→『남향문학』, 1988. 12.
「산새」, 『전북문단』, 1988. 12.→『남향문학』, 1988. 12.
「섣달그믐날」, 『금호문화』, 1989. 2.→『석정문학』, 1989. 12.
「父子之間」, 『금호문화』, 1989. 2.→『석정문학』, 1989. 12.
「外出」, 『시문학』, 1989. 8.→『석정문학』, 1989. 12; 『뿌리』, 1998. 5.
「간국물에」, 『석정문학』, 1989. 12.→『뿌리』, 1998. 5.
「腫瘍待機室」, 『불교를 위한 문학』, 1989. 12.→『작가의 눈』, 1999. 12.
「淨土山·2」, 『전북일보』, 1990. 11. 28→『표현』, 1994. 5
「구두」, 『월간문학』, 1990. 1.→『한국문학작품선』, 한국문화예술진흥원, 1991. 12.
「하늘이 보고 싶었다」, 『표현』, 1987. 6.→『심상』, 1990. 8.
「旅行」, 『문학사계』, 1990. 12.→『문예사조』, 1991. 11.
「三代의 만두리」, 『월간 전라』, 1991. 5.→『표현』, 1993. 2(「三代 만두리」로 개제).
「한낮」, 『석정문학』, 1991. 12.→『뿌리』, 1998. 5.
「耳鳴·3」, 『심상』, 1992. 3.→『한국문학작품선』, 한국문화예술진흥원, 1993. 12.
「까치둥지」, 『전북문단』, 1992. 4.→『뿌리』, 1998. 5.
「市場」, 『자유의길』, 1992. 6.→『전북문단』, 1992. 9.
「징소리·2」, 『문학공간』, 1992. 11.→『시문학』, 1993. 1.
「상여소리」, 『남민』, 1992. 12.→『표현』, 1993. 2; 『신지성시』, 1993. 9; 『엉겅퀴처럼 쑥부쟁이처럼』, 1994. 5; 한국현대시인협회 『'94사화집』, 1994.
「法」, 『시문학』, 1993. 1.→『표현』, 1993. 2; 『신지성시』, 1993. 9.
「골목」, 『한국시』, 1993. 2.→『석정문학』, 1993. 12.
「맨살」, 『한국시』, 1993. 2.→『신지성시』, 1993. 9(「알몸으로」로 개제).
「李炳勳 詞伯」, 『표현』, 1993. 2.→『뿌리』, 1998. 5.
「강아지」, 『신지성시』, 1993. 9.→『문예사조』, 1993. 11; 『석정문학』, 1993. 12.
「四月」, 『문예사조』, 1993. 11.→『석정문학』, 1993. 12.
「아버지 肉聲」, 『석정문학』, 1993. 12.→『신지성시』, 1993. 12(「아버지 목소리」로 개제).
「죽음」, 『석정문학』, 1993. 12.→『한국시』, 1994. 3.

(2) 산문

「得失·離任」, 『전북신문』, 1974. 11. 21→『신동아』, 1976. 4.

「吉鳥 二題」, 『신동아』, 1975. 4.→『여성세계』, 1976. 3(「까치와 산꿩」으로 개제); 『남향문학』, 1988. 12.

「착한 엄마가 되어」, 『전북신문』, 1976. 12. 23→『여성동아』, 1978. 1.; 『석정문학』, 1989. 12(「산타 클로스」로 개제).

「좀 더 과감한 표현을 위하여」, 『현대시학』, 1977. 11.→『현대시』, 1981. 1.

「伐草」, 『전북매일』, 1970. 9. 29』→『남향문학』, 1987. 12; 『여성동아』, 1988. 12.

2. 시집별 수록 작품

앞에서 언급한 바와 같이, 정렬은 생전에 2권의 단독시집, 1권의 공동시집, 1권의 시선집, 총4권의 시집에 모두 209편을 실었다. 시집의 발간 순서를 좇아 그것을 죽 늘어놓으면 다음과 같다.

제1시집 『遠雷』에 실린 작품은 「해바라기」, 「鄕愁」, 「우물」, 「山」, 「寂夜」, 「黙禱」, 「麒麟」, 「빛」, 「餘白」, 「꽃병」, 「목숨의 立像」, 「얼굴」, 「戀歌」, 「거울」, 「뻐꾸기 소리」, 「해바라기」, 「落魄記」, 「新羅 花瓶」, 「無花果」, 「나이가 드는」, 「꽃」, 「落花 속에」, 「裸木圖」, 「遠雷」, 「꽃씨」 등, 25편이다.

제2시집 『바람들의 世上』에 수록된 작품은 「얼굴」, 「餘白」, 「山」, 「無花果」, 「꽃」, 「落花 속에」, 「黙禱」, 「나이가 드는」, 「石佛의 노래」, 「꽃」, 「어머님께」, 「下直 人事」, 「山所」, 「살구나무」, 「몰골」, 「내 가을은」, 「求乞」, 「바람들의 世上」, 「歲月」, 「雪嶽山돌」, 「極老人」, 「紅蓮庵에서」, 「한개비 성냥불로」, 「옛잠」, 「바람소리」, 「네 肉聲은」, 「1968년」, 「裸木의 노래」, 「아침」, 「近來」, 「연모」, 「흙에게」, 「불이 꺼질 때」, 「暗礁韻」, 「바위」, 「꽃이름으로」, 「봄.징검다리」, 「全州 太平洞」, 「어느 아침」, 「毒感」, 「省墓」, 「食口」, 「나의 生活」, 「血楓 內藏」, 「眞身舍利塔」, 「農樂은」, 「벌판」, 「피살이」, 「미꾸라지」, 「풀물」 등, 50편이다.

3인 시집 『어느 凶年에』에 수록된 작품은 「진눈개비」, 「哭소리」, 「탈에게」, 「이쪽.저쪽」, 「할말」, 「투성이 타령」, 「農老의 가을」, 「禪雲寺 매미」, 「南北」, 「겨울 벌판」, 「삐비꽃」, 「옷감」, 「來年」, 「姑母」, 「겨울 서울」, 「서울 참새」, 「所願」, 「중개」, 「同行」, 「血肉」, 「知命」, 「梅花」 등, 22편이다.

시선집 『할 말은 끝내 이 땅에 묻어두고』에 수록된 작품은 「진눈깨비」, 「몰매」, 「탈에게」, 「선운사 매미」, 「껍질」, 「고향」, 「서울 참새」, 「동행」, 「방학」, 「할말」, 「곡소리」, 「삐비꽃」, 「내년」, 「병신」, 「구걸.1」, 「생일 아침」, 「갯쭉나무」, 「파장」, 「뚝배기 속에」, 「옷감」, 「겨울 벌판」, 「農老의 가을」, 「겨울 서울」, 「待春賦」, 「한밤중」, 「주먹」, 「투성이 타령」, 「얼굴」, 「세월」, 「한 개비 성냥불로」, 「여백」, 「내 가을은」, 「1968년」, 「백일홍」, 「연모」, 「산」, 「구걸.2」, 「벌판」, 「농악은」, 「흙에게」, 「白畓」, 「부모」, 「知命」, 「풀물」, 「피사리」, 「쑥국새소리」, 「미꾸라지」, 「동백꽃」, 「성한 꽃이고 싶어라」, 「혈육」, 「初秋」, 「귀뚜라미」, 「秋分」, 「해갈」, 「매운재」, 「꽃밭」, 「바람소리」, 「성묘」, 「나의 생활」, 「식구」, 「산소」, 「하직인사」, 「어머님께」, 「꽃.1」, 「낙화 속에」, 「꽃이름으로」, 「極老人」, 「맹물」, 「破紙」, 「충청도를 지나며」, 「꿩가족」, 「중개」, 「秋雷」, 「대바람소리」, 「비듬」, 「갑사에서」, 「성냥개비의 노래」, 「타령조」, 「스무 해가 넘어도」, 「問喪」, 「덧니」, 「紙錢」, 「매화」, 「뱀딸기」, 「모란」, 「어느 아침」, 「바위」, 「묵도」, 「무화과」, 「꽃.2」, 「나이가 드는」, 「몰골」, 「살구나무」, 「옛잠」, 「봄.징검다리」, 「독감」, 「그냥 살아서」, 「백양사」, 「백노인」, 「백매화」, 「入棺」, 「핏줄」, 「이쪽저쪽」, 「나사」, 「지금은」, 「형제바람」, 「고모」, 「소원」, 「이조 때 봉화」, 「제2 땅굴에서」, 「응달」, 「모시 올 하나가」 등, 112편이다.

3. 시집 중복 수록 작품

정렬이 4권의 시집에 수록한 209편 중에서 82편만 비중복 작품이다. 남은 127편 중에서 2회 중복 수록한 작품이 51편이고, 3회 겹쳐 실은 시가 9편이니, 중복하여 실은 작품수는 총 60편이다. 중복 횟수가 2회냐 3회냐는 논의점이 아니다. 중복이냐 아니냐가 논의거리일 뿐이다. 그 내용을 밝혀서 아래에 적는다. 중복 수록된 현황은 괄호 안에 네 권 시집마다 번호를 붙여서 서로 겹친 바가 드러나도록 나타냈다.(시집 약칭: 1: 『遠雷』, 2: 『바람들의 世上』, 3: 『어느 凶年에』, 4: 『할 말은 끝내 이 땅에 묻어두고』)

「1968년」(2, 4), 「겨울 서울」(3, 4), 「겨울 벌판」(3, 4), 「고모」(3, 4), 「곡소리」(3, 4), 「求乞」(2, 4), 「極老人」(2, 4), 「꽃」(1, 2, 4·2, 4), 「꽃이름으로」(2, 4), 「나의 생활」(2, 4), 「나이가 드는」(1, 2, 4), 「낙화 속에」(1, 2, 4), 「내 가을은」(2, 4), 「내년」(3, 4), 「農老의 가을」(3, 4), 「농악은」(2, 4), 「독감」(2, 4) 「동행」(3, 4), 「매화」(3, 4), 「몰골」(2, 4), 「무화과」(1, 2, 4), 「묵도」(1, 2, 4), 「미꾸라지」(2, 4), 「바람소리」(2, 4), 「바위」(2, 4), 「벌판」(2, 4), 「봄.징검다리」(2, 4), 「삐비꽃」(3, 4), 「산」(1, 2, 4), 「산소」(2, 4), 「살구나무」(2, 4), 「서울 참새」(3, 4), 「선운사 매미」(3, 4), 「성묘」(2, 4), 「세월」(2, 4), 「소원」(3, 4), 「식구」(2, 4), 「어느 아침」(2, 4), 「어머님께」(2, 4), 「얼굴」(1, 2, 4), 「여백」(1, 2, 4), 「연모」(2, 4), 「옛잠」(2, 4), 「옷감」(3, 4), 「이쪽저쪽」(3, 4), 「중개」(3, 4), 「知命」(3, 4), 「진눈깨비」(3, 4), 혈육(3, 4), 「탈에게」(3, 4), 「투성이 타령」(3, 4), 「풀물」(2, 4), 「피사리」(2, 4), 「하직 인사」(2, 4), 「한 개비 성냥불로」(2, 4), 「할 말」(3, 4), 「흙에게」(2, 4), 「南北」(3, 「핏줄」 4) 등이다.

4. 시집 미수록 작품

정렬의 시작품 중에서 시집에 미처 실리지 못한 편수는 255편이다. 이 작품들은 그의 사후에 전북작가회의에서 기관지 『작가의 눈』(1999. 겨울호)에 유고시로 소개한 6편, 편자가 발굴한 작품, 정렬의 시작 노트에서 찾아낸 작품, 인근 국민학교 교가와 찬가 등으로 삼분된다. 아래에 그 내용을 밝혀 적는다.

「아기에게」, 「歸蜀道」, 「鍾心」, 「봄·故鄕·바다」, 「詩神賦」, 「六月의 노래」, 「벌판에서」, 「焦土에 서서」, 「咸白山 山上에서」, 「病床記·1」, 「病床記·2」, 「病床記·3」, 「不寢番」, 「꽃과 死刑囚」, 「四月의 室內」, 「消息」, 「꽃의 吊曲」, 「종소리·1」, 「종소리·2」, 「살구나무 선 마을의 葉書」, 「길을 가다가」, 「회룡국민학교 교가」, 「世上事도」, 「夫婦」, 「梅花 한 송이」, 「눈 오는 날」, 「十分間 休息」, 「속눈」, 「한밤중 눈뜨는」, 「山河」, 「나그네」, 「禪雲寺」, 「山·2」, 「老母像」, 「解冬期」, 「번개」, 「西來峰」, 「南道 抒情」, 「俗離 大佛韻」, 「溫室」, 「獻詩」, 「一分間」, 「문구멍」, 「平凡한 아침」, 「雪嶽山 詩帖」, 「내 바람」, 「울타리」, 「새벽」, 「성묘·2」, 「불이 꺼질 때」, 「밤바다」, 「解熱」, 「손발」, 「장마철·1」, 「장마철·2」, 「아픈 껍질을 벗는다」, 「서울 한복판에서」, 「大田」, 「木蓮 한 송이가」, 「外出」, 「耳鳴·1」, 「耳鳴·2」, 「耳鳴·3」, 「보리밭」, 「올해 첫 뻐꾸기는」, 「移葬記」, 「바늘」, 「吾雲 朴琮勳 先生頌」, 「아내의 꿈」, 「望夫石歌」, 「漢拏山」, 「頌 吾雲 先生님」, 「行方」, 「바위의 노래」, 「우리 집 南天에는」, 「因緣說」, 「味元봉지로」, 「갯마을」, 「漢拏山」, 「井邑詞」, 「續·井邑詞」, 「빈 주먹」, 「全景」, 「까치」, 「東學革命紀念塔」, 「金山寺」, 「요즈음은」, 「나이」, 「霜降節」, 「木花밭」, 「脈」, 「사람 찾는 詩」, 「大屯山 酒母」, 「大屯山 비안개」, 「우두머리」, 「葬送曲」, 「간국물에」, 「배접」, 「대여섯 뼘 남은 여생」, 「중환자」, 「淨土山·1」, 「淨土山·2」, 「땟국」, 「내 洋服」, 「滿員버스 속에서」, 「歸路」, 「종달새 소리」, 「吊曲」, 「覺」, 「井邑까치」, 「연실」, 「저 불타는 것들에」, 「不安」, 「달」, 「外四寸同生」, 「高3」, 「빈房」, 「한여름 내 꽃밭에는」, 「새막」, 「참새」, 「週末」, 「웃음말씀」, 「答狀·1」, 「答狀·2」, 「西歸浦 들찔레」, 「노을」, 「小曲·1」, 「오랏줄」, 「宿直」, 「手術臺에서·1」, 「手術臺에서·2」, 「待機室에서」, 「病後 閑日」, 「烏竹의 노래」, 「仙鶴」, 「멍석」, 「하느님의 기도」, 「旅行」, 「秋夕·1」, 「秋夕·2」, 「찰떡감 몇 개가」, 「서운한 말씀」, 「不眠症·1」, 「不眠症·2」, 「멀미를 앓으며」, 「터미널에서」, 「서러운 봄」, 「막걸리 반 병 사들고」, 「부질없는 생각」, 「故鄕잠」, 「歸鄕」, 「코스모스와 나는」, 「잠자리에 누워서야」, 「應急室」, 「땅뺏기」, 「內藏寺」, 「부처님 한숨소리」, 「아픈 껍질 벗고」, 「病床小曲」, 「小曲·2」, 「木花밭」, 「빈말」, 「詩人의 모기」, 「詩人」, 「천년, 몇 천년 살아가라」, 「除夜」, 「滿月」, 「破紙 한 조각으로」, 「바람」, 「이웃四寸들아」, 「저승」, 「햇볕」, 「女人」, 「산새」, 「배추밭을 보며」, 「섣달 그믐날」, 「꼽사춤」, 「父子之間」, 「姑從同生」, 「떠돌이」,

「아내」, 「눈보라」, 「시래기단같이 바랜」, 「法」, 「朱奉求 詩人」, 「탈춤」, 「年賀狀」, 「누이동생 안방에 누워」, 「內藏 血楓」, 「極樂」, 「受賞 所感」, 「참말」, 「기러기」, 「눈감고」, 「藝脈의 長江되어」, 「당부」, 「貫革」, 「눈길」, 「옛집」, 「목숨」, 「墨畵」, 「두 얼굴」, 「四代의 눈보라」, 「감나무」, 「가을」, 「목소리」, 「칼춤」, 「鄭洋 詩人」, 「畵家」, 「서울 가는 길에」, 「斗升山」, 「얼마 동안을」, 「내 마음」, 「하늘이 보고 싶었다」, 「落鄕」, 「구두」, 「정우국민학교 개교 60주년 찬가」, 「三代의 만두리」, 「內衣」, 「한 線上에서」, 「한낮」, 「가난」, 「갈등」, 「雪原」, 「부처님 미소 속에서」, 「성한 옛날」, 「징소리·2」, 「죽음」, 「仙境」, 「少年 같은 나이에」, 「까치둥지」, 「市場」, 「골목」, 「寂」, 「아버지 肉聲」, 「新聞」, 「石炭」, 「한 마리 족제비가」, 「알몸으로」, 「賜藥」, 「나의 追憶의 땅」, 「상여소리」, 「강아지」, 「四月」, 「비」, 「李炳勳 詞伯」, 「한 달 사이」, 「아침 풍경」, 「빗자루」, 「대답」, 「사람」, 「전화」, 「군가」, 「腫瘍 待機室」, 「어머니」, 「낮잠」, 「제 고향을 떠나도」, 「방학 동안」 등이다.

산문은 「等外品」, 「『遠雷』 뒤에」, 「다시 『遠雷』 뒤에」, 「不信」, 「옥과 돌」, 「꽃과 政治」, 「五月의 新祿처럼」, 「버림받은 天使」, 「『猶太人이 사는 마을의 겨울』」, 「春窮期」, 「흙」, 「知慧로운 讀書」, 「得失·離任」, 「吉鳥 二題」, 「自序」, 「序」, 「시작 노트·1」, 「시작 노트·2」, 「시작 노트·3」, 「南北」, 「試驗」, 「마음의 기도」, 「내 故鄕」, 「하늘나라의 새가 되어」, 「어느 凶年에」, 「나의 力作」, 「좀 더 대담한 표현을 위하여」, 「씨앗」, 「5월」, 「가정방문」, 「죽음」, 「한 개의 은행알」, 「책머리에」, 「新泰仁綜合高等學校 設立者 吾雲 朴琮勳 銅像 建立 趣旨文」, 「약속」, 「伐草」, 「화목이 아쉬운 방학 여행」, 「산타클로스」, 「나의 追憶의 땅」, 「丁克仁의 安貧樂道 生活」 등, 40편이다. 이 중에서 「『遠雷』 뒤에」, 「다시 『遠雷』 뒤에」, 「自序」, 「어느 凶年에」, 「책머리에」 등이 4권의 시집에 붙여졌으므로, 그것을 빼고 나면 그가 미수록한 산문의 편수는 총 35편이 된다.

이로서 『전집』에 수록된 정렬의 시작품은 총 466편으로 획정된다. 그가 4권의 시집에 수록한 209편에 미수록된 258편을 더하면 467편이다. 거기에 산문 40편을 추가하면, 정렬이 세상에 두고 간 작품의 총수가 나온다.

Ⅲ. 작품의 원전비평

1. 시인의 수정 내용

정렬의 작품들은 발표 당시와 시집에 수록된 것이 크게 다르지 않다. 시인들 중에는 자신의 작품에 손대기를 의무인 양 강박하는 이들도 있으나, 그런 류의 시인들은 극소수이다. 그렇다고 해서 시작품의 변화를 간과할 수 없다. 왜냐하면 당해 작품은 시인이 판단컨대 맥락, 비유, 표기

등이 고쳐져야 마땅하다고 본 것이므로, 그 전후사정을 숨김없이 가감하지 말고 밝혀서 훗날의 연구자료로 남겨둘 필요가 있기 때문이다. 그것은 시인의 시론과 작품세계를 온전히 규명하는 단계에서 필히 밟아야 할 과정에 해당한다. 정렬의 경우에는 아래의 사항들을 눈여겨볼 만하다.

첫째, 정렬은 시집에 동명의 작품이 2편으로 늘어나면 번호를 매겨서 서로를 구분했다. 『遠雷』와 『바람들의 世上』에 거푸 실린 「꽃」은 시선집에서 「꽃·1」로 이름이 바뀌었다. 같은 제목으로 『바람들의 世上』에 실었던 「꽃」은 시선집으로 이동하면서 「꽃·2」와 같이 번호를 붙였다. 「求乞」(『바람들의 世上』)은 『할 말은 끝내 이 땅에 묻어두고』에 동일한 제목의 다른 시와 함께 실리면서 「구걸·1」로 바뀌었고, 다른 작품은 「구걸·2」로 이름되었다. 그러나 첫 시집에 수록된 「해바라기」는 2편인데도 이름이 가필되지 않았다. 아마 다른 시집에 올라가지 않아서 수정을 피한 것으로 보인다.

둘째, 정렬은 나중에 작품을 실으면서 애초의 제목을 고쳐 실었다. 그에 해당하는 사례는 연작시 '남북'과 다른 작품으로 이분하여 알아봐야 한다. 연작은 그의 정치의식이 시작품에 삼투된 것으로, 역사관이나 시적 신념에 영향을 끼친 확실한 물증이라서 스치듯 볼 게 아니다. 다른 작품들은 단작이고, 여느 시인들에게서도 흔히 발견할 수 있는 예이기에 묶어서 살펴봐도 무방하다.

「南北」의 경우는 남북이라는 방위 개념보다, 핏줄을 중시하는 한국의 상황을 고려한 개명으로 보인다. 이 시 「南北」은 애초 「南北－血肉」이었다. 그것이 부제를 떼어내고 「南北」으로 발표된 것은 시인의 수정인지, 편집자의 짓인지 밝혀지지 않았다. 시인이 그랬다면 청탁에 응하는 도중에서 바꾼 것인지, 시집을 내면서 바꾼 것인지 두 가지 경우의 수가 성립한다. 또 그가 최초 발표매체에서 제목만 취하고 부제를 버린 것인지, 나중에 그랬는지도 알 수 없다. 또 그의 시 중에 「血肉」이 있는 것으로 보면, 시선집을 내는 과정에 개입한 제3자가 시인의 시작 계획을 모른 체 임의로 제목을 「핏줄」로 바꿨을 공산도 크다. 시선집을 낼 때 시인이 입원 중이었으므로 개연성을 무시하기 힘들다. 이에 대한 정확한 답은 구하기 힘드나, 정렬의 시작 노트를 참고자료로 참조하면 실마리를 찾을 수 있다.

애초 '南北' 연작은 시인의 「시작 노트」를 보면 일련번호에 따라 부제를 갖고 있었다. 그런데 작품의 발표가 시인의 번호순으로 이루어지지 않는 탓에, 작품마다 '南北'에 딸린 번호가 표시되기도 하고 그렇지 못하기도 했다. 예를 들어서 「南北·3」(『서세루 시』, 1983. 8)과 「南北·4」(『소세루 시』, 1983. 8)처럼 번호는 있되 부제는 표기되지 않은 작품들이 있다. 그 반면에 「南北·9－모시올 하나」(『예술계』, 1985. 3), 「南北·10－응달」(『시문학』, 1985. 3), 「南北·11－제2땅굴에서」(『이 밤이 너무 길지 않습니까』, 1985. 5. 30), 「南北·12－大屯山 酒母」(『서세루 시』, 1988. 8) 등은 연번과 부제가 선명히 드러났다. 그러나 세 작품은 시선집에 실리면서 각각 「모시올 하나가」, 「응달」, 「제2땅굴에서」로 개제되었다. 그와 달리 「南北·12－大屯山 酒母」는 '南北'이라는 시대 상황이 제거된 채 「大屯山 酒母」로 바뀌었다.

이와 동렬에서 시비되어야 할 작품은 「南北一父母」(『한국문학』, 1982. 1), 「南北一兄弟바람」(『시문학』, 1982. 10), 「南北一지금은」(『서세루 시』, 1983. 8), 「南北一李朝 때 烽火」(『월간문학』, 1984. 4) 그리고 「南北一숫나사가 되기 위하여」(『서세루 시』, 1984. 12)이다. 5편은 번호가 삭제되었으나, 부제가 살아남아서 작품의 성격이 분명하게 드러나 있다. 부제는 '南北'을 응시하는 시인의 관점을 제한하고 의도를 명료화하여 분단시대의 종식을 갈망하는 줄 쉽게 알리도록 돕는다.

하지만 시선집에 들어가면서 「부모」, 「형제바람」, 「지금은」, 「이조 때 봉화」로 제목이 달라지면서부터 앞의 장처들이 사라졌다. 부제를 제목으로 삼으니 작품의 성격이 뚜렷하게 드러났으나, '남북'이라는 대치 상황이 삭제되어 작품의 올바른 이해를 훼방하고 있다. 더욱이 「南北一숫나사가 되기 위하여」는 「나사」로 바뀌어 산업용 부품을 읊은 양 오해하도록 부추겨서 남북의 분단 상황을 의식하며 연작에 착수했던 당초의 의도를 거세하고 말았다.

한편, 정렬의 시 중에는 발표 때와 이름이 바뀐 경우도 있다. 『바람들의 世上』에 수록하며 그는 「太平洞」(『전북일보』, 1966. 4. 3)을 「全州 太平洞」로 바꾸어 동네의 소재지를 명확하게 밝혔다. 그는 시선집을 펴내면서 「꿩」(『주간여성』, 1979. 7. 27)은 「꿩가족」으로, 「病床記一성한 꽃이고 싶어라」(『월간문학』, 1985. 3)를 「성한 꽃이고 싶어라」로, 「뚝배기 속에서(病後)」(『표현』, 1987. 6)는 「뚝배기 속에」로 바꾸었다.

또 정렬이 시집에 싣지 않은 작품 중에도 제목이 수정된 것이 있다. 그는 「東學革命塔」(『전북신문』, 1980. 5. 13)을 재발표하면서 「東學革命紀念塔」(『민중시, 1987. 2)으로 시제를 변경했다. 이것은 탑의 공식 명칭을 되살리는 동시에, 동학혁명을 '紀念'하는 뜻을 살리고자 고친 것으로 보인다.

정렬은 「서러운 봄」(『표현』, 1986. 5)의 제목을 「살아서 서러운 봄」(『백제문예』 창간호, 1987. 4)으로 고쳐서 재발표하기도 했다. 이 경우는 그가 병석에서 증세가 호전될 기미가 없자, 절망 속에서 지인들에게 자신의 병세를 적확히 전달하고자 '살아서'를 부가한 듯하다. 그로서 작품의 분위기가 처연해지는 대신에 주제의 초점화를 달성하게 되었다.

하지만 정렬이 「朱奉求 詩人」(『황토 한 줌』, 1988. 3)을 다시 발표하면서 「풀냄새」(『서세루 시』, 1988. 8)로 바꾼 것은 위와 다르다. 앞의 제목은 제자의 시집 발간을 축하할 요량으로 제목을 부친 것이다. 그런 이유로 이 작품의 용도는 그 시집 외로 확장될 수 없다. 즉, 제목을 변경하지 않으면 다른 발표지에 싣기 곤란한 것이다. 정렬은 이 시편은 제목만 바꾸어도 일반 독자들에게 널리 읽힐 수 있다고 보고 변경을 단행하였다. 그의 선구안에 힘입어 일회용 인사치레로 제한되었을 법한 작품의 쓰임이 넓어지면서 '황토 한 줌'이 잉태한 '풀냄새'가 자욱해졌다.

또 하나 특이한 사례가 있다. 정렬의 작품 중에 「解冬期」(『전북매일』, 1970. 8. 14; 『전북신문』, 1977. 3. 8)는 다시 발표되면서 「解凍期」(『전북일보』, 1987. 4. 25)로 바뀌었다. 이것이 시인의 의도인지 신문사 편집자의 오식인지는 알 수 없다. 전자라면 시인이 '凍'자에 초점을 맞추어 언

상태가 녹음을 강조한 것일 테고, 후자라면 의당 '冬'으로 고쳐서 겨울이 풀리는 자연현상을 강조해야 할 것이다. 전자가 일반적으로 쓰이나, 시인이 시집에 수록하지 않아서 본의를 파악하기 어려워졌다.

셋째, 정렬은 최종 시선집에 작품을 싣고자 선하는 과정에서 시제와 본문에 돌출한 한자를 한글로 고쳤다. 그것을 처음 수록된 시집의 앞에 괄호로 적어서 예거하면 「山」(1)→「산」, 「餘白」(1, 2)→「여백」, 「落花 속에」(1, 2)→「낙화 속에」, 「默禱」(1, 2)→「묵도」, 「無花果」(1, 2)→「무화과」, 「求乞」(2)→「구걸·1」, 「歲月」(2)→「세월」, 「農樂은」(2)→「농악은」, 「省墓」(2)→「성묘」, 「나의 生活」(2)→「나의 생활」, 「山所」(2)→「산소」, 「下直人事」(2)→「하직인사」, 「毒感」(2)→「독감」, 「禪雲寺 매미」(3)→「선운사 매미」, 「同行」(3)→「동행」, 「哭소리」(3)→「곡소리」, 「來年」(3)→「내년」, 「姑母」(3)→「고모」, 「梅花」(3)→「매화」, 「所願」(3)→「소원」 등이다.

또, 정렬은 처음 발표할 적에 쓴 한자를 시선집에 등재하면서 한글로 고치기도 했다. 이것에 대한 궁금증도 앞서 말한 바와 같은 맥락에서 우러난다. 예를 들자면 「白羊寺」(『표현』, 1990. 9)→「백양사」, 「忠淸道를 지나며」(『표현』, 1980)→「충청도를 지나며」, 「血肉」(『어느 凶年에』, 1982. 4. 19)→「혈육」, 「罷場」(『신동아』, 1982. 4)→「파장」, 「放學」(『시문학』, 1982. 10)→「방학」, 「病身」(『서세루 시』, 1984. 12)→「병신」, 「冬栢꽃」(『심상』, 1985. 8)→「동백꽃」, 「白梅花」(『전북일보』, 1984. 8. 28)→「백매화」, 「打令調」(『시문학』, 1985. 3)→「타령조」 등이다.

넷째, 정렬의 시작품에는 한 제목 아래에 대상에 따라 번호를 붙여서 연달아 쓴 시편이 있다. 정렬은 청탁에 응하는 과정에서 일련의 시편 중에서 한 편씩 별도로 발표하여 독립성을 부여한 바 있다. 가령 그는 1970년 「雪嶽山 詩帖」이란 제하에 8편의 연작을 써놓고, 그 가운데 '돌'만 떼어 「雪嶽山 돌」(『월간문학』, 1972. 2)로 발표했다. 또 그는 '내 고장 순례'로 「井邑頌」을 '1 山河, 2 血楓 內藏, 3 東學革命紀念塔'의 3편으로 연작한 뒤, 나중에 「血楓 內藏」(『시문학』, 1971. 12), 「東學革命塔」(『전북신문』, 1980. 5. 13; 「東學革命紀念塔」, 『민중시, 1987. 2) 등으로 각각 발표했다. 더하여 「近來」는 본시 동일 제목에 1, 2, 3으로 나눠 둔 것을 그 중의 3만 떼어서 「近來·3」(『전북매일』, 1971. 6. 4)이란 제하에 발표하였다.

그리고 정렬의 시 중에는 「小曲」이란 제목이 2편이다. 한 편의 소제목은 '1. 갈증, 2. 하늘, 3. 머리칼'이다. 이 중에서 그는 1과 2를 『김제문학』 창간호(1984. 6)에 발표하면서 「小曲·1—갈증」과 「小曲·2—하늘」이라고 이름하였다. 애초 시작 노트에는 제목 아래에 번호를 부여한 연가름에 해당할 뿐이었던 '1. 갈증, 2. 하늘, 3. 머리칼'을 부제로 승격시켜버린 것이다. 이 경우에는 공식적으로 발표된 작품이 우선권을 가지므로, 그의 명명권에 따라 「小曲·1—갈증」과 「小曲·2—하늘」, 「小曲·3—머리칼」로 두어도 괜찮다.

그 반면에, 정렬의 시작노트에는 「小曲·2」란 제목으로 '1. 빈집, 2. 마음, 3. 물, 4. 피멍, 5. 하늘, 6. 새'을 아우른 시편이 있다. 이 작품의 번호들은 앞의 작품과 달리 각기 시제로 삼아도 무방할 정도로 독립적인 내용으로 이루어졌다.

「大屯山」이란 제목으로 '1. 酒母, 2. 비안개'를 써두었다가, 「酒母」(『시문학』, 1986)와 「비안개」(『자유의 길』, 1989. 여름호)로 나누어 발표했다.

이런 현상은 여느 시인들에게서도 눈에 띈다. 시인들은 하나의 시제에 예속되어 있을 뿐, 따로 떼어도 이미지나 주제가 크게 손상되지 않는다고 판단하여 연작을 단작으로 발표하는 것이다. 정렬의 경우에도 이에 속한다.

2. 편자의 수정 사항

편자는 『정렬시전집』을 엮는 도중에 가급적 시인의 의중을 존중하고자 손보는 정도와 손대는 횟수를 줄이자고 작심한 뒤에 작업을 시작했다. 그가 작품을 시집에 중복하여 수록한 경우에는 수정 과정을 밝은 뒤엣치를 실었다. 단, 산문은 불필요한 한자를 한글로 바꾸어서 의미 전달의 효율성을 꾀했다. 그것 말고 편자가 기준을 세워 수정한 경우는 다음과 같다.

첫째, 같은 제목의 시가 2편 이상 있을 경우에는 시인의 선례를 좇아서 번호를 이용하여 구분했다. 첫 시집에 두 번 수록된 「해바라기」는 이름은 같으나 내용이 다른 작품이다. 그와 같은 사례의 시 「꽃」은 시인이 시선집에 실으며 「꽃·1」, 「꽃·2」로 구분한 바 있다. 편자는 그것을 준용하여 「해바라기·1」, 「해바라기·2」로 나누었다. 그와 같은 용례가 「산·1」·「산·2」, 「성묘·1」·「성묘·2」, 「장마철·1」·「장마철·2」, 「病床記·1」·「病床記·2」·「病床記·3」, 「종소리·1」·「종소리2」, 「答狀·1」·「答狀·2」 등이다.

그와 유사한 사례가 하나 더 있다. 정렬의 시편에는 「井邑詞頌」과 「續·井邑詞 2」가 있다. 보다시피, 두 편은 '井邑詞'란 공통 주제로 쓴 시이나, 제목이 달라서 연속성이 부족하다. 추측컨대, 시인은 고향을 노래할 목적으로 동명의 백제가요 「井邑詞」의 제목을 빌어서 시를 썼고, 뒤 편을 쓰면서 앞 편을 잇는다는 취지로 '續'을 앞에 부친 듯하다. 하지만 양 편의 내용은 속편이 되어도 무방할 정도로 무리없이 이어지지만, 제목은 상거를 띤다. 이에 편자는 「井邑詞頌」을 「井邑詞」로, 「續·井邑詞 2」를 「續·井邑詞」로 이름하여 작품의 연속성을 살리고, 제목의 혼란을 피했다.

또 하나, 앞에서 논의한 두 편의 「小曲」은 시작 노트에 따라 연번을 붙여서 구분했다. 즉, 「小曲·1」에 「小曲·1—갈증」, 「小曲·2—하늘」, 「小曲·3—머리칼」을 묶었다. 다른 「小曲」은 미발표작이라는 특성을 고려하여 '1. 빈집, 2. 마음, 3. 물, 4. 피멍, 5. 하늘, 6. 새'을 따로 떼지 않고 「小曲·2」로 묶어버렸다. 이것은 낱낱으로 분리할 경우에 파생될지도 야기될지 모를 혼란을 줄이고자 시도한 것이다.

둘째, 인쇄 과정의 실수라고 명백히 판단할 수 있을 때에 한하여 맥락에 어울리도록 시어를 고쳤다. 그 경우는 "어머니 **바닷소리** 듣다가→어머니 **바딧소리** 듣다가(「꽃·2」)"와 "다시 **일어** 간/

살얼음이 풀리는→다시 **얼어** 간……(「나이가 드는」)” 등이다. 이런 경우에도 편자는 시인의 창작 의도를 손상시키지 않으려고 최소한도로 손보는 선에서 멈췄다.

셋째, 시인이 구사한 방언은 되도록 훼손하지 않되 표준어로 바로잡을 필요가 있다고 판단한 경우에는 행간의 의미를 손상시키지 않는 범위 안에서 고쳐 넣었다. 그 사례는 “엽록소가 **뵡아가는** 낙엽처럼→엽록소가 **보타가는** 낙엽처럼(「나이가 드는」)”이 해당한다. 그에 따라서 「피살이」는 「피사리」로 제목을 바로잡았다.

그 반면에 방언을 살리는 편이 지역적 정서를 온전히 전달할 수 있을 것으로 인정되면 그대로 두었다. 예컨대 “가슴에 **뙷장**이 얹혀도 풀리지 않는다던 한을”(「소원」)의 ‘뙷장’은 정읍의 지역어로, 그것을 바꾸면 지역성이 훼손된다고 봐서 고치지 않았다. 이 낱말은 정읍 지역의 고유한 언어로, 그곳 사람들만이 말의 맛을 제대로 음미할 수 있을 터이다.

넷째, 작품의 내용을 다치게 하지 않는 선에서 달라진 맞춤법 표준안을 따랐다. 예를 들어서 “일어슨”을 “일어선” 등으로 고치고, “~읍니다”를 “~습니다”로 수정한 것이 거기 해당한다. 그대로 두어서 좋은 점이라면 당시의 맞춤법을 확인할 수 있다는 점이다. 그러나 그것은 정렬의 시가 아니라, 대중적인 신문잡지를 통해서도 쉬 확인할 수 있어서 안 고칠 명분이 약하다.

다섯째, 정렬의 시작품 중에서 연작을 잘게 나누어 단작으로 발표한 경우에는 의도를 존중하여 단작별로 따로 실었다. 이 경우는 세 가지로 갈린다. 하나는 「血楓 內藏」, 「東學革命塔」이다. 두 작품은 애초에 ‘내 고장 순례’라는 분명한 목적을 지니고 연작된 「井邑頌」(『월간교육』, 1979. 8)에서 ‘1. 山河, 2. 血楓內藏, 3. 東學革命紀念塔’의 세 소품 중에서 단독 작품으로 발표되었다. 그는 이 작품에서 2를 소제목 그대로 연이어 재발표(『시문학』, 1971. 12; 『벽골문학』, 1973. 11)했다. 또 3은 「東學革命塔」(『전북신문』, 1980. 5. 13)으로 재발표하고 나서, 「東學革命紀念塔」(『민중시, 1987. 2; 『정읍문예지』, 1987. 10; 『뿌리』, 1998. 5)으로 개제하여 거푸 발표했다. 그리하여 1만 동그마니 남았다. 1은 훗날 그가 「천년, 몇 천년 살아가라」로 제목을 바꾸어 달고 발표되었다. 최초에 의도했던 3편의 연작이 각각 딴 살림을 차려 떨어져 나간 셈이다.

다른 하나는 ‘大屯山’ 연작으로 쓴 「酒母」와 「비안개」이다. 앞엣치는 「南北·12—大屯山 酒母」(『서세루 시』, 1988. 8)로 발표되었는데, 시인은 부제를 본 제목으로 승격시켜 「大屯山 酒母」(『시문학』1988. 8)로 재발표했다. 그에 따라 「大屯山 비안개」(『자유의길』, 1989. 6)가 절로 탄생했다.

또 다른 하나는 「雪嶽山 돌」의 경우이다. 원래 이 작품은 시인이 1970년 「雪嶽山 詩帖」이란 제하에 쓴 8편의 소제목 이름이다. 그는 이 중에서 ‘돌’만 떼어 「雪嶽山 돌」(『월간문학』, 1972. 2)로 발표했다. 그것을 편자는 본래대로 「雪嶽山 詩帖」으로 환원하여 「雪嶽山 돌」에게 제자리를 찾아주었다. 그 까닭인즉, 시인의 발표 의도를 좇아서 「雪嶽山 돌」만 따로 떼어 두게 되면 남은 7편의 자리가 모호해지는 결과를 방지하려는 속셈 때문이다. 처음부터 8편의 소품이 모여 「雪嶽山 詩帖」이라는 한 작품을 구성하고 있었으므로, 본연의 자리를 되찾아 주는 편이 온전한 듯 보였을 뿐더러, 한군데 모여서 자아내는 총체적 정합성이 남 보기에도 좋아 보일 것 같아서 내린 결정이다.

여섯째, 정렬의 작품 중에 재발표하는 과정에서 한자 표기가 달라지기도 했다. 앞서 말한 「解冬期」와 「解凍期」가 이 경우이다. 한자가 달라진 것이 시인의 의도인지, 발표 매체의 사정인지는 정확히 밝히기 어렵다. 아래에 해당 작품의 변화 양상을 대조해둔다.

「解冬期」	「解冬期」(「解凍期」)
몸 푼 女人같이 홀가분한 벌판 江언덕으로 흐르는 연초록 풀물 위에 빨간 치마자락은 한 잎 生花로 뜨는데 어른 어른 어지러운 아지랑이 속을 갯마을 어느 깊은 안방에 갇힌 한 혼령이 또 풀려 가는가 요령이 운다. —『전북매일』, 1970. 8. 14	몸 푼 女人같이 홀가분한 벌판 풀물이 흐르는 江언덕으로 한 점 빨간 자락은 갓 핀 生花로 뜨고 어른 어른 어지러운 아지랑이 속을 갯마을 어느 깊은 안방에 갇힌 한 魂靈이 또 풀려 가는가 喪輿가 운다. —『전북신문』, 1977. 3. 8; 『전북일보』, 1987. 4. 25

일곱째, 동일한 제목의 작품은 장르가 달라서 그대로 두었다. 산문 「나의 追憶의 땅」(『전북일보』, 1990. 11. 28)과 시 「나의 追憶의 땅」(『표현』, 1993. 2)이 보기이다. 둘은 따로 쓴 같은 제목의 작품이라서 그냥 두어도 장르를 침범하지 않을 장담이 서 연번호를 부여하지 않았다.

여덟째, 시제가 부자연한 것은 어의나 시상을 살려 자연스럽게 고쳤다. 「三代의 만두리」(『월간 전라』, 1991. 5)는 후에 「三代 만두리」(『표현』, 1993. 2)로 발표되었다. 보다시피 조사 '의'의 있고 없음이 제목의 수정 여하를 결정하는 잣대이다. '만두리'는 논농사를 짓는 농부들이 김매기의 차례를 제한할 때 사용하는 정읍 방언이다. 이에 해당하는 표준어는 '만물'로, 모내기를 한 뒤에 맨 나중에 하는 김매기를 가리킨다. 정렬은 아버지, 자신, 조카의 3대가 논에 들어가 늦김을 매면서 느낀 감정을 시화하고 있다. 곧, 작품 속에서 세 사람이 행하는 행위보다는 '3대'가 같이 함이 시인을 울컥하게 만들었을 공산이 크므로, 제목에서 '의'는 빼지 않는 게 주제의식을 돋보이도록 거들어 주는 것으로 보인다.

아홉째, 「징소리·2」(『문학공간』, 1992. 11; 『시문학』, 1993. 1)는 「징소리」로 고쳤다. 시인은 분명히 「징소리·1」을 창작하고 뒤이어 쓴 작품을 2로 구분했겠지만, 원작품을 구할 수 없어서 독자의 착각을 막고자 번호를 없애버렸다.

위에서 보듯, 정렬은 시집을 내면서 작품을 크게 고치거나 깁지 않았다. 이런 경향은 시인마다 취향이나 신념이 달라서 생기므로 시비를 가릴 성질의 것이 아니다. 정렬의 시편들을 모집하고 시작 노트를 열람하는 도중에 느낀 감회라면, 지역적 특수성과 개별적 서정을 조화시키느라고 고심한 흔적이 역력했다는 점이다. 그것이야말로 그의 시적 특장을 결정한 요인일 테지만, 지역의 시인들이 나아가야 할 바를 시사하고 있어서 의미가 가중된다.

Ⅳ. 결론

위에서 살핀 바와 같이, 정렬은 4권의 시집을 남겼다. 그의 시작품들은 여느 시인들마냥 시집에 중복 수록되기도 하고, 여러 편은 실리지 못하고 만 것도 있다. 편자는『전집』의 성격을 고려하여 가능한 한 시인의 의도를 존중하면서도, 독자들의 편의를 도모하고자 노력했다. 말이 그렇지, 이 일은 결코 만만하지 않다. 세상의 모든 편자들이 당면하는 곤혹스러움은 양자의 사이에서 균형을 유지하는 일이다. 평가는 훗날로 미루고, 앞에 든 내용이 토대가 되어 정렬의 시세계를 조명하는 무리들이 줄 잇기를 바란다. 그 과정에서 편자의 과오가 지적되어 바로잡히기를 간원한다.

정렬 연보

본명 정하열(鄭夏烈), 호 운월(雲月)

1932년 2월 9일 전북 정읍시 정우면 회룡리 142번지(교촌마을)에서 정종구(鄭鍾九)와 고일순(高日順)의 5남매 중 차남으로 출생.

1940년 4월 신태인공립소학교 입학.

1948년 4월 전주상업고등학교 입학, 2학년 때 문예부장.

1953년 『자유신문』 신인문예 작품 공모에 시 「향수」 당선.

1955년 9월 『문학예술』에 시 「山」으로 조지훈의 1회 추천.

1956년 7월 『문학예술』에 시 「黙禱」로 조지훈의 2회 추천.

1958년 1월 『문학예술』에 시 「나이가 드는」, 「落花」로 3회 추천되어 당선소감문을 우송했으나 잡지의 폐간으로 등단 유예. 안호순(安呼順)과 중매결혼

12월 장남 광득(光得) 출생.

1959년 4월 국학대학 국문과 입학.

11월 『사상계』에 시 「얼굴」, 「무화과」, 「꽃」 등으로 신인상 당선.

1960년 7월 장녀 공례(公禮) 출생.

1961년 11월 제1시집 『遠雷』(정치문화사) 발간, 필명 정렬(鄭烈).

1962년 7월 차녀 순례(順禮) 출생.

1963년 3월 국학대학 국문과 졸업하고 정읍 태인중학교 국어교사로 부임.

1964년 5월 차남 정득(正得) 출생.

1965년 12월 삼녀 미여(美汝) 출생. 태인기술학교로 전임.

1966년 3월 이상비(李相斐), 오경남(吳景南), 조약돌(趙若乭) 등과 '향토문학회' 결성.

1967년 3월 신태인중학교로 전임.

1976년 4월 제2시집 『바람들의 世上』(범우사) 발간.

1977년~1980년 제3대 한국문인협회 김제지부장.

1979년 3월 신태인종합고등학교로 전임.

12월 전라문학회(표현문학회 전신, 기관지『표현』) 동인.

1982년 4월 이병훈(李炳勳), 정양(鄭洋)과 3인 시집『어느 凶年에』(인동) 발간.

1983년 2월『표현』편집위원

8월 '서세루 시(기관지『瑞世樓의 詩人들』)' 동인

1985년 5월 '석정문학회'(기관지『南向文學』,『夕汀文學』) 동인

8월 자선시집『할 말은 끝내 이 땅에 묻어두고』(청사) 발간.

12월 제26회 전라북도 문화상 문학 부문 수상

1986년 11월 제1회 표현문학상 수상.

1989년 7월 남향문학회장 취임.

1990년 ?월 제2회 한국자유문학상 수상.

1992년 10월 한국문인협회 정읍지부장, 동 지부 주최 제29회 '정읍군민의 날' 기념 시화전(10. 1~3)에「아픈 껍질을 벗고」출품.

1994년 ?월 신태인종합고등학교 퇴임.

11월 14일 타계, 11월 16일 회룡리 선영에 안장.

정렬 작품 목록

시집 약칭: 1: 『遠雷』, 2: 『바람들의 世上』, 3: 『어느 凶年에』, 4: 『할 말은 끝내 이 땅에 묻어두고』

발표일자	발표지	제목	장르	수록 시집	비고
1953. 4. 7	『전북일보』	「아기에게」	시		
1953.	『자유신문』	「鄕愁」	시	1	응모작
1954. 5. 23	『삼남일보』	「歸蜀道」	시		
1955. 9.	『문학예술』	「山·1」	시	1, 2, 4	원제 「山」. 1회 추천작; 『신시 70주년기념한국시선집』, 성문각, 1978; 『전북문화』, 1984. 1; 『표현』, 1984. 9.
1956. 7.	『문학예술』	「默禱」	시	1, 2, 4	2회 추천작
1957. 2. 24	『전북일보』	「鍾心」	시		
1957. 3. 26	『전북일보』	「봄·故鄕·바다」	시		
1957. 4. 17	『전북일보』	「等外品」	산문		
1957. 9. 28	『전북일보』	「寂夜」	시	1	
1958.		「詩神賦」	시		
1958.		「六月의 노래」	시		
1958.		「벌판에서」	시		
1958.		「焦土에 서서」	시		
1959. 11.	『사상계』	「얼굴」	시	1, 2, 4	
1959. 11.	『사상계』	「無花果」	시	1, 2, 4	
1959. 11.	『사상계』	「꽃·1」	시	1, 2, 4	원제 「꽃」
1961. 11. 30	『遠雷』	「해바라기·1」	시	1	원제 「해바라기」
1961. 11. 30	『遠雷』	「해바라기·2」	시	1	원제 「해바라기」
1961. 11. 30	『遠雷』	「우물」	시	1	
1961. 11. 30	『遠雷』	「麒麟」	시	1	
1961. 11. 30	『遠雷』	「빛」	시	1	
1961. 11. 30	『遠雷』	「餘白」	시	1, 2, 4	
1961. 11. 30	『遠雷』	「꽃병」	시	1	
1961. 11. 30	『遠雷』	「목숨의 立像」	시	1	
1961. 11. 30	『遠雷』	「新羅 花甁」	시	1	
1961. 11. 30	『遠雷』	「뻐꾸기 소리」	시	1	
1961. 11. 30	『遠雷』	「落魄記」	시	1	
1961. 11. 30	『遠雷』	「戀歌」	시	1	『여학생』, 1977. 12.
1961. 11. 30	『遠雷』	「거울」	시	1	

발표일자	발표지	제목	장르	수록 시집	비고
1961. 11. 30	『遠雷』	「裸木圖」	시	1	
1961. 11. 30	『遠雷』	「遠雷」	시	1	
1961. 11. 30	『遠雷』	「꽃씨」	시	1	
1961. 11. 30	『遠雷』	『遠雷』 뒤에	산문	1	
1962. 2. 10	『遠雷』	다시 『遠雷』 뒤에	산문	1	재판
1961. 3.	『사상계』	「나이가 드는」	시	1, 2, 4	
1961. 12.	『사상계』	「落花 속에」	시	1, 2, 4	
1962. 4. 28		「咸白山 山上에서」	시		
1962.		「病床記」	시		
1962.		「不寢番」	시		
1962.	『전북일보』	「꽃과 死刑囚」	시		
1962.	『전북일보』	「眞身舍利塔」	시	2	
1963. 2.	『사상계』	「꽃이름으로」	시	2, 4	『여학생』1977. 12; 『그대 푸르른 사랑이여』, 자유지성사, 1990.
1964. 3.	『사상계』	「바위」	시	2, 4	
1964.	『전북일보』	「四月의 室內」	시		
1964.	『청맥』	「消息」	시		
1964.		「꽃의 吊曲」	시		
1964.		「종소리·1」	시		원제 「종소리」
1965. 4. 7	『삼남일보』	「不信」	산문		
1965. 4. 10	『삼남일보』	「옥과 돌」	산문		
1965. 4. 22	『삼남일보』	「꽃과 政治」	산문		
1965. 5. 7	『삼남일보』	「五月의 新綠처럼」	산문		
1965. 5. 9	『삼남일보』	「버림받은 天使」	산문		
1965. 5. 23	『삼남일보』	「『猶太人이 사는 마을의 겨울』-金榮泰 氏 處女詩集 刊行」	서평		
1965. 11. 7	『전북일보』	「길을 가다가」	시		
1965.		「회룡국민학교 교가」	시		
1966. 2.	『사상계』	「벌판」	시	2, 4	
1966. 4. 3	『전북일보』	「太平洞」	시	2	시집 수록시 「全州 太平洞」으로 개제

발표일자	발표지	제목	장르	수록 시집	비고
1966. 8.	『시문학』	「農樂은」	시	2, 4	
1966. 12.	『'66연간시집』	「省墓·1」	시	2, 4	원제 「省墓」
1966.		「눈 오는 날」	동시		
1967. 1.	『전북예총』	「毒感」	시	2, 4	
1967. 6. 4	『삼남일보』	「살구나무 선 마을의 葉書」	시		
1967. 11. 5	『전북일보』	「내 가을은」	시	2, 4	『신문학60년대표작선집』, 1968.
1967. 2.	『시신』	「暗礁韻」	시	2	
1967. 5. 4		「나그네」	시		
1967.	『도정』	「속눈」	시		
1967.		「한밤중 눈 뜨는」	시		
1968. 4. 28	『전북일보』	「世上事도」	시		
1968. 10.	『전북예총』	「夫婦」	시		
1968. 11. 5	『전북매일』	「俗離 大佛韻」	시		
1968. 11.	『월간사월』	「食口」	시	2, 4	4시집 수록시 「식구」로 개제
1968.		「南道 抒情」	시		
1969. 1.	『기린봉』	「老母像」	시		
1969. 3.	『한국시단』	「살구나무」	시	2, 4	
1969.		「一分間」	시		
1969.		「獻詩」	시		
1970. 4. 5	『주간조선』	「어느 아침」	시	2, 4	
1970. 5.	『학원』	「나의 生活」	시	2, 4	4시집 수록시 「나의 생활」로 개제
1970. 8. 14	『전북매일』	「解冬期」	시		『전북신문』, 1977. 3. 8; 「解凍期」(『전북일보』, 1987. 4. 25)와 동일작
1970. 9. 20	『전북매일』	「伐草」	산문		『남향문학』, 1987. 12; 『여성동아』1988. 12.
1970. 11.	『어린이자유』	「내 바람」	동시		
1970. 11.	『어린이자유』	「울타리」	동시		
1970. 11.	『어린이자유』	「새벽」	동시		
1970. 11.	『새교육』	「春窮期」	산문		

발표일자	발표지	제목	장르	수록 시집	비고
1970.		「解熱」	시		
1970		「문구멍」	시		
1970.	『노령』	「밤바다」	시		
1970.		「손발」	시		
1970.		「불이 꺼질 때」	시	2	
1971. 3.	『약진전북』	「溫室」	시		
1971. 6. 4	『전북매일』	「近來·3」	시	2	「近來」 중 3만 발표
1971. 10.	『주부생활』	「서른 아홉」	시	2, 4	2시집 수록시 「몰골」로 개제
1971. 10.	『월간 향토』	「西來峰」	시		
1971. 11.	『여성동아』	「흙」	산문		
1971. 11	『주간종교』	「山所」	시	2, 4	4시집 수록시 「산소」로 개제
1971. 12.	『어린이자유』	「성묘·2」	동시		원제 「성묘」
1971. 12.	『시문학』	「血楓 內藏」	시	2	『벽골문학』, 1973. 11.
1971.		「雪岳山 詩帖·1-8」	시		
1971.	『한국』	「손발」	시		
1972. 2.	『월간문학』	「求乞·1」	시	2, 4	원제 「求乞」
1972. 2.	『월간문학』	「雪嶽山 돌」	시	2	「雪岳山 詩帖·8」
1972. 3. 30		「移葬記」	시		
1972. 6.	『새교육』	「아픈 껍질을 벗는다」	시		
1972. 11.	『시문학』	「한 개비 성냥불로」	시	2, 4	『한국현대시선』, 성문각, 1973.
1972. 11.	『신동아』	「極老人」	시	2, 4	『한국현대시선』, 성문각, 1973.
1972. 12. 14	『한국일보』	「平凡한 아침」	시		
1972.		「장마철·1—朴沆植 詩人님께」	시		원제 「장마철」
1972.		「올해 첫 뻐꾸기는」	시		
1972.		「吾雲 朴鍾勳 先生頌」	시		
1973. 6.	『풀과 별』	「바늘귀」	시		
1973. 6.	『풀과 별』	「紅蓮庵에서」	시	2	
1973. 11.	『벽골문학』	「下直 人事」	시	2, 4	『한국현대시선』, 성문각, 1973. 4시집 수록시 「하직인사」로 개제
1973. 11.	『새교육』	「知慧로운 讀書」	산문		
1973.		「아내의 꿈」	시		

발표일자	발표지	제목	장르	수록 시집	비고
1973.		「望夫石歌」	시		
1974. 4.	『한국문학』	「白日場」	산문		미발굴
1974. 4.	『현대문학』	「상호 뎃상」	산문		미발굴
1974. 7.	『한국문학』	「연모」	시	2, 4	
1974. 7.	『한국문학』	「풀물」	시	2, 4	
1974. 8.	『월간문학』	「네 肉聲은」	시	2	
1974. 9.	『시문학』	「아침」	시	2	
1974. 11. 21	『전북신문』	「得失·離任」	산문		『신동아』, 1976. 4.
1974. 11.	『자유공론』	「흙에게」	시	2, 4	
1975. 1. 7	『한국일보』	「裸木의 노래」	시	2	
1975. 2.	『시문학』	「옛잠」	시	2, 4	
1975. 4.	『신동아』	「吉鳥 二題」	산문		「까치와 산꿩」으로 개제(『여성세계』, 1976. 3; 『남향문학』, 1988. 12)
1975. 11.	『여성동아』	「新泰仁」	산문		미발굴
1975.		「頌·又雲 先生任」	시		
1976. 2. 24	『전북신문』	「봄·징검다리」	시	2, 4	
1976. 2.	『새가정』	「歲月」	시	2, 4	4시집 수록시 「세월」로 개제
1976. 4. 15	『바람들의 世上』	「꽃·2」	시	2, 4	원제 「꽃」
1976. 4. 15	『바람들의 世上』	「바람소리」	시	2, 4	
1976. 4. 15	『바람들의 世上』	「1968년」	시	2,. 4	
1976. 4. 15	『바람들의 世上』	「미꾸라지」	시	2, 4	
1976. 4. 15	『바람들의 世上』	「피살이」	시	2, 4	4시집 수록시 「피사리」로 개제
1976. 4. 15	『바람들의 世上』	「꽃·2」	시	2, 4	원제 「꽃」
1976. 4. 15	『바람들의 世上』	「장마철·2」	시		원제 「장마철」
1976. 4. 15	『바람들의 世上』	「바람들의 世上」	시	2	
1976. 4. 15	『바람들의 世上』	「石佛의 노래」	시	2	
1976. 4. 15	『바람들의 世上』	「어머님께」	시	2, 4	『삼남일보』, 1978. 5. 8
1976. 4. 15	『바람들의 世上』	「自序」	산문	2	
1976. 5. 20	『설원』	「序」	산문		박순호 시집

발표일자	발표지	제목	장르	수록 시집	비고
1976. 6.	『기독교사상』	「行方」	시		
1976. 6.	『신동아』	「중개」	시	3, 4	한국현대시인협회 편, 『'79 한국현대시선』, 1979.
1976. 6.	새교육』	「할 말」	시	3, 4	한국현대시인협회 편, 『'79 한국현대시선』, 1979.; 『농민시선집』, 실천문학사, 1985; 『원대신문』, 1988. 1.
1976. 9.	『소설문예』	「갯마을」	시		
1976. 11.	『포토전북』	「梅花」	시	3, 4	『표현』, 1980. 4; 4시집 수록시 「매화」로 개제
1976. 12. 23	『전북신문』	「착한 엄마가 되어」	산문		「산타클로스」로 개제(『여성동아』, 1978. 1; 『석정문학』, 1989. 12)
1976. 12.	『월간문학』	「漢拏山」	시		
1976.		「바위의 노래」	시		
1976.	『전북문화』	「우리 집 南天에는」	시		
1977. 5.	『기독교사상』	「所願」	시	3, 4	4시집 수록시 「소원」으로 개제
1977. 5.	『여성세계』	「쑥국새소리」	시	4	민영 외 편, 『한국현대대표시선 Ⅱ』, 창작과비평사, 1992.
1977. 7. 3	『주간경향』	「나의 서재」	산문		미발굴
1977. 8.	『시문학』	「解渴」	시	4	시집 수록시 「해갈」로 개제
1977. 8.	『월간중앙』	「哭소리」	시	3, 4	『'79한국현대시선』, 한겨레출판사, 1979; 4시집 수록시 「곡소리」로 개제
1977. 8.	『월간중앙』	「시작 노트·1」	산문		원제 「詩作 노트」
1977. 11. 6	『주간한국』	「秋分」	시	4	
1977. 11.	『현대시학』	「좀 더 과감한 표현을 위하여」	산문		『현대시』, 1981. 1.
1977. 12.	『시조문학』	「구름처럼 때 묻지 않는…」	산문		미발굴
1978. 4. 30	『주간조선』	「所願—南北」	시	3, 4	4시집 수록시 「핏줄」로 개제; 한국현대시인협회 편, 『'79한국현대시선』, 1979; 민영 외 편, 『한국현대대표시선 Ⅱ』, 창작과비평사, 1992.(「南北」, 『시문학』, 1988. 8)
1978. 5.	『월간문학』	「겨울 서울」	시	3, 4	
1978. 6.	『월간독서』	「서울 참새」	시	3, 4	

발표일자	발표지	제목	장르	수록 시집	비고
1978. 8.	『신동아』	「南北」	산문		
1978. 8.	『전우신문』	「所願」	산문		미발굴
1978. 9.	『한국문학』	「夕汀 선생님의 詩碑 앞에서」	산문		미발굴
1978. 9.	『시와의식』	「이쪽·저쪽」	시	3, 4	4시집 수록시 「이쪽저쪽」으로 개제
1978. 10.	『수상』	「同行」	시	3, 4	4시집 수록시 「동행」으로 개제(『표현』, 1990. 9)
1978. 10.	『수상』	「시작 노트·2」	산문		
1978. 12. 27	『전북신문』	「마음의 기도」	산문		
1978. 12.	『전북문예』	「來年」	시	3, 4	4시집 수록시 「내년」으로 개제
1978.		「因緣說」	시		
1978.	『전북신문』	「味元봉지로」	시		
1979. 6.	『모아』	「우등생」	산문		미발굴
1979. 7. 27	『주간여성』	「꿩」	시	4	시집 수록시 「꿩가족」으로 개제
1979. 7.	『진학』	「試驗」	산문		『종』, 1986. 12
1979. 7.	『신동아』	「農老의 벌판」	시	3, 4	3시집 수록시 「農老의 가을」로 개제(『농민시선집』, 실천문학사, 1985)
1979. 8.	『월간교육』	「井邑頌 1. 山河, 2. 血楓內藏, 3. 東學革命紀念塔」	시		
1979. 9.	『월간문학』	「삐비꽃」	시	3, 4	『한국철도』, 1987. 5.
1979. 10.	『한국문학』	「탈에게」	시	3, 4	『현대시151인의축제』, 전위문학사, 1981.
1979. 10.	『여원』	「나무」	산문		미발굴
1979. 10.	『한국문학』	「투성이타령」	시	3, 4	『농민시선집』, 실천문학사, 1985.
1979. 11. 3	『전북신문』	「井邑詞」	시		원제 「井邑詞頌」
1979. 12.	『표현』	「옷감」	시	3, 4	
1979. 12.	『표현』	「待春賦」	시	4	
1979. 12.	『표현』	「白畓」	시	4	
1979. 12	『표현』	「매운 재」	시	4	『서세루 시』, 1983. 8.
1980. 2.	『현대문학』	「全景」	시		
1980. 3. 4	『전북신문』	「내 故鄕」	산문		

발표일자	발표지	제목	장르	수록 시집	비고
1980. 3. 15	『전북신문』	「까치」	시		
1980. 3.	『월간문학』	「갯쭉나무」	시	4	
1980. 5. 13	『전북신문』	「東學革命塔」	시		「東學革命紀念塔」으로 개제(『민중시, 1987. 2; 『정읍문예지』, 1987. 10; 『뿌리』, 1998. 5)
1980.		「사람 찾는 법」	시		
1980. 5.	『표현』	「그냥 살아서」	시	4	
1980. 5.	『표현』	「入棺」	시	4	
1980. 5.	『표현』	「忠淸道를 지나며」	시	4	시집 수록시 「충청도를 지나며」로 개제
1980. 9.	『표현』	「白羊寺」	시	4	시집 수록시 「백양사」로 개제
1981. 2.	『내장문학』	「金山寺」	시		『불교를 위한 문학』, 1987. 6.
1980. 11.	『김제예총』	「脈」	시		
1980.		「비안개」	시		
1981. 2. 13	『전북신문』	「땟국」	시		
1981. 3.	『월간문학』	「진눈개비」	시	3, 4	한국현대시인협회 편, 『현대시 200인집』, 1982; 4시집 수록시 「진눈깨비」로 개제
1981. 4.	『표현』	「요즈음은」	시		
1981. 4.	『표현』	「知命」	시	3, 4	
1981. 4.	『표현』	「나이」	시		
1981. 6. 26	『한국일보』	「姑母」	시	3, 4	4시집 수록시 「고모」로 개제
1981. 9. 18	『전북신문』	「하늘나라의 새가 되어」	산문		
1981. 11.	『월간문학』	「겨울 벌판」	시	3, 4	
1981. 11.	『김제예총』	「石窟庵에서」	시		
1981. 11.	『김제예총』	「冬栢꽃」	시	4	『심상』, 1985. 8; 한국현대시인협회 편, 『木神 그리고 서울의 낮달』, 1988;. 4시집 수록시 「동백꽃」으로 개제
1981.		「종달새 소리」	시		
1981.		「滿員버스 속에서」	시		
1982. 1.	『한국문학』	「父母」	시	4	한국현대시인협회 편, 『현대시 185인의 축제』, 1983; 시집 수록시 「부모」로 개제
1982. 1.	『한국문학』	「성냥개비 노래」	시	4	
1982. 2.	『노령』	「覺」	시		

발표일자	발표지	제목	장르	수록 시집	비고
1982. 2.	『한국문학』	「秋雷」	시	4	김현 편, 『살아있는 詩들』, 문학과지성사, 1983. 5.
1982. 3.	『시와 의식』	「禪雲寺 매미」	시	3, 4	4시집 수록시 「선운사 매미」로 개제
1982. 3.	『시와 의식』	「霜降節」	시		
1982. 4. 19	『어느 凶年에』	「어느 凶年에」	산문	3	
1982. 4. 19	『어느 凶年에』	「血肉」	시	3, 4	4시집 수록시 「혈육」으로 개제
1982. 4.	『신동아』	「罷場」	시	4	시집 수록시 「파장」으로 개제
1982. 6.	『표현』	「한밤중」	시	4	『전북문단』, 1989. 8.
1982. 6.	『표현』	「내 洋服」	시		
1982. 6.	『표현』	「吊曲」	시		
1982. 10.	『시문학』	「放學」	시	4	시집 수록시 「방학」으로 개제
1982. 10.	『시문학』	「南北—兄弟바람」	시	4	시집 수록시 「형제바람」으로 개제
1982.	『이리예총』	「갑사에서」	시	4	
1983. 8.	『서세루 시』	「비듬」	시	4	
1983. 8.	『서세루 시』	「初秋」	시	4	
1983. 8.	『서세루 시』	「뱀딸기」	시	4	
1983. 8.	『서세루 시』	「南北·3」	시	4	시집 수록시 「나사」로 개제
1983. 8.	『서세루 시』	「南北·4」	시	4	시집 수록시 「지금은」으로 개제
1983. 9.	『시문학』	「달」	시		
1983. 9.	『시문학』	「빈주먹」	시		
1983. 11.	『한국문학』	「故鄕」	시	4	『애향전북』, 1985. 12. 17; 시집 수록시 「고향」으로 개제
1983. 11.	『한국문학』	「몰매」	시	4	
1983.	『호남문우회』	「새막」	시		창간호
1983.	『내장문학』	「續·井邑詞」	시		
1983.		「答狀·1」	시		원제 「答狀」
1984. 3. 15	『전북일보』	「빈房」	시		
1984. 3.	『표현』	「問喪」	시	4	『월간문학』, 1990. 1.
1984. 3.	『표현』	「紙錢」	시	4	
1984. 3.	『표현』	「덧니」	시	4	

발표일자	발표지	제목	장르	수록 시집	비고
1984. 4.	『한글새소식』	「꽃밭」	시	4	『서세루 시』, 1984. 12.
1984. 4.	『월간문학』	「南北—李朝때 烽火」	시	4	시집 수록시 「李朝 때 烽火」로 개제
1984. 5. 16	『전북일보』	「씨앗」	산문		
1984. 5. 25	『전북일보』	「5월」	산문		
1984. 6. 4	『전북일보』	「가정방문」	산문		
1984. 6. 15	『전북일보』	「죽음」	산문		
1984. 6.	『내장문학』	「極樂」	시		『시와 의식』, 1986. 12.
1984. 6.	『김제문학』	「小曲·1—갈증」	시		
1984. 6.	『김제문학』	「小曲·2—하늘」	시		
1984. 7.	『노령』	「木花밭」	시		
1984. 8. 28	『전북일보』	「白梅花」	시	4	시집 수록시 「백매화」로 개제
1984. 9. 22	『전북일보』	「한 개의 은행알」	산문		
1984. 9.	『표현』	「스무 해가 넘어도」	시	4	
1984. 9.	『표현』	「山·2」	시		원제 「山」
1984. 9.	『표현』	「百日紅」	시	4	시집 수록시 「백일홍」으로 개제
1984. 12.	『서세루 시』	「껍질」	시	4	
1984. 12.	『서세루 시』	「求乞·2」	시	4	
1984. 12.	『서세루 시』	「生日 아침」	시	4	「시집 수록시 「생일 아침」으로 개제
1984. 12.	『서세루 시』	「病身」	시	4	「시집 수록시 「병신」으로 개제
1984. 12.	『서세루 시』	「모란」	시	4	
1984. 12.	『서세루 시』	「대바람소리—東谷 老 畵伯께」	시	4	
1984.		「노을」	시		
1984.		「小曲·3—머리칼」	시		
1984.		「秋夕·1」	시		
1985. 3.	『월간문학』	「病床記—성한 꽃이고 싶어라」	시	4	시집 수록시 「성한 꽃이고 싶어라」로 개제
1985. 3.	『시문학』	「打令調」	시	4	『이 밤이 너무 길지 않습니까』, 1985. 5; 『뿌리』, 1998. 5; 시집 수록시 「타령조」로 개제

발표일자	발표지	제목	장르	수록 시집	비고
1985. 3.	『시문학』	「南北·10—응달」	시	4	『이 밤이 너무 길지 않습니까』, 1985. 5; 시집 수록시 「응달」로 개제
1985. 3.	『예술계』	「南北·12—모시올 하나」	시	4	시집 수록시 「모시올 하나가」로 개제
1985. 5. 30	『이 밤이 너무 길지 않습니까』	「맹물」	시	4	
1985. 5. 30	『이 밤이 너무 길지 않습니까』	「破紙」	시	4	
1985. 5. 30	『이 밤이 너무 길지 않습니까』	「참새」	시		
1985. 5. 30	『이 밤이 너무 길지 않습니까』	「週末」	시		
1985. 5. 30	『이 밤이 너무 길지 않습니까』	「南北·11—제2땅굴에서」	시	4	시집 수록시 「제2땅굴에서」로 개제
1985. 5. 30	『이 밤이 너무 길지 않습니까』	「주먹」	시	4	『시문학』, 1986. 9.
1985. 6. 19	『전북일보』	「오랏줄」	시		
1985. 8. 15	『할 말은 이 땅에 묻어두고』	「귀뚜라미」	시	4	『전북일보』, 1993. 10. 8
1985. 8. 15	『할 말은 이 땅에 묻어두고』	「백 노인」	시	4	
1985. 8. 15	『할 말은 이 땅에 묻어두고』	「책머리에」	산문	4	
1985. 8.	『심상』	「手術臺에서·1」	시		
1985. 10.	『조두현회갑문집』	「仙鶴」	시		
1985. 12.	『서세루 시』	「명석」	시		『월간문학』, 1986. 12.
1985. 12.	『서세루 시』	「한여름 내 꽃밭에는」	시		『새벽을 기다리는 마음』, 1986. 8(「雜草」로 개제)
1985. 12.	『서세루 시』	「터미널에서」	시		『민중시』, 1987. 7.
1985. 12.	『서세루 시』	「부질없는 생각」	시		
1985. 12.	『서세루 시』	「病後 閑日」	시		
1985. 12.	『서세루 시』	「病床記·2—雜草」	시		
1985. 12.	『종』	「종소리·2」	시		원제 「종소리」
1985. 12.	『표현』	「詩心」	시		
1985. 12.	『표현』	「待機室에서」	시		
1985.	『백제문예』	「病床小曲—내 마음을」	시		
1985.		「病床小曲·6—새」	시		

발표일자	발표지	제목	장르	수록 시집	비고
1986. 1.	『시문학』	「內藏寺」	시		『새벽을 기다리는 마음』, 1986. 8; 『정읍문예지』, 1987. 10.
1986. 1.	『예술계』	「畵家—어느 老 畵家에게」	시		『새벽을 기다리는 마음』, 1986. 8; 『뿌리』, 1998. 5.
1986. 1.	『예술계』	「斗升山」	시		『뿌리』, 1998. 5.
1986. 1.	『예술계』	「부처님 한숨소리」	시		「內藏寺 大雄殿」으로 개제(『남향문학』1987. 12; 『살다가 살아가다 문득』, 전주대출판부, 1999)
1986. 1.	『예술계』	「떠돌이」	시		『신아문예』, 1986. 8.
1986. 1.	『월간문학』	「高 3」	시		
1986. 1.	『월드 테니스』	「烏竹의 노래」	시		『노령』, 1988. 12; 『남향문학』, 1988. 12.
1986. 1.	『월간 예향』	「아픈 껍질 벗고」	시		『새벽을 기다리는 마음』, 1986. 8; 『표현』, 1993. 2.
1986. 1. 23	『전북일보』	「서울가는 길에—朴鳳宇 詩人에게」	시		『예술계』, 1986. 1.
1986. 2.	『한국문학』	「찰떡감 몇 개가」	시		
1986. 3.	『불교를위한문학』	「手術臺에서·2」	시		
1986. 5.	『심상』	「눈보라」	시		
1986. 5.	『심상』	「땅빼기」	시		
1986. 5.	『새마을금고』	「아내」	시		『노령』, 1986. 5.
1986. 5.	『표현』	「서러운 봄」	시		「살아서 서러운 봄」으로 개제(『백제문예』, 1987. 2)
1986. 5.	『표현』	「멀미를 앓으며」	시		
1986. 5.		「新泰仁綜合高等學校 設立者 吾雲 朴琮勳 銅像 建立 趣旨文」	산문		동상 후면
1986. 3.	『PEN文學』	「歸鄕」	시		
1986. 8.	『시문학』	「不安」	시		
1986. 8.	『새벽을 기다리는 마음』	「歸路」	시		
1986. 8.	『새벽을 기다리는 마음』	「外四寸同生」			
1986. 8.	『새벽을 기다리는 마음』	「答狀·2」	시		원제 「答狀」
1986. 8.	『새벽을 기다리는 마음』	「빈말」	시		

발표일자	발표지	제목	장르	수록 시집	비고
1986. 11.	『표현』	「약속」	산문		
1986. 12.	『정주예총』	「藝脈의 長江되어」	시		
1986.	『월간문학』	「詩人의 모기」	시		
1986.	『예술계』	「바람」	시		
1986.	『월간문학』	「除夜」	시		
1987. 1.	『동서문학』	「姑從同生」	시		
1987. 1.	『신아문예』	「內藏 血楓」	시		
1987. 2.	『사원』	「목소리」	시		『한국문학』, 1987. 11; 『심상』, 1990. 8; 『표현』, 1993. 2.
1987. 2.	『백제문예』	「눈감고」	시		
1987. 3.	『심상』	「破紙 한 조각으로」	시		
1987. 3.	『심상』	「受賞 所感」	시		
1987. 3.	『심상』	「참말」	시		
1987. 5.	『민족지성』	「기러기—문창현 선생 화갑에」	시		
1987. 6.	『표현』	「墨畵」	시		
1987. 6.	『표현』	「두 얼굴」	시		
1987. 6.	『표현』	「四代의 눈보라」	시		
1987. 6.	『표현』	「서운한 말씀」	시		
1987. 6.	『표현』	「西歸浦 들찔레」	시		
1987. 6.	『표현』	「故鄕잠」	시		
1987. 6.	『표현』	「하늘이 보고 싶었다」	시		『심상』, 1990. 8.
1987. 6.	『표현』	「감나무」	시		
1987. 6.	『표현』	「病床小曲·1—빈집, 2—마음, 3—물, 4—하늘, 5—피멍」	시		
1987. 6.	『표현』	「가을」	시		
1987. 6.	『표현』	「하느님의 기도」	시		
1987. 6.	『월간문학』	「除夜」	시		
1987. 6.	『월간문학』	「눈길」	시		
1987. 7.	『소설문학』	「옛집」	시		
1987. 7.	『민중시』	「이웃四寸들아」	시		『뿌리』, 1998. 5.
1987. 7.	『민중시』	「막걸리 반 병 사들고」	시		『뿌리』, 1998. 5.

발표일자	발표지	제목	장르	수록 시집	비고
1987. 7.	『민중시』	「목숨」	시		
1987. 8.	『신아문예』	「詩人」	시		
1987. 10.	『정읍문예지』	「천년, 몇 천년 살아가라」	시		『전북문단』, 1991. 10; 『뿌리』, 1998. 5.
1987. 11.	『표현』	「칼춤」	시		
1987. 11.	『표현』	「鄭洋 詩人」	시		
1987. 12.	『예술계』	「井邑까치—宋東均 詞兄께」	시		
1987. 12.	『전북문단』	「綜合病院 建物」	시		『남향문학』, 1987. 12.
1987. 12.	『전북수필』	「곰배춤」	시		「꼽사춤」으로 개제(『금호문화』, 1989. 2; 『석정문학』, 1989. 12; 『뿌리』, 1998. 5)
1987. 12.	『남향문학』	「눈보라」	시		
1987. 12.	『남향문학』	「不眠症·1」	시		
1987. 12.	『남향문학』	「不眠症·2」	시		
1987. 12.	『남향문학』	「햇볕」	시		
1987. 12.	『남향문학』	「대낮」	시		
1987. 12.	『남향문학』	「문패」	시		
1987. 12.	『남향문학』	「배들평 농민」	시		『남민』 2집, 1987. 12.
1987. 12.	『남민』	「혀」	시		
1987. 12.	『예술계』	「바람」	시		
1988. 3. 25	『황토 한 줌』	「朱奉求 詩人」	시		(주봉구 시집) 『서세루 시』, 1988. 8.(「풀냄새」로 개제)
1988. 6.	『표현』	「年賀狀」	시		『전북문단』, 1988. 8.
1988. 6.	『표현』	「누이동생 안방에 누워」	시		
1988. 7.	『월간 경향』	「탈춤」	시		『표현』, 1989. 1.
1988. 8.	『시문학』	「大屯山 酒母」	시		『서세루 시』, 1988. 8 (「南北·12—大屯山 酒母」)
1988. 8.	『서세루 시』	「배추밭을 보며」	시		
1988. 8.	『서세루 시』	「당부」	시		
1988. 8.	『서세루 시』	「貫革」	시		
1988. 9.	『동양문학』	「배접」	시		『석정문학』, 1989. 12; 『표현』, 1993. 2; 『뿌리』, 1998. 5.

발표일자	발표지	제목	장르	수록 시집	비고
1988. 12.	『시와 의식』	「女人」	시		『남향문학』, 1988. 12.
1988. 12.	『시와 의식』	「저승」	시		
1988. 12.	『전북문단』	「산새」	시		『남향문학』, 1988. 12.
1988. 12.	『남향문학』	「滿月」	시		
1988. 12.	『남향문학』	「應急室」	시		
1988. 12.	『남향문학』	「햇볕」	시		
1988. 12.	『남향문학』	「코스모스와 나는」	시		
1988. 12.	『남향문학』	「잠자리에 누워서야」	시		
1988. 12.	『남향문학』	「病床記·3」	시		원제 「病床記」
1988. 12.	『남향문학』	「女人」	시		
1989. 1.	『표현』	「기도」	시		
1989. 2.	『금호문화』	「섣달그믐날」	시		『석정문학』, 1989. 12.
1989. 2.	『금호문화』	「父子之間」	시		『석정문학』, 1989. 12.
1989. 2.	『금호문화』	「시작 노트·3」	산문		원제 「시작 노트」
1989. 6.	『남민』	「서울 한복판에서」	시		
1989. 6.	『남민』	「耳鳴·1」	시		
1989. 6.	『남민』	「耳鳴·2」	시		
1989. 6.	『자유의길』	「大屯山 비안개」	시		
1989. 8.	『시문학』	「大田」	시		
1989. 8.	『시문학』	「木蓮 한 송이가」	시		
1989. 8.	『시문학』	「外出」	시		『석정문학』, 1989. 12; 『뿌리』, 1998. 5.
1989. 9.	『법시』	「화목이 아쉬운 방학 여행」	산문		
1989. 11.	『월간 전라』	「우두머리」	시		
1989. 12.	『전북문단』	「葬送曲」	시		
1989. 12.	『석정문학』	「간국물에」	시		『뿌리』, 1998. 5.
1989. 12.	『석정문학』	「대여섯 뼘 남은 여생」	시		
1989. 12.	『석정문학』	「중환자」	시		
1989. 12.	『불교를 위한 문학』	「腫瘍待機室」	시		『작가의 눈』, 1999. 12.
1990. 7.	『전북문단』	「淨土山·1」	시		원제 「淨土山」
1990. 11. 28	『전북일보』	「淨土山·2」			원제 「淨土山」(『표현』, 1994. 5)

발표일자	발표지	제목	장르	수록 시집	비고
1990. 11. 28	『전북일보』	「나의 追憶의 땅」	산문		
1990. 1.	『표현	「얼마 동안을」	시		
1990. 1.	『표현』	「내 마음」	시		
1990. 1.	『월간문학』	「구두」	시		『한국문학작품선』, 한국문화예술진흥원, 1991.
1990. 5. 1		「정우국민학교 개교 60주년 찬가」	시		
1990. 9.	『표현』	「뚝배기 속에서」	시	4	시집 수록시 「뚝배기 속에」로 개제
1990. 9.	『표현』	「白羊寺」	시	4	시집 수록시 「백양사」로 개제
1990. 9.	『월간 전라』	「정극인의 안빈낙도 생활」	산문		
1990. 12.	『문학사계』	「旅行」	시		『문예사조』, 1991. 11.
1991. 1.	『표현』	「落鄕」	시		
1991. 5.	『월간 전라』	「三代의 만두리」	시		『표현』, 1993. 2(「三代 만두리」로 개제)
1991. 6.	『자유의 길』	「內衣」	시		
1991. 11.	『문예사조』	「秋夕·2」	시		
1991. 12.	『석정문학』	「한 線上에서」	시		
1991. 12.	『석정문학』	「한낮」	시		『뿌리』, 1998. 5.
1991. 12.	『석정문학』	「가난」	시		
1991. 12.	『석정문학』	「갈등」	시		
1991. 12.	『석정문학』	「雪原」	시		
1991. 12.	『석정문학』	「부처님 미소 속에서」	시		
1991. 12.	『석정문학』	「연실」	시		
1991. 12.	『석정문학』	「성한 옛날」	시		
1992. 3.	『심상』	「耳鳴·3」	시		『한국문학작품선』, 한국문화예술진흥원, 1993.
1992. 3.	『심상』	「보리밭」	시		
1992. 3.	『심상』	「숙직실에서」	시		
1992. 4.	『전북문단』	「까치둥지」	시		『뿌리』, 1998. 5.
1992. 6.	『자유의길』	「市場」	시		『전북문단』, 1992. 9.
1992. 11.	『문학공간』	「징소리·2」	시		『시문학』, 1993. 1.

발표일자	발표지	제목	장르	수록 시집	비고
1992. 12.	『남민』	「상여소리」	시		『표현』, 1993. 2; 『신지성시』, 1993. 9; 『엉경퀴처럼 쑥부쟁이처럼』, 1994. 5; 한국현대시인협회 편, 『'94사화집』, 1994.
1993. 1.	『시문학』	「法」	시		『표현』, 1993. 2; 『신지성시』, 1993. 9.
1993. 1.	『시문학』	「시래기단 같이 바랜」	시		
1993. 2.	『한국시』	「寂」	시		『표현』, 1993. 2.
1993. 2.	『한국시』	「골목」	시		『석정문학』, 1993. 12.
1993. 2.	『한국시』	「맨살」	시		『신지성시』, 1993. 9(「알몸으로」로 개제)
1993. 2.	『표현』	「少年 같은 나이에」	시		
1993. 2.	『표현』	「賜藥」	시		
1993. 2.	『표현』	「삘기」	시		
1993. 2.	『표현』	「나의 追憶의 땅」	시		
1993. 2.	『표현』	「李炳勳 詞伯」	시		『뿌리』, 1998. 5.
1993. 9.	『신지성시』	「강아지」	시		『문예사조』, 1993. 11; 『석정문학』, 1993. 12
1993. 11.	『문예사조』	「四月」	시		『석정문학』, 1993. 12.
1993. 12.	『석정문학』	「아버지 肉聲」	시		『신지성시』, 1993. 12(「아버지 목소리」로 개제)
1993. 12.	『석정문학』	「石炭」	시		
1993. 12	『석정문학』	「한 마리 족제비가」	시		
1993. 12.	『석정문학』	「新聞」	시		
1993. 12.	『석정문학』	「죽음」	시		『한국시』, 1994. 3.
1994. 3.	『한국시』	「仙境」	시		
1994. 5.	『표현』	「비」	시		
1995. 6.	『표현』	「어머니」	시		
1995. 6.	『표현』	「낮잠」	시		
1995. 6.	『표현』	「제 고향을 떠나도」	시		
1995. 6.	『표현』	「방학 동안」	시		
1998. 5.	『뿌리』	「아침 풍경」	시		
1998. 5.	『뿌리』	「한 달 사이」	시		

발표일자	발표지	제목	장르	수록 시집	비고
1999. 12.	『작가의 눈』	「빗자루」	시		
1999. 12.	『작가의 눈』	「대답」	시		
1999. 12.	『작가의 눈』	「사람」	시		
1999. 12.	『작가의 눈』	「전화」	시		
1999. 12.	『작가의 눈』	「군가」	시		

정렬 연구 목록

김용직, 「어둠 속에 심지 내린 불꽃들처럼」, 이병훈·정렬·정양 공동시집 『어느 凶年에』, 인동, 1982.
박순호, 「말없는 산을 웃지 마라」, 『작가의 눈』 제3호, 전북작가회의, 1999. 겨울호.
박재삼, 「때 안타는 순정으로」, 이병훈·정렬·정양 공동시집 『어느 凶年에』, 인동, 1982.
백학기, 「정렬 선생 만나러 가는 길」, 『문화저널』, 1987. 11; 「정렬 선생 만나러 가는 길」, 『작가의 눈』 제3호, 전북작가회의, 1999. 겨울호.
송동균, 「정렬 형 영전에」, 『단내마을 사람들』, 한강, 2001.
신석상, 「토속적 인정이 넘치는 시인」, 정렬 시집 『바람들의 世上』, 범우사, 1976.
신석정, 「『遠雷』 앞에」, 정렬 시집 『遠雷』, 정치문화사, 1961.
오하근, 「속울음의 시인 정렬」, 『표현』, 1995. 6.
이경수, 「시와 죽음－정렬 시인을 만난 기쁨」, 『원대신문』, 1987. 9. 2; 「정렬 시인에게 있어서의 죽음의 의미」, 『작가의 눈』 제3호, 전북작가회의, 1999. 겨울호.
이준화, 「향토적 민중시인 정렬 씨」, 월간 『전북시대』 제7호, 1992. 10.
장백일, 「情愛의 목소리」, 정렬 시집 『바람들의 世上』, 범우사, 1976.
정 양, 「정범벅, 피범벅의 속울음으로」, 정렬 자선시집 『할 말은 끝내 이 땅에 묻어두고』, 청사, 1985; 『서세루 시』 제3집, 1985. 12.
주봉구, 「시인답게 살다 간 정렬」, 『표현』, 1995. 6.
최명표, 「정렬시연구」, 『한국지역문학연구』 제2집, 한국지역문학회, 2013. 5.
최명표, 『전북작가열전』, 신아출판사, 2018.
황원갑, 「전봉준」, 『스포츠레저』, 1987. 3.
허소라, 「정렬 시선집 『할 말은 끝내 이 땅에 묻어두고』 평」, 『전북일보』, 1985. 8. 29
「『바람들의 세상』 평」, 『여성세계』, 1976. 6.
「『바람들의 세상』 평」, 『창작과 비평』, 1976. 겨울호
「월평」, 『시문학』 1977. 9.
「제10회 전북대상(문학 부문) 수상」, 『전북일보』 1985. 12. 17
「농촌시인 정렬, 병상서 시선집 펴내」, 『주간여성』, 1985. 12. 22

지역작가총서 18

정렬시전집

초　판　인쇄 2020년 11월 23일
초　판　발행 2020년 11월 25일

지은이　최명표
발행인　서정환
펴낸곳　신아출판사
주소　전북 전주시 완산구 공북 1길 16(태평동 251－30)
전화　(063) 275－4000 · 0484 · 6374
팩스　(063) 274－3131
이메일　sina321@hanmail.net, shina2347@naver.com
출판등록　제465－1984－000004호
인쇄 · 제본　신아출판사

ISBN　979-11-5605-984-4 (03800)
값 50,000원

Printed in KOREA